精品课程新形态教材
“双创”型人才培养优秀教材
21世纪应用型人才培养教材

大学体育与健康

DAXUE TIYU YU JIANKA

主编◎张文哲　彭　涛　谢　萍

哈爾濱工業大學出版社
HARBIN INSTITUTE OF TECHNOLOGY PRESS

内容简介

为了增强大学生体育意识，促进“终身体育”观念的形成，同时又力求体现教材的选择性和时代性，本书对运动项目进行了精选和重组，将体质健康理论与田径运动、球类运动、时尚健身运动、搏击武术项目等整合在一起，以满足教师教学和学生学习需要。

本书适用于高校学生使用，也可作为体育爱好者学习与锻炼的指导用书。

图书在版编目（CIP）数据

大学体育与健康／张文哲，彭涛，谢萍主编．—哈尔滨：哈尔滨工业大学出版社，2023.7

ISBN 978-7-5767-0976-6

Ⅰ.①大… Ⅱ.①张… ②彭… ③谢… Ⅲ.①体育-高等学校-教材②健康教育-高等学校-教材 Ⅳ.①G807.4②G647.9

中国国家版本馆CIP数据核字（2023）第169806号

策划编辑 杨秀华
责任编辑 赵凤娟
封面设计 唐韵设计
出版发行 哈尔滨工业大学出版社
社　　址 哈尔滨市南岗区复华四道街10号　　邮　　编 150006
传　　真 0451-86414749
网　　址 http://hitpress.hit.edu.cn
印　　刷 涿州汇美亿浓印刷有限公司
开　　本 787mm×1092mm 1/16 印张 15 字数 360千字
版　　次 2023年7月第1版 2023年7月第1次印刷
书　　号 ISBN 978-7-5767-0976-6
定　　价 45.50元

编写委员会

前　言

党的二十大报告强调，“教育是国之大计、党之大计。培养什么人、怎样培养人、为谁培养人是教育的根本问题。育人的根本在于立德。全面贯彻党的教育方针，落实立德树人根本任务，培养德智体美劳全面发展的社会主义建设者和接班人。”高校作为国家创新体系的重要组成部分，是支撑高水平科技自立自强的重要力量。大学体育是我国高等教育的重要组成部分，其重要的作用、功能、地位已得到普遍的、科学的认知。体育作为促进学生身心健康的重要手段，为学校培养出合格的人才发挥了重要作用。

为落实立德树人根本任务，加强高校体育工作，切实提高学生体质健康水平，促进学生全面发展，本书针对当前高校体育教学的实际情况，以“健康第一”的指导思想和“以人为本”的教育理念为指导，弘扬阳光体育精神，注重理论与实践的结合，内容翔实、信息量大、图文并茂、通俗易懂，融科学性、知识性和实用性于一体。在教材内容的编排上，为了增强大学生体育意识，促进“终身体育”观念的形成，同时又力求体现教材的选择性和时代性，本书对运动项目进行了精选和重组，将体质健康理论与田径运动、球类运动、时尚健身运动、搏击武术项目等整合在一起，以满足教师教学和学生学习需要。

本书的编写工作得到了湖南省教育厅体育与卫生教育处及湖南大众传媒职业技术学院领导的大力支持与关心。在编写过程中，编者参阅、引用了有关教材和资料，在此对其作者一并表示衷心的感谢。

由于编者的理论水平与教学经验有限，加之时间仓促，书中疏漏之处在所难免，恳请专家、同人批评指正，欢迎广大师生提出宝贵意见，以便再版修改时完善。

编　者

2023 年 7 月

目 录
CONTENTS

第一章

体育与健康概述

学习提要

1. 体育的概念，体育运动的组成及功能。
2. 高校体育的目的及任务。
3. 健康的概念。
4. 体质健康测试的方法。

思政目标

通过体育理论知识学习，增强文化自信。

第一节　体育运动概述

一、体育的概念

“体育”一词最初由法国人于 17 世纪 60 年代开始使用，其含义是“身体的教育”。随着社会的发展，特别是体育运动本身的发展，体育运动的内涵及外延不断扩大。根据当今体育运动发展的特征，可以将体育的概念从广义和狭义两个层面来阐述。

广义的体育表述为：以身体练习为基本手段，以增强体质、促进人的全面发展、丰富社会文化生活和促进精神文明建设为目的的一种有意识、有组织的社会活动。它是社会总文化的一部分，其发展受一定的社会政治和经济制约，也为一定的社会政治和经济服务。

狭义的体育表述为：通过身体活动，增强体质，传授锻炼身体的知识、技能、技术，培养道德和意志品质，是有计划的教育过程。它是教育的组成部分，是培养人全面发展的重要手段之一。

二、体育运动的组成

根据现代体育运动的概念和我国的实际情况，我国体育运动包括以下三个部分。

（一）学校体育

学校体育亦称体育教育，是学校教育的重要组成部分，是国家体育运动的基础。学校体育是学习和掌握体育知识与技能，提高身体素质，增强体质的教育活动，是对人体进行培养和塑造的过程，对受教育者的生长发育、心理健康、体力与智力的发展，以及良好品德的培养都具有积极的促进作用。学校体育的实施内容按照不同层次和不同教育阶段纳入学校总体教育计划，通过体育教学、课外体育训练和课外体育活动，围绕增强学生体质这个主要任务来实现，它与学校其他教育环节共同构成一个完整的教育过程。

（二）竞技体育

竞技体育亦称竞技运动，是在全面发展身体素质的基础上，最大限度地发挥和提高人体在体格体能、心理和运动技能方面的潜力，以取得优异的运动成绩而进行的科学系统的训练和竞赛。竞技体育具有竞争性强、技艺高超、极易吸引观众等特点，现已成为一种极富感染力又容易传播的精神力量。

（三）社会体育

社会体育亦称群众体育，是为了休闲、娱乐，以及发展兴趣爱好、培养审美能力、防病治病、增强体质而进行的身体活动。社会体育有助于增强身体、情绪、精神和社会的健康，使人在身体和精神上获得休息和放松，给劳动后的生活和紧张的情绪提供“缓解剂”。这种活动一般是自愿参加，其组织形式多样，讲究自我教学和锻炼效果。

三、体育运动的功能

（一）体育的本质功能

1. 教育功能

从教育的发展过程来看，人类早期教育正是为了将前人在漫长的、极其恶劣的条件下生息、繁衍、渔猎、劳动以及与自然界、生物界、人类自身等搏击经验和技能一代代地传授下去，这一人类的早期教育雏形，究其内容和手段，往往多是进行身体训练和劳动技能的培育，其中也包括一些部落间的斗争手段和方法，从某种意义上看，人类早期教育正是在体育教育的根基上发展起来的。从学校的体育教育来看，由幼儿教育至大学的成人教育，体育教育贯穿于整个过程中，由于这一时期为身心发育的重要时期，因此，通过体育教育，使学生增强体质，增长心智，掌握体育知识、技能，促进身心的全面发展，提高运动技术水平，是体育教育的重要功能。现代的体育教育，已不仅仅是促进身体发育，增强体质和掌握运动技术水平，而是要着眼于培养人们的终身体育观念、兴趣和习惯，传授运动卫生与健康的科学知识，引导人们去自觉遵守社会行为规范，发展人际交往，促进人的个性社会化，培养良好的社会适应能力以提高人类生活质量和适应现代社会能力的需要。

2. 健身功能

不同的体育项目和运动方法，对人体的不同部位，不同器官、组织、系统都能起到积极有效的促进、改善、增强、调节和提高作用。科学的体育锻炼能促进人的生长发育，健美体型，强健体魄，改善和调节各内脏器官、内分泌系统、代谢水平及功能，预防心血管系统疾病，祛病强体，延缓衰老，提高对环境的适应能力，促进心理发育，调节心理状态。体育的健身功能还体现在提高人的力量、速度、耐力、灵敏、柔韧等运动素质方面。

3. 娱乐功能

现代社会的高速发展，生活节奏加快，工作压力加大，人们需要一种既能舒展身体，又能愉悦身心的活动。另外，双休日及余暇时间的增多，人们对余暇时间活动内容的质量要求在提高，丰富多彩的内容和个性张扬的特点表现突出，现代体育刚好能满足人们的这种需要。

（二）体育的非本质功能

1. 经济功能

（1）体育锻炼可以增进健康，提高工作效率和生产效率，从而为单位创造出好的效益。

（2）重大体育活动和体育赛事都可带来直接和间接的巨大经济效益。直接的经济效益如：比赛的门票收入；出售电视转播权；广告费收益；比赛吉祥物和纪念品销售；体育彩票、足球彩票的成功发行；等等。间接的经济效益表现为：一场大型体育比赛，对一个国家或地区的文化、娱乐、饮食、交通、旅游、电视、报纸与杂志、网络与通信、物流与贸易等都有较大的影响。随着人们对体育需求的不断增长，体育产业和体育商品经济已成为一个新型产业部门和商品领域。

2. 文化功能

体育作为一种社会文化现象，本身就蕴涵着丰富的文化内涵。体育随着社会历史的发展而发展，体育文化有着浓厚的历史渊源。古代人们举行的各种祭祀礼仪活动大多以体育的方式来表达人们的思想、精神和观念，于是就产生了古代奥林匹克运动会。体育的文化特征体现在鲜明的象征性、浓郁的艺术性和丰富的内涵性上。奥运会的五环标志象征着五大洲的友谊与团结；奥运圣火象征着文明之光，表达着生命、热情和朝气；奥运会的会徽与吉祥物有着丰富的寓意。运动会开幕式和闭幕式上的大型活动与体育表演，以及运动会期间举办的各种形式的文化活动，构成了运动会不可缺少的组成部分，体现了多民族文化的共融性。体育已不仅仅是人的身体运动，也是人的精神、智慧、艺术的良好展示。丰富的体育文化在对人体解剖结构、生理机能形态进行积极的生物学改造的同时，还给人类劳动本身以极大的美学启迪和熏陶。气势宏伟的体育建筑、品种多样的体育器材设施、绚丽多彩的运动服装器具既是人类劳动的产物，也是人类物质文化的结晶。体育运动作为一种文化形态，还作用于人的精神、思想和意识等方面，体育运动中的顽强拼搏、勇于进取的精神、公平竞争精神、团结友爱精神、爱国主义和国际主义精神，都是体育文化在人们精神领域里的高度体现。

3. 科技功能

体育运动的发展正是得益于人类科学的发展与进步，从而逐渐形成了一个庞大的体育科学体系。体育科学技术的发展，运动水平的提高，正是因为有了人体解剖学、运动医学、运动保健学、运动生物力学、运动生物化学等自然科学的研究成果才得以实现。体育的行为和精神之所以得到社会的认同，正是有了社会体育学、体育管理学、体育经济学、体育统计学、运动心理学、体育文史学、体育行为学等社会科学的论证，才得以发扬光大。体育得益于科学技术，反过来又为科学技术的发展提供更加广阔的实验场和市场。各种新技术、新材料，特别是生物技术、电子技术、计算机技术、网络通信信息技术等在体育领域的广泛应用，使得体育的器材、设施、训练、营养以及运动后的恢复手段与方法都更加科学，更加合理；使竞技体育的纪录一次次被打破，成绩一次次提高，人类的极限一次次受到挑战。

第二节　高校体育

一、学校体育在高等教育中的地位与作用

（一）学校体育在高等教育中的地位

高校担负着培养高级专门人才和发展科学技术文化的重大任务。无论是培养高级专门人才，还是发展科学技术文化，都集中反映在对人才的要求，必须是德、智、体全面发展，而不是片面发展。因此，高校应在中小学教育的基础上正确认识德、智、体的辩证关系，确立体育在高校教育中的地位，纠正忽视体育的种种倾向。

党和国家十分重视高校体育工作，先后颁布了《学校体育工作条例》《国家体育锻炼标准》《大学生体育合格标准》及《国家学生体质健康标准》，并多次修订《全国普通高等学校体育课程教学指导纲要》，这些都说明了高校体育在高等教育中的重要地位。

（二）体育的本质

体育的本质是以身体锻炼为手段，让学生通过体育课程教学，发展学生的身体素质、提升学生体质水平。

体育包含竞争、勇于挑战、直面挫折、团队意识等丰富的文化内涵，对现代人重塑健康体魄，培养团队协作意识，增强沟通、创新、决策能力，培养吃苦耐劳精神具有独特作用。体育在坚持学校体育“健康第一”的指导思想基础上，认为体育教育除了传授体育运动技能、培养终身体育意识外，也应根据总体培养目标和定位，结合学生专业特点和未来职业工作特征，以发展学生职业综合能力、促进学生职业适应性为根本任务，从而实现体育课程以职业工作岗位能力需求设置课程体系的改革理念，体现“强健体魄、满足兴趣、提升素养、服务专业”新的体育课程定位。

二、高校体育的目的与任务

（一）高校体育的目的

根据我国社会主义现代化建设事业对当代大学生身心发展的要求，以及大学生的生理、心理特征及体育功能的要求，高校体育的目的是：有效地锻炼身体，促进学生正常地发育，完善学生的形态和机能，培养学生的体育意识，增强体育能力，形成自觉锻炼身体的习惯；与学校各方面的教育互相配合，促进学生身心全面发展，使学生在校时能顺利地完成学习任务；毕业后能胜任社会主义建设工作，过健康快乐的生活。

（二）高校体育的任务

1. 增强学生体质，促进学生身体的全面发展

全面发展身体，增强体质和体能，是学校体育的重要任务，也是学校体育自产生以来的第一宗旨。要使学生的身体得到全面发展，就必须进行全面的体育锻炼，这对处于身体发育后期的大学生而言，具有非常重要的作用。

2. 增强健康意识，养成终身体育锻炼的习惯

高等教育是学生在校接受教育的最后阶段，因此在对学生进行体育与健康教育时，应大力培育他们的健康观念和健康意识，使其养成良好的卫生习惯和锻炼习惯，为终身健康打下基础。

现代社会的发展，科技的进步，生活节奏的加快，学生学习和就业的压力越来越大，没有健康的身体就难以适应社会发展的需要。同时，社会文明的发展与进步，也对当代大学生的心理教育提出了更高的要求，体育锻炼又是实现心理教育、心理锻炼的最好方式和方法。

3. 掌握基本的体育理论知识、技术、技能和科学锻炼身体的方法

高校体育必须使学生掌握基本的体育理论知识、技术、技能和科学锻炼身体的方法。

没有体育理论知识就无法指导科学的体育锻炼，没有基本的技术、技能就无法完成体育锻炼，也难以产生从事体育锻炼的兴趣，更谈不上养成终身体育锻炼的习惯。不了解科学锻炼身体的方法就会使体育锻炼产生盲目性，达不到目的，收不到效果，失去科学性，甚至会在锻炼中受伤，反而危害健康。

4. 提高高校运动队的体育运动水平

目前，国家、省、市运动队的培养与训练已经转向许多高校和体育院校，许多俱乐部开始把后备人才的培养向高校转移。高校体育运动队的运动成绩通过各种大赛已显示出实力，不少项目已达国际或国内领先水平。中国大学生篮球联赛（CUBA）、中国大学生足球联赛以及中华人民共和国大学生运动会等一批高水平赛事已向人们证实，高校已是体育运动高水平人才成长的摇篮，已成为国家、省、市、俱乐部培养优秀体育运动人才的基地。因此，高校体育必须把提高运动队水平的任务放到重要位置，为国家、省、市、俱乐部培养优秀的体育人才做出贡献。

5. 培养良好的道德、意志品质，树立高尚的体育风尚

根据大学生的生理和心理特点，在大学时期，不仅是身心发育的旺盛时期，而且是人生观和世界观逐步形成的关键时期。因此，高校的体育工作应充分发挥体育教育的功能，把培养共产主义思想、道德和意志品质，树立良好的体育风尚贯穿于高校体育之中，使之成为德、智、体、美等多方面全面发展的社会优秀人才。

第三节　健康概述

一、健康三维观

在人类的发展历程中，经常受外界环境或自身因素的影响，躯体会发生疾病，并因此导致贫困和灾难，所以人们普遍认为无病即是福，无病即健康。早在古希腊时期，医生就相信健康是身体的完全平衡。传统的观念将健康单纯理解为“无病、无残、无伤”。生物医学模式的健康观念是建立在完好的躯体基础之上的，我国的传统观念往往认为“健康就是没有病”，即人体各器官系统发育良好，功能正常，体质健壮，精力充沛，并且具有良好的劳动效能。随着社会的发展和科学技术的进步，人们突破了原先的思维模式，对健康的概念有了新的认识。

世界卫生组织对健康提出了一个明确和全面的定义：“健康不仅是没有疾病或不虚弱，而是身体上、精神上和社会适应方面的完好状态。”这个定义使对健康的评价不仅基于医学和生物学的范畴，而且扩大到心理和社会学的领域。由此可见，一个人只有在身体和心理上保持健康状况，并具有良好的社会适应能力，才算得上真正的健康。

人在身体和心理上的健康状况以及良好的社会适应能力三个方面的有机结合，构成人

的生命质量。在人的生命这个三维立体中，身体、心理和社会三种属性的面积越大，则生命立方体的体积越大，在自然和社会中所占的位置也越高，与社会的接触面也越大，显示出该个体的生命质量也越高。反之，如果这三种属性的面积过小，则个体与社会的接触面也越小，生命质量就越低。许多健康者的经验告诉我们，生命体的质量越高，则健康长寿的可能性就越大。相反，个体如果心理压抑和自我封闭，则极易产生疾病，缩短寿命。这也说明，一个人只有从生物、心理和社会三个方面着手，才能有效地保证其健康幸福的生活，并提高生命质量。

美国学者奥林斯提出了一种三维健康模式，强调从生物、心理和社会三个方面来评价人的生命状态，每个方面均包含着健康和疾病两极，由此得出关于人的健康状况的三维表象。根据这种表象所确定的方案，可以大致区分出普通人的 7 种健康模型（表 1-1）。

表 1-1　普通人的 7 种健康模型

类型	标志	身体方面	心理方面	社会方面
1	正常健康	健康	健康	健康
2	悲观	健康	不健康	健康
3	社会方面不健康	健康	健康	不健康
4	患疑难病症	健康	不健康	不健康
5	身体不健康	不健康	健康	健康
6	长期受疾病折磨	不健康	不健康	健康
7	乐观	不健康	健康	不健康

二、健康五要素说

美国学者劳森（Lawson）提出了一个与健康三维观相似的健康定义，即个体只有在身体、情绪、智力、精神和社交五个方面都健康（也称健康五要素），才称得上真正的健康，或称之为完美状态（图 1-1）。目前，也常用“完美”一词来替代健康。

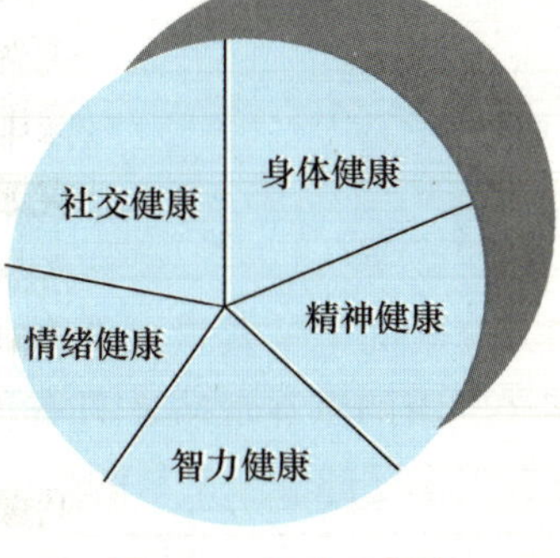

图 1-1　健康五要素

（一）身体健康

身体健康不仅指无病，而且包括体能，后者是一种满足生活需要和有足够的能量完成各种活动任务的能力。具备这种能力，可以预防疾病，增进健康，提高生活质量。

（二）情绪健康

情绪健康的主要标志是情绪的稳定性。所谓情绪的稳定性，是指个体应对日常生活中人际关系和环境压力的能力。当然，生活中偶尔情绪高涨或情绪低落均属正常，关键是在生活的大部分时间里要保持情绪稳定。

（三）智力健康

智力健康指在长期的学习和生活中，大脑始终保持活跃状态。有许多方法可以使大脑活跃敏捷，如听课、与朋友讨论问题和阅读报刊、书籍等。努力学习和勤于思考能够提高人的智力，并使人有一种成就感和满足感。

（四）精神健康

精神健康对于不同文化和国籍的人意味着不同的内容，主要包括理解生活基本目的的能力，以及关心、尊重所有生命体的能力。

（五）社交健康

社交健康指形成与保持和谐人际关系的能力，此能力会使人在交往中有自信感和安全感。与人友好相处，也会使人少生烦恼，心情舒畅。

健康的五个要素相互联系、相互影响（图 1-2）。例如，身体不健康会导致情绪不稳定；缺乏精神上的健康会引起身体、情绪和智力的不健康等。

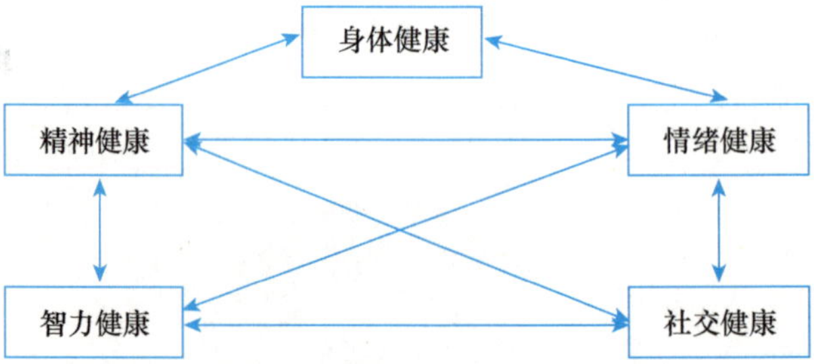

图 1-2　健康五要素之间的关系

在人的生命长河的不同时期，健康的某一要素可能会比另一些要素起更重要的作用，但长久地忽视某一要素就可能存在健康的潜在危险。只有每一健康要素均衡地协调发展，人才称得上处于完美状态，才能真正享受健康和幸福的生活，享受美好人生。

第四节　体质健康测试

一、《国家学生体质健康标准》的说明

《国家学生体质健康标准》（以下简称《标准》）从身体形态、身体机能和身体素质等方面综合评定学生的体质健康水平，是促进学生体质健康发展、激励学生积极进行身体锻炼的教育手段，是国家学生发展核心素养体系和学业质量标准的重要组成部分，是学生体质健康的个体评价标准。本标准将适用对象中高校部分分为：大学一、二年级为一组，三、四年级为一组。

大学各组别的测试指标均为必测指标。其中，身体形态类中的身高、体重，身体机能类中的肺活量，以及身体素质类中的 50 米跑、坐位体前屈为各年级学生共性指标。

本标准的学年总分由标准分与附加分之和构成，满分为 120 分。标准分由各单项指标得分与权重乘积之和组成，满分为 100 分。附加分根据实测成绩确定，即对成绩超过 100 分的加分指标进行加分，满分为 20 分；大学的加分指标为男生引体向上和 1 000 米跑，女生 1 分钟仰卧起坐和 800 米跑，各指标加分幅度均为 10 分。

根据学生学年总分评定等级：90. 0 分及以上为优秀，80. 0～89. 9 分为良好，60. 0～79. 9 分为及格，59. 9 分及以下为不及格。

每个学生每学年评定一次，记入《国家学生体质健康标准》登记卡。特殊学制的学校，在填写登记卡时可以按规定和需求相应地增减栏目。学生毕业时的成绩和等级，按毕业当年学年总分的 50% 与其他学年总分平均得分的 50% 之和进行评定。

学生测试成绩评定达到良好及以上者，方可参加评优与评奖；成绩达到优秀者，方可获体育奖学分。测试成绩评定不及格者，在本学年度准予补测一次，补测仍不及格，则学年成绩评定为不及格。普通高中、中等职业学校和普通高等学校学生毕业时，《标准》测试的成绩达不到 50 分者按结业或肄业处理。

学生因病或残疾可向学校提交暂缓或免予执行《标准》的申请，经医疗单位证明，体育教学部门核准，可暂缓或免予执行《标准》，并填写《免予执行〈国家学生体质健康标准〉申请表》，存入学生档案。确实丧失运动能力、被免予执行《标准》的残疾学生，仍可参加评优与评奖，毕业时《标准》成绩需注明免测。

二、单项指标与权重

单项指标与权重见表 1-2。

表 1–2　单项指标与权重

测试对象	单项指标	权重/%
大学各年级	50 米跑	20
	坐位体前屈	10
	立定跳远	10
	引体向上（男）/1 分钟仰卧起坐（女）	10
	1 000 米跑（男）/800 米跑（女）	20

注：体重指数（BMI）= 体重（千克）/身高^2（米^2）。

三、《标准》的测试方法

（一）1 分钟仰卧起坐（女）

受试者仰卧于垫上，两腿稍分开，屈膝呈 90°角左右，两手指交叉贴于脑后。另一同伴压住其踝关节，以固定下肢。受试者坐起时两肘触及或超过双膝为完成一次（图 1–3）。

图 1–3　1 分钟仰卧起坐

仰卧时两肩肘必须触垫。测试人员发出“开始”口令的同时开表计时，记录 1 分钟内完成次数。1 分钟到时，受试者虽已坐起但肘关节未达到双膝者不计该次数。记录精确到个位。

（二）引体向上（男）

受试者跳起，双手正握杠，两手与肩同宽成直臂悬垂。静止后，两臂同时用力引体（身体不能有附加动作），上拉到下颌超过横杠上缘为完成一次。记录引体次数。

（三）立定跳远

受试者两脚自然分开站立，站在起跳线后，脚尖不得踩线（最好用线绳做起跳线）。两脚原地同时起跳，不得有垫步或连跳动作。丈量起跳线后缘至最近着地点后的垂直距离，以厘米为单位，不计小数。

（四）坐位体前屈

受试者两腿伸直，两脚平蹬测试纵板坐在平地上，两脚分开 10~15 厘米，上体前屈，两臂伸直，用两手中指尖逐渐向前推动游标，直到不能前推为止（图 1-4）。测试计的脚蹬纵板内沿平面为 0 点，向内为负值，向前为正值。记录以厘米为单位，保留一位小数。测试两次，取最好成绩。

图 1-4　坐位体前屈

（五）800 米（女）、1 000 米（男）跑

受试者至少两人一组进行测试，站立式起跑。受试者听到“跑”的口令后开始起跑。计时员看到旗动开表计时，当受试者的躯干部到达终点线垂直面时停表。以分、秒为单位记录测试成绩，不计小数。

（六）50 米跑

受试者至少两人一组进行测试，站立式起跑。受试者听到“跑”的口令后开始起跑。发令员在发出口令的同时要摆动发令旗。计时员视旗动开表计时，受试者躯干部到达终点线的垂直面停表。以秒为单位记录测试成绩，精确到小数点后一位，小数点后第二位数按非 0 进 1 原则进位，如 10.11 秒读成 10.2 秒并记录。

（七）肺活量

房间通风良好；使用干燥的一次性口嘴（非一次性口嘴，则每换测试对象需消毒一次，每测一人时将口嘴朝下倒出唾液并注意消毒后必须使其干燥）。肺活量计主机放置在平稳桌面上，检查电源线及接口是否牢固，按“工作”键，液晶屏显示“0”即表示机器进入工作状态，预热 5 分钟后测试为佳。

首先告知受试者不必紧张，并且要尽全力，以中等速度和力度吹气效果最好。令被测试者面对肺活量计站立，手持吹气口嘴，测试过程口嘴或鼻处不能漏气，如漏气应调整口嘴和用鼻夹（或自己捏鼻孔）；学会深吸气（避免耸肩提气，应该像闻花似的慢吸气）。受试者进行一两次较平日深一些的呼吸动作后，更深地吸一口气，屏住气向口嘴处慢慢呼出至不能再呼为止，防止此时从口嘴处吸气。测试中不得中途二次吸气。吹气完毕后，液晶屏上最终显示的数字即为肺活量毫升值。以毫升为单位，不保留小数。

（八）体重

测试时，杠杆秤应放在平坦地面上，调整 0 点至刻度尺水平位。受试者赤足，男性受试者身着短裤；女性受试者身着短裤、短袖衫，站在秤台中央（图1-5）。测试人员放置适当砝码并移动游标至刻度尺平衡。读数以千克为单位，精确到小数点后一位。记录员复诵后将读数记录。测试误差不超过0.1千克。

（九）身高

受试者赤足，立正姿势站在身高计的底板上（上肢自然下垂，足跟并拢，足尖分开成60°角）。足跟、骶骨部及两肩胛区与立柱相接触，躯干自然挺直，头部正直，耳屏上缘与眼眶下缘呈水平位（图1-6）。测试人员站在受试者右侧，将水平压板轻轻沿立柱下滑，轻压于受试者头顶。测试人员双眼应与压板水平面等高进行读数，记录员复述后进行记录。以厘米为单位，精确到小数点后一位。测试误差不得超过0.5厘米。

图1-5　测体重

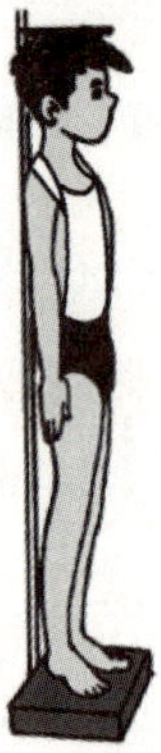

图1-6　测身高

四、各项评分标准

各项评分标准见表1-3~1-6。

表1-3　体重指数（BMI）评分表

等级	单项得分	男生/（千克·米$^{-2}$）	女生/（千克·米$^{-2}$）
正常	100	17.9~23.9	17.2~23.9
低体重	80	≤17.8	≤17.1
超重		24.0~27.9	24.0~27.9
肥胖	60	≥28.0	≥28.0

表 1-4　男生各单项指标评分表

等级	单项得分	肺活量/毫升		50 米跑/秒		坐位体前屈/厘米		立定跳远/厘米		引体向上/次		1 000 米跑		体重指数（BMI）/（千克·米^2）	单项得分	等级
		大一大二	大三大四	大一大二	大三大四	大一大二	大三大四	大一大二	大三大四	大一大二	大三大四	大一大二	大三大四			
优秀	100	5 040	5 140	6.7	6.6	24.9	25.1	273	275	19	20	3′17″	3′15″	17.9~23.9	100	正常
	95	4 920	5 020	6.8	6.7	23.1	23.3	268	270	18	19	3′22″	3′20″			
	90	4 800	4 900	6.9	6.8	21.3	21.5	263	265	17	18	3′27″	3′25″			
良好	85	4 550	4 650	7.0	6.9	19.5	19.9	256	258	16	17	3′34″	3′32″	≤17.8	80	低体重
	80	4 300	4 400	7.1	7.0	17.7	18.2	248	250	15	16	3′42″	3′40″	24.0~27.9		超重
及格	78	4 180	4 280	7.3	7.2	16.3	16.8	244	246			3′47″	3′45″			
	76	4 060	4 160	7.5	7.4	14.9	15.4	240	242	14	15	3′52″	3′50″			
	74	3 940	4 040	7.7	7.6	13.5	14.0	236	238			3′57″	3′55″			
	72	3 820	3 920	7.9	7.8	12.1	12.6	232	234	13	14	4′02″	4′00″			
	70	3 700	3 800	8.1	8.0	10.7	11.2	228	230			4′07″	4′05″			
	68	3 580	3 680	8.3	8.2	9.3	9.8	224	226	12	13	4′12″	4′10″			
	66	3 460	3 560	8.5	8.4	7.9	8.4	220	222			4′17″	4′15″			
	64	3 340	3 440	8.7	8.6	6.5	7.0	216	218	11	12	4′22″	4′20″			
	62	3 220	3 320	8.9	8.8	5.1	5.6	212	214			4′27″	4′25″			
	60	3 100	3 200	9.1	9.0	3.7	4.2	208	210	10	11	4′32″	4′30″	≥28.0	60	肥胖
不及格	50	2 940	3 030	9.3	9.2	2.7	3.2	203	205	9	10	4′52″	4′50″			
	40	2 780	2 860	9.5	9.4	1.7	2.2	198	200	8	9	5′12″	5′10″			
	30	2 620	2 690	9.7	9.6	0.7	1.2	193	195	7	8	5′32″	5′30″			
	20	2 460	2 520	9.9	9.8	-0.3	0.2	188	190	6	7	5′52″	5′50″			
	10	2 300	2 350	10.1	10.0	-1.3	-0.8	183	185	5	6	6′12″	6′10″			

表 1-5　女生各单项指标评分表

等级	单项得分	肺活量/毫升		50 米跑/秒		坐位体前屈/厘米		立定跳远/厘米		1 分钟仰卧起坐/次		800 米跑		体重指数（BMI）/（千克·米$^{-2}$）	单项得分	等级
		大一大二	大三大四	大一大二	大三大四	大一大二	大三大四	大一大二	大三大四	大一大二	大三大四	大一大二	大三大四			
优秀	100	3 400	3 450	7.5	7.4	25.8	26.3	207	208	56	57	3′18″	3′16″	17.2~23.9	100	正常
	95	3 350	3 400	7.6	7.5	24.0	24.4	201	202	54	55	3′24″	3′22″			
	90	3 300	3 350	7.7	7.6	22.2	22.4	195	196	52	53	3′30″	3′28″			
良好	85	3 150	3 200	8.0	7.9	20.6	21.0	188	189	49	50	3′37″	3′35″	≤17.1	80	低体重
	80	3 000	3 050	8.3	8.2	19.0	19.5	181	182	46	47	3′44″	3′42″	24.0~27.9		超重
及格	78	2 900	2 950	8.5	8.4	17.7	18.2	178	179	44	45	3′49″	3′47″			
	76	2 800	2 850	8.7	8.6	16.4	16.9	175	176	42	43	3′54″	3′52″			
	74	2 700	2 750	8.9	8.8	15.1	15.6	172	173	40	41	3′59″	3′57″			
	72	2 600	2 650	9.1	9.0	13.8	14.3	169	170	38	39	4′04″	4′02″			
	70	2 500	2 550	9.3	9.2	12.5	13.0	166	167	36	37	4′09″	4′07″			
	68	2 400	2 450	9.5	9.4	11.2	11.7	163	164	34	35	4′14″	4′12″			
	66	2 300	2 350	9.7	9.6	9.9	10.4	160	161	32	33	4′19″	4′17″			
	64	2 200	2 250	9.9	9.8	8.6	9.1	157	158	30	31	4′24″	4′22″			
	62	2 100	2 150	10.1	10.0	7.3	7.8	154	155	28	29	4′29″	4′27″			
	60	2 000	2 050	10.3	10.2	6.0	6.5	151	152	26	27	4′34″	4′32″	≥28.0	60	肥胖
不及格	50	1 960	2 010	10.5	10.4	5.2	5.7	146	147	24	25	4′44″	4′42″			
	40	1 920	1 970	10.7	10.6	4.4	4.9	141	142	22	23	4′54″	4′52″			
	30	1 880	1 930	10.9	10.8	3.6	4.1	136	137	20	21	5′04″	5′02″			
	20	1 840	1 890	11.1	11.0	2.8	3.3	131	132	18	19	5′14″	5′12″			
	10	1 800	1 850	11.3	11.2	2.0	2.5	126	127	16	17	5′24″	5′22″			

表 1-6　加分指标评分表

加分	男生				女生			
	1 分钟引体向上/次		100 米跑		1 分钟仰卧起坐/次		800 米跑	
	大一 大二	大三 大四	大一 大二	大三 大四	大一 大二	大三 大四	大一 大二	大三 大四
10	10	10	−35″	−35″	13	13	−50″	−50″
9	9	9	−32″	−32″	12	12	−45″	−45″
8	8	8	−29″	−29″	11	11	−40″	−40″
7	7	7	−26″	−26″	10	10	−35″	−35″
6	6	6	−23″	−23″	9	9	−30″	−30″
5	5	5	−20″	−20″	8	8	−25″	−25″
4	4	4	−16″	−16″	7	7	−20″	−20″
3	3	3	−12″	−12″	6	6	−15″	−15″
2	2	2	−8″	−8″	4	4	−10″	−10″
1	1	1	−4″	−4″	2	2	−5″	−5″

注：引体向上、1 分钟仰卧起坐均为高优指标，学生成绩超过单项评分 100 分后，以超过的次数所对应的分数进行加分。

附：

《国家学生体质健康标准》登记卡（大学样表）

姓名		性别		学号	
院（系）		民族		出生日期	

单项指标	大一			大二			大三			大四			毕业成绩	
	成绩	得分	等级	成绩	得分	等级	成绩	得分	等级	成绩	得分	等级	得分	等级
体重指数（BMI）/（千克·米$^{-2}$）														
肺活量/毫升														
50 米跑/秒														
坐位体前屈/厘米														
立定跳远/厘米														
引体向上（男）、1 分钟仰卧起坐（女）/次														
1 000 米跑（男）、800 米跑（女）/（分·秒）														
标准分														
加分指标	成绩	附加分		成绩	附加分		成绩	附加分		成绩	附加分			
引体向上/仰卧起坐														
1 000 米跑/800 米跑														
学年总评														
等级评定														
体育教师（签字）														
体育部门（签字）														

学校签章：

年　　月　　日

附：

免予执行《国家学生体质健康标准》申请表（样表）

<table>
<tr><td>姓名</td><td></td><td>性别</td><td></td><td>学号</td><td></td></tr>
<tr><td>班级
/院（系）</td><td></td><td>民族</td><td></td><td>出生日期</td><td></td></tr>
<tr><td>原因</td><td colspan="5">申请人：
年　月　日</td></tr>
<tr><td>体育教师签字</td><td colspan="2"></td><td>家长签字</td><td colspan="2"></td></tr>
<tr><td>学校体育部门意见</td><td colspan="5">签章（字）：
年　　月　　日</td></tr>
</table>

注：高校的学生，“家长签字栏”由学生本人签字。

思考题

1. 健康的概念有哪些？
2. 高校体质健康测试是怎么测试的？

第二章

体育锻炼与生理健康

学习提要

1. 各生理系统的组成和功能。
2. 体育锻炼对各生理系统的影响。

思政目标

培养勇敢、顽强、锐意进取的意志品质。

第一节　体育锻炼对运动系统的影响

一、运动系统的组成和功能

人体的运动是由运动系统实现的。运动系统是由骨、骨连结和肌肉三部分组成的。骨与骨连结构成人体的骨架，肌肉附着在骨架上。神经系统支配肌肉的收缩或舒张，牵动骨骼产生各种运动。这种运动是以骨为杠杆、关节为枢纽、肌肉为动力来实现的。

（一）骨和骨连结

1. 骨

人的骨骼共有 206 块，包括中轴骨和四肢骨两大部分。颅骨、椎骨、肋骨和胸骨为中轴骨。上肢骨和下肢骨为四肢骨。骨主要由骨质、骨髓、骨膜构成。

骨质，即骨组织，又分骨密质和骨松质。

骨髓充填于骨髓腔和松质腔隙内。又分黄骨髓和红骨髓，红骨髓能造血。成人髂骨、胸骨、椎骨内终生保留红骨髓。

骨膜由致密结缔组织构成，位于骨的最外边，含有丰富的血管、神经和成骨细胞。

2. 骨连结

根据骨连结的结构形式，可分为直接连结和间接连结。直接连结包括膜性连结、软骨性连结、骨性连结；间接连结即关节。关节的结构各不相同，但基本构造都一样。基本构造包括关节面、关节囊、关节腔。辅助结构包括韧带和关节内软骨等。关节的运动包括围绕冠状轴运动的屈伸运动、围绕矢状轴运动的内收和外展运动、围绕垂直轴运动的旋内和旋外运动，以及近侧端不动、远侧端做圆周运动的环转运动等。

（二）肌肉

人体中的肌肉分骨骼肌、平滑肌和心肌三类。其中，骨骼肌的数量最大，平均占体重的40%~45%，躯体运动就是由它实现的。内脏器官的运动则是由平滑肌（如胃肠道运动）和心肌（心脏的泵血活动）实现的。肌肉的基本组织有肌组织（由肌纤维组成）、结缔组织、神经组织。此外，肌肉还分布有丰富的血管网。组成肌肉的基本单位是肌纤维，它是肌肉中的收缩成分，其功能是通过收缩而产生张力和长度的变化。肌肉中有丰富的毛细血管网及神经纤维，保证肌肉的养分供应及神经调节。肌肉中的结缔组织是肌肉的弹性成分，与肌肉中的收缩成分并联或串联，当收缩成分缩短时，弹性成分被拉长，并将前者释放的能量部分吸收储存起来，然后再以弹性反作用力的形式发挥出来，以促使肌肉产生更强大的力量和更快的运动速度。

1. 影响肌肉力量的因素

（1）肌肉生理横断面。肌肉生理横断面是指横切一块肌肉所有肌纤维所获得的横断面的总和。一块肌肉的力量是这块肌肉内全部肌纤维收缩的总和。因而，肌肉生理横断面越大，肌力就越大。

（2）肌群的协调能力。人体即使在进行最大用力时，神经系统也不可能募集100%的肌纤维都同时参加活动。运动时，参与活动的肌纤维数量越多，则肌肉收缩时产生的力量越大。一个不经常参加体育锻炼的人，最大用力时大约只能动员60%的肌纤维参加活动，而训练有素的运动员，则可动员90%以上的肌纤维参加活动，募集到那些不易激活的肌纤维。

（3）肌肉收缩前的初长度。肌肉收缩时的力量大小与肌肉收缩前的初长度有关。在一定范围内，肌肉收缩前的初长度越长，肌肉收缩的力量就越大。我们经常会在运动项目中运用这个原理，如踢足球时前腿的后摆就是为了取得最佳的初长度。

2. 骨骼肌的收缩形式

身体的运动是内力和外力相互作用的结果，人体的各种运动的完成和姿势的保持是通过肌肉兴奋时，其长度和张力发生变化而完成的。根据肌肉在完成各种动作时整块肌肉长度的变化，可将肌肉的收缩分为多种形式。这里仅简单介绍缩短收缩、等长收缩和拉长收缩三种形式。

（1）缩短收缩。缩短收缩是指肌肉收缩时产生的张力大于所要克服的阻力，肌肉缩短牵拉它附着的骨杠杆做向心运动，故又称向心收缩。由于收缩时产生了位移，也被称为动力性工作。向心收缩是肌肉长度发生缩短的收缩形式，在力量练习中属于最普通的一种，如利用哑铃、沙袋、杠铃、拉力器等锻炼肌肉均属于此类。动力性工作和静力性工作常常共同起作用，协调动作的产生，完成人体各种各样的动作和活动。

（2）等长收缩。等长收缩是指当肌肉收缩产生的张力等于外力时，肌肉虽然积极收缩，产生很大的张力，但肌肉的总长度不变。肌肉处于等长收缩时，从整块肌肉外观看，肌肉长度不变，但实际上肌肉的收缩成分（肌纤维）正处在收缩中，而弹性成分被拉长，从而整块肌肉长度保持不变。等长收缩时，由于没有位移的产生，故也称为静力性工作。在实现人体运动中，等长收缩起着支持、固定和保持某一姿势的作用，如站立、悬垂、支撑等。

（3）拉长收缩。拉长收缩是指当肌肉收缩产生的张力小于外力时，肌肉虽然积极收缩但仍然被拉长了。在肌肉做拉长收缩时，环节是背着肌肉的拉力方向运动的，但运动速度缓慢，肌肉变长、变细、变硬，这种收缩形式又称为离心收缩。

二、体育锻炼对运动系统的影响

体育锻炼时，骨的血液供给得到改善，骨的形态结构和性能都发生良好的变化，骨密质增厚使骨变粗，骨小梁的排列更加整齐而有规律，骨骼表面肌肉附着的突起更加明显，这些变化使骨变得更加粗壮和坚固，从而提高了骨的抗折、抗弯、抗压缩和抗扭转等方面的能力。体育锻炼既可增强关节的稳固性，又可提高关节的灵活性。关节稳固性的加大，主要是增强了关节周围肌肉力量的结果，同时与关节和韧带的增厚也有密切的关系。关节灵活性的提高，主要是关节囊韧带和关节周围肌肉伸展性加大的结果。

体育锻炼可使肌纤维变粗，肌肉体积增大，因而肌肉显得发达、结实、健壮、匀称而有力。

体育锻炼可使肌肉组织的化学成分发生变化，如肌肉中的肌糖原、肌球蛋白、肌动蛋白和肌红蛋白等含量都有所增加，则肌肉内的氧储备量也增加，有利于肌肉在氧供应不足的情况下继续工作。

体育锻炼有助于增强肌肉的耐力。因为体育锻炼可使肌纤维内线粒体的大小和数量成倍增加，同时在锻炼时还使肌肉中的毛细血管大量开放，肌肉的毛细血管形态结构发生变化，出现囊泡状，增加了肌肉的血液供应量。

体育锻炼能保持肌肉张力，减小肌萎缩和肌肉退行性变化，保持韧带的弹性和关节的灵活性，减少和防止骨骼、肌肉、韧带、关节等器官的损伤和退化。

第二节　体育锻炼对呼吸系统的影响

一、呼吸系统的组成和功能

呼吸系统包括呼吸道和肺两大部分。呼吸道是输送气体的管道，分上呼吸道和下呼吸道两部分。上呼吸道由鼻、咽、喉组成，下呼吸道由气管及其分支的各级支气管组成。

肺位于胸腔内，左右各一。肺是实质性器官，由主支气管进入肺后经过多级分支形成支气管树及支气管树的末端（构成肺泡）。肺泡数量很多，成人有3亿~4亿个，总面积为70~100平方米。肺泡壁由单层上皮细胞构成。肺泡上皮含两型细胞：一型为扁平细胞，很薄，便于气体弥散；另一型为分泌细胞，对肺泡损伤有修复作用。气体交换主要在肺泡中进行，胸腔的节律性扩大和缩小称为呼吸运动，它是通过呼吸肌的舒缩活动而实现的。人体在生命活动中不断地消耗能量，细胞在代谢时，不断地消耗氧并产生二氧化碳。氧的吸入，二氧化碳的排出，必须依靠呼吸系统来完成。

人体与外界环境之间通过呼吸系统进行气体交换以获取氧的过程称为呼吸，包括肺通气和肺换气。

（一）肺通气

肺通气是指肺与外界环境之间气体交换的过程。肺通气时的动力因素与阻力因素会影响肺通气的量。肺通气的阻力分为弹性阻力和非弹性阻力两种，弹性阻力来自肺和胸廓，如果肺和胸廓在外力作用下容易扩张，就表示其顺应性大，弹性阻力小。呼吸系统的气道阻力和组织的黏滞性阻力构成了非弹性阻力。而呼吸肌的收缩与舒张可以引起胸廓节律性地扩大与缩小，引起肺内压与大气压之间出现压力差，推动气体进出肺，因此是肺通气的重要动力。

（二）肺换气

肺泡与肺泡毛细血管血液之间的气体交换称肺换气。新鲜空气经呼吸道进入肺泡后，与肺泡毛细血管内的血液进行氧气和二氧化碳的交换。肺换气时，肺泡中的氧气扩散到肺泡毛细血管内的血液中，同时，肺泡毛细血管内血液中的二氧化碳扩散到肺泡内；在体内，血液与组织（如骨骼肌）之间发生气体交换，毛细血管血液中的氧气扩散进入组织和细胞，以供组织利用，组织中的代谢产物二氧化碳扩散进入血液，通过呼吸活动排出体外，这一过程称为组织换气。

二、体育锻炼对呼吸系统的影响

运动对呼吸机能的作用是复杂的，除能最大限度地改善人体的吸氧能力，降低呼吸中枢对乳酸与二氧化碳的兴奋性，并增强人体对缺氧的耐受力外，还能促使呼吸机能出现

"节省化"。

体育锻炼对提高呼吸机能的作用，主要表现为有效地增加毛细血管的数量和密度，改善生理无效腔，使呼吸肌发达，收缩力增强，最大通气量和肺活量增大，呼吸差加大。

此外，由于长期坚持锻炼，负氧债量大，对缺氧耐受力强，氧的吸收利用率也较高，调节呼吸的节奏和形式的能力也较强。

第三节　体育锻炼对心血管系统的影响

一、心血管系统的组成和功能

心血管系统由心脏和各类血管组成。血管包括动脉、静脉和毛细血管。在神经系统调节下，心脏有规律地收缩，推动血液不断地在血管内循环。

不同类型的血管因其功能不同，其管壁结构也不同，大动脉的管壁厚而有弹性，含有丰富的弹性纤维，称为弹性血管，它可以保持血压的基本稳定。小动脉管壁富有平滑肌，平滑肌的收缩可以通过改变血管的口径改变血流阻力，又称阻力血管。静脉血管的口径大，易扩张，因此体内多数血液存在于静脉系统中，被称为容量血管。毛细血管口径小，管壁薄，数量大，是血液与组织液的交换场所，又被称为交换血管。

（一）血液循环

血液循环可分为相互连续的两部分，即体循环和肺循环。

1. 体循环

动脉血由左心室搏出，流经主动脉及各级分支到达全身的毛细血管（毛细血管是连于动脉与静脉之间的微细血管），由于动脉血中的氧分压大于组织中的氧分压，因此，氧由血液向组织扩散；因为动脉血中的二氧化碳分压低于组织中的二氧化碳分压，二氧化碳由组织向血液扩散，使动脉性血变为静脉性血。静脉性血由毛细血管流入各级静脉。静脉连接于毛细血管，由小静脉逐渐汇合成大静脉，把血液运回到右心房。血液就是这样从心脏射出，经动脉、毛细血管和静脉返回心脏，循环不止。

2. 肺循环

静脉性血由右心室搏出，流经肺动脉及各级分支，最后到达肺泡壁上的毛细血管网。静脉性血在毛细血管网中进行气体交换，肺泡气中的氧扩散到毛细血管中，毛细血管中的二氧化碳扩散到肺泡中。气体交换后，毛细血管中的静脉性血变成动脉性血，经肺静脉返回左心房。

（二）心率

心脏每收缩和舒张一次，称为一个心动周期。在心动周期的舒张期，血液由静脉回流入心脏，在心动周期的收缩期，心肌的主动收缩将血液由心脏射入动脉。心脏每分钟跳动的次数用心率来表示。健康成年人每分钟心跳为 60~100 次，平均约 75 次。成年人如果在安静时心率低于每分钟 60 次，即为心动过缓；高于每分钟 100 次，即为心动过速。心率有较大的个体差异，不同年龄、不同性别、不同生理状态下，心率有所不同。青少年的新陈代谢比较旺盛，但心脏结构与功能尚未发育完全，神经系统对心脏和血管的调节不够完善，因此心率较快，以后，随着年龄的增长，心率会逐渐减慢，青春期时接近成年人水平，成年女性心率略高于成年男性。体育活动、情绪激动和体温升高时，心率明显增加。

过快的心率，是生命过早终结的信号。科学家曾做过动物心跳与寿命之间关系的实验，认为 8 亿次心跳是动物生命的极限，心跳越快，寿命越短；心跳越慢，则寿命越长。例如，老鼠每分钟心跳 900 次，2 年左右就会死亡；猫每分钟心跳 240 次，但寿命只有区区的几年；海龟每分钟心跳不足 10 次，寿命却能达到 500 年。因此，研究生命科学的专家告诉我们：要进行适宜的体育运动，珍惜我们的每次心跳！

（三）每搏输出量

每搏输出量是指心脏在每次收缩时，由左心室射入主动脉的血量，心脏每搏动一次大约向血管射血 70 毫升。因此，正常人安静时的每搏输出量为 70 毫升。心脏每分钟由左心室射入主动脉的血液量为每分钟输出量，我们常用心输出量来代表每分钟输出量，每搏输出量与心率的乘积就是心输出量，成人安静时心输出量为 3~5 升。

（四）血压

血液在血管内流动时对血管壁的侧压力就是血压。各类血管均有不同的血压。一般情况下，我们所说的血压多指动脉血压。动脉血压以肱动脉压为标准，分为收缩压和舒张压，成年人正常血压为：收缩压小于 17.3 千帕，舒张压小于 11.3 千帕。血压可随年龄、性别和体内生理状况的变化而有所变动。

二、体育锻炼对心血管系统的影响

研究表明，适宜的体育锻炼对心血管的形态结构和机能都会产生不同程度的积极影响，对预防和治疗心血管疾病有重要作用。

1. 对心脏效率的影响

体育锻炼改善了心脏肌肉的收缩能力，心脏每次跳动泵出的血液增多，使心脏能以较低心率来满足锻炼的需要。脉搏频率的减少能使心脏收缩后有较长的休息时间，为心脏功能提供了储备力量，这样当人体进行激烈运动时，心脏就能承受大运动量的负荷。

2. 对心脏大小的影响

长期体育锻炼可使心肌纤维增粗、心壁增厚、心脏增大，并以左心室增大为多见，而且训练水平越高，这种变化越显著。这样，不但使心脏具有更大的收缩力，而且能增加心脏的容量，从而使心脏的每次搏动输出量和每分钟输出量增加。

3. 对血管结构的影响

体育锻炼影响血管的结构，改变血管在器官内的分布；体育锻炼可使动脉血管壁的中膜增厚，平滑肌细胞和弹力纤维增加；体育锻炼能使骨骼肌的毛细血管分布数量增加，分支吻合、丰富。这些变化都有利于改善器官供血，增强物质与能量的交换。研究还证明，体育锻炼能够反射性地引起冠状动脉扩张，使冠状动脉口径增粗，改善冠状动脉循环，心肌的毛细血管数量增加，心肌中肌红蛋白含量也增高，可以增强心脏在缺氧条件下的工作能力，对预防冠心病有着重要的意义。

第四节　体育锻炼对神经系统的影响

一、神经系统的组成和功能

人体是一个复杂的有机体，各器官、系统之间的功能相互联系、相互协调、相互制约；同时，人体生活在经常变化的环境中，环境的变化随时影响着体内各器官系统的各种功能。这就需要对体内各器官系统的功能不断做出迅速而完善的调节，使机体适应内外环境的变化。实现这一调节功能的就是神经系统。

神经系统分为中枢神经系统和周围神经系统两部分。中枢神经系统包括脑和脊髓。周围神经系统是脑和脊髓以外的神经成分，其一端同脑和脊髓相连，另一端通过各种末梢结构与身体其他器官、系统相联系。神经元是神经系统结构与功能的基本单位，具有感受刺激、传导神经冲动的功能，神经元之间通过突触进行神经联系。神经系统活动的基本方式是反射，反射是指神经系统对内、外环境的刺激做出适宜反应的调节过程。反射活动的结构基础为反射弧，反射弧由感受器、传入神经、神经中枢、传出神经与效应器五个结构部分组成。反射包括非条件反射和条件反射两类：非条件反射是指人体与生俱来的简单反射，对人体及种族的生存具有重要意义；而条件反射是个体在后天学习中获得的，是复杂的高级反射活动，通过各级神经中枢进行多级整合才能够建立，它的建立使机体对环境条件的变化具有更强、更精确的适应性。

二、体育锻炼对神经系统的影响

运动是在神经系统控制下进行的，人在运动时，在中枢神经系统的统一支配下，必须动员人的其他系统和有关器官的参与。长期体育锻炼可以改善和提高中枢神经系统的工作能力，使中枢神经及大脑皮层的兴奋性增强，抑制加深，使得兴奋和抑制更加集中，从而改善神经系统的均衡性和灵活性，提高大脑分析和综合的能力，增强机体适应变化能力和工作能力。另外，体育锻炼时体内分泌的一种激素——内啡肽具有强烈的镇痛作用，因此经常参加跑步锻炼，可以提高神经系统的兴奋性，抑制低落情绪，减少痛苦感，使人在运动之后精神状态良好，周身轻松、精力充沛。

第五节 体育锻炼对消化系统的影响

一、消化系统的组成和功能

消化系统包括消化管和消化腺两部分。消化管为中空性器官，包括口腔、咽、食管、胃、小肠和大肠等器官。消化腺包括突出到管壁外的大消化腺和消化管壁上的小消化腺，大消化腺包括肝、胰和唾液腺。消化系统的主要功能是：从外界摄取营养物质进行消化和吸收，以满足机体新陈代谢和其他活动的需要。

1. 消化

消化是指一些大分子的有机物（如糖、蛋白质、脂肪）在胃肠道内的消化液的作用下，分解成小分子的物质的过程。消化是从口腔开始的，胃和小肠是食物消化的主要场所。人的大肠没有重要的消化活动，食物残渣进入大肠后，通过大肠的机械运动被排出体外。

2. 吸收

矿物质、维生素和水通过消化道黏膜上皮细胞进入血液和淋巴液，一些大分子的有机物（如糖、蛋白质、脂肪）在胃肠道内的消化液的作用下，分解成小分子的物质，也通过消化道黏膜上皮细胞进入血液和淋巴液，这些过程就是吸收。食物在口腔和消化道内不被吸收；胃只能吸收酒精和水分；小肠是吸收的主要部位，蛋白质、脂肪和糖的大部分消化产物在十二指肠和空肠被吸收；盐类物质和剩余的水分主要在大肠被吸收。

二、体育锻炼对消化系统的影响

体育锻炼会增强体内营养物质的消耗，这就需要更多能量来补充，长此以往使整个机体的代谢增强。另外，体育锻炼对消化器官的机能有良好的作用，它能使胃肠的蠕动加强，消化液的分泌增多，改善肝脏、胰腺的功能，因而使消化和吸收的能力提高，为人的健康和长寿提供了良好的物质保证。不要进食后立即进行比较剧烈的运动，更不要在比较剧烈的运动后立即进食。因为在激烈运动时，大脑皮质运动中枢兴奋占优势，以致减弱和抑制了其他部位的活动，使消化中枢处于抑制状态，因而减弱了胃肠的蠕动，并减少了消化液的分泌，这样对消化系统有不良影响。

思考题

1. 简述各生理系统的组成及功能。
2. 论述体育锻炼对各生理系统的影响。

第三章

职业体能与体育锻炼

学习提要

1. 熟悉职业体能的相关概念。
2. 了解不同职业的体育锻炼要求。
3. 学会职业体能的锻炼方法。
4. 根据不同的职业，选择合适的锻炼方法，以提高工作效率。

思政目标

培养团结协作、勇敢顽强的意志品质。

第一节　体育与职业

一、体能概述

体能锻炼是指人们为了提高身体素质做出的主动选择，以各种肢体运动为外部特征的方法进行身体锻炼的过程。在这里，体能锻炼主要是指身体运动能力的锻炼，不包括适应能力部分。因此，体能锻炼主要包括力量、速度、耐力、柔韧和灵敏五种身体素质的锻炼。

（一）力量素质

力量素质是指人的身体或身体某些部分用力的能力，或是指肌肉在人体活动中克服内部和外部阻力的能力。作为各运动项目的基础，不同项目有不同的特点，所以对力量素质的要求也不同。

在运动锻炼的实践中，按体育运动中不同项目对力量素质的要求，将力量素质分为最大力量、速度力量和力量耐力三种。

（1）最大力量是指肌肉通过最大随意收缩克服阻力时所表现的最高力量。

（2）速度力量即快速力量，是指肌肉快速发挥力量的能力，是力量与速度的有机结合。

（3）力量耐力是指人在克服一定外部阻力时，能坚持尽可能长的时间或重复尽可能多的次数的能力。力量耐力又可以分为动力性耐力和静力性耐力。动力性耐力主要表现在田径、游泳、球类、体操等项目，而静力性耐力主要表现在射击、射箭、摔跤和支撑性运动项目中。

（二）速度素质

速度素质是指人体进行快速运动的能力。它包括三个方面，即对各种刺激快速反应的能力，快速完成动作的能力，快速通过某一距离的能力。速度作为人体的基本素质之一，在体能锻炼中占有重要的地位。

速度素质按照不同的表现形式，可分为反应速度、动作速度和位移速度。

（三）耐力素质

耐力素质是指人体在较长的时间内，保持特定强度负荷或动作质量的能力。耐力素质的发展水平是由练习者机体的能量潜力和具体运动项目所要求机体的适应能力、技战术效果、心理素质来决定的。

耐力素质一般常见的有速度耐力、力量耐力、一般耐力等。

（1）速度耐力是指人体保持高速运动的能力。

（2）力量耐力是指人体在承担大负荷状态下能坚持较长时间的能力。

（3）一般耐力是指人体在中等负荷状态下连续工作的能力，如长距离地走、跑，长时间从事某一项体力劳动或运动。

这三种耐力不仅外在表现不同，它们所依赖的生理基础也有差异。速度耐力的生理基础主要是运动神经系统的灵活性，力量耐力的生理基础是肌肉的抗疲劳能力，而一般耐力则主要取决于人的呼吸、循环系统的功能。因此，要想发展不同的耐力，必须采用不同的方法。发展速度耐力时，一般要在人的体力充沛的时候进行，并要强调长时间保持高速运动的能力；发展力量耐力时，要采用使肌肉承受较大负荷的锻炼手段，如连续举起适宜的哑铃、连续做俯卧撑或引体向上等；发展一般耐力的重点是延长锻炼的时间，如长跑、爬山等。

（四）柔韧素质

柔韧素质是指人体关节部位向不同方向活动的能力以及肌肉、韧带的伸展能力。柔韧素质作为提高运动技能的主要影响因素之一，其好坏取决于以下三个方面：

（1）关节解剖学的构造。

（2）肌肉和韧带的弹性。

（3）肌肉和韧带所处的状态。

关节解剖学的构造存在个体差异，并直接影响柔韧素质的表现，这是人们无法通过自身努力所改变的。肌肉和韧带的弹性体现在它们的伸展能力上，这可以通过锻炼得到改变和提高。最好在运动前先活动热身，再做柔韧素质的运动锻炼，效果明显。

（五）灵敏素质

灵敏素质是指在外界条件突然改变的时候，身体能迅速调动有关运动关节准备做出反应动作的能力。在各项身体素质中，灵敏素质是一种高级素质，可称得上是“身体素质之王”。它是在力量、速度、耐力和柔韧等素质最佳组合发挥的基础上表现的一种素质，它可以协调全身来准确而高效地完成某一动作。

在运动训练实践中，灵敏素质可以分为一般灵敏素质和专项灵敏素质。

一般灵敏素质是指人在各种活动中，在突然变换的条件下，迅速、合理、准确地完成各种动作的能力，它是专项灵敏素质发展的基础。

二、职业体能概述

体能又称体适能，是指身体各部位或各系统对突发状况的应变能力，包括的范围较广，如速度、反应、耐力、肌力、平衡性、柔软性、协调性和敏捷性等。

职业体能是与职业（劳动）有关的身体素质以及对不良的劳动环境条件的耐受力和适应能力，是经过特定的工作能力分析后所需具备的身体活动能力，包括重复性操作能力、背肌承载静态力的能力、其他肌肉群能达到维持工作姿势要求的能力以及人体对工作环境的忍耐程度等能力。

一方面，高职院校的体育具有普通高校体育的共性，即要完成增强学生体质，提高学生身体素质，培养良好的品质与健康的心理行为、习惯的任务；另一方面，高职院校的培养目标不同于普通高校，其教育教学具有定向性、实用操作性及专业性的特点，因此高职院校的体育具有其个性，即要为职业的特点服务。充分认识体育与职业教育的相互关系，使高职院校在完成一般普通教育内容的基础上，适当开展职业体能训练，促进学生职业技能、体能的提高，更好地体现高职院校体育的特色，是当前高职院校体育面临的新课题。

三、职业与职业体能

高校专业性较强，实际操作较多，各专业特点各异，因此在实施体育教育过程中要有针对性，结合不同专业的生产实践特点有所侧重地进行教学和训练活动。高校的专业大体分为以下类别：计算机、通信、电子工程类，汽车、机械类，航运、船舶、水利与港口管理类，车工、铣工、切削工、钻工、焊工类，木工、瓦工、粉刷、印刷、油漆工类，食品、酒店餐饮、物管类，旅游、环艺、广告、服装设计类，金融、税务、电算会计类，商场、物业管理、城市园林类及医务护理类，等等。高校各类专业学生除了具备共同的体质、体能外，针对其专业特点还应有特殊的要求，即职业体能。

第二节　职业体能与体育锻炼

一、对计算机、通信、电子工程类的要求

发展一般性耐力素质，注重手指的协调性、动作的准确性、触觉的敏感性、注意力的专注意识及反应的速度。

可选择有氧类健身项目进行锻炼，如 1 000 米健身跑，跳绳，俯卧体后屈，传接球练习，排球上手传球，乒乓球抓、捡、拍球等。

二、对汽车、机械类的要求

发展上肢和下肢的协调性、上肢和肩带肌肉群的静止性耐力，培养反应能力和注意的转换能力。可选择哑铃、拉力器、健身、骑马、加速运球和听信号急停、左右手同时运篮球、短跑听信号的专门性练习等。如有条件可模拟驾驶电动汽车、飞机、摩托车等。体操吊环项目对此类专业学生的上肢力量的发展大有益处。

三、对航运、船舶、水利与港口管理类的要求

这些专业的特点是跟江、河、湖、海中的水打交道，有必要侧重培训和发展学生自由驾驭水的能力，如游泳、潜泳、划船及水上救生技能等，同时要有适应风浪较强的平衡能力和抗眩晕的能力。

可选择秋千、浪木、轮滑、吊环、走钢丝、蹦床、水球、跳水等项目。

四、对车工、铣工、切削工、钻工、焊工类的要求

发展肩带肌、躯干肌和脚掌肌的力量，注意平衡能力、下肢静立的耐力和上肢的协调、准确性、目测力、注意力的专注性。可选择重物投准、射击、射箭、乒乓球、台球、单杠、双杠等项目进行锻炼。

五、对木工、瓦工、粉刷、印刷、油漆工类的要求

多发展上肢伸举力量的练习，以提高前庭的稳定性、身体动作的灵敏性、高空作业的能力及保持平衡的能力。可选择推铅球、实心球、手倒立、爬绳、爬竿、平衡木、跳马等项目进行锻炼。此外，负重和对抗性的练习及技巧项目的训练也不可忽视。

六、对食品、酒店餐饮、物管类的要求

多发展一般耐力性的体育素质项目及体育礼仪性的训练，对体育营养学要有一定的研

究，懂得烟、酒是运动的“毒药”的道理以及运动前喝糖水，运动后补充盐，酒后不宜运动等常识。可选择健身跑、持拍托球跑、跨栏、独木桥平衡等体育项目锻炼，以及提高平衡能力。

七、对旅游、环艺、广告、服装设计类的要求

发展一般耐力性素质，可选择郊游远足、景点观光、体育欣赏、艺术体操、健身操等项目进行练习。对运动服装品牌要有一定的了解，以丰富艺术想象力，为职业体育特点不是很强的专业提供良好的思维空间，促进职业发展。

八、对金融、税务、电算会计类的要求

多发展小肌肉群力量训练，达到能快速反应、沉着、冷静、长时间保持较高的注意力的目的。可选择棋类和桥牌项目、乒乓球和各类训练反应的体育游戏，此外，对比赛计时、查分的项目规则要了解和掌握，以充分培养周密、细致的处事方式。

九、对商场、物业管理、城市园林类的要求

发展一般的耐力素质和下肢力量，对各种体育器材性能了解并能进行相应的维修，了解社区体育场地的规格并能进行科学的管理。同时，具有一定的体育组织能力。可选择竞走、中长跑类项目进行锻炼。

十、对医务护理类的要求

可开展一些锻炼心智的项目，如棋类、桥牌等棋艺项目，同时要了解运动生理和心理学方面的相关知识。

第三节　职业身心素质练习

职业体能锻炼项目是根据不同专业特点进行不同身体训练的体能行为和本领，它包括平衡能力、攀爬能力、蹬越能力等。在高校中开设职业体能锻炼课程，对学生职业体能的提高有促进作用，对学生将来从事相关的职业有帮助。

一、职业体能项目

职业体能项目包括独木桥、壕沟、翻越墙、低空区、九曲桥、跳跃、索道、攀爬等。

二、基本技术

（一）平衡类

平衡能力在很多专业中都能得到应用，不仅要求相关专业人士需要具备这种能力，如

航运、酒店管理、旅游等，而且一般人群在生活中也应具备这种能力，如过小溪，走、踩石桥或独木桥，走山路，跨石阶，踩、走软桥、钢丝绳等都需要一定的平衡能力。下面以过小溪为例，介绍其技术特点。

（1）单脚（左脚），踩准，另一只脚准确、果断地跟上，重心在前，双手两侧平举。

（2）过小溪时，平稳踩准行走或慢跑通过。

（3）过小溪弯曲处时，双手两侧半屈臂，低头含胸，两眼看准前行落脚点，前脚掌着地，屈体行走，随着身体稍向左或右方转动。

（4）行走软路时，前脚掌内侧踩住，重心稍前倾，屈膝含胸，双臂体侧半屈。

（二）攀爬类

攀爬是人类的一项基本活动能力，如爬山、爬绳、爬竿、爬墙、翻越障碍、爬越深沟等。每项攀爬活动都有一定的技巧性，在体育实践中，应努力掌握攀爬的技巧，这样定会大大提高职业体能本领。

（1）爬越深沟时，两手抓住坑上坚固物体，在用力跳起的同时，两臂撑起，以提高重心。

（2）爬越石墙或板墙等障碍物时，助跑要果断加速；跃起时，两手抓住顶端，身体侧倒，单脚高抬向上搭顶端，挂住身体后，用力滚上翻越。

（3）爬绳、横爬软绳时，两手屈臂引体，两脚踝关节交叉系绳，身体放松。

（三）职业体能锻炼组合训练

组合训练要求根据不同类别的情况进行不同动作能力的操练。在保证独立完成的基础上，配合协作共同完成多个项目的操练，看谁速度快，不失足，共同完成不同类型的极限考验。

（1）独木桥，第一步要踩踏准确，重心前移，后脚跟紧，双手侧屈。

（2）攀爬翻越时，两臂上撑，同时两脚蹬地上跳抬腿出坑。

（3）翻越板墙时，助跑，起跳，两手扶抓墙顶的同时出脚，搭定后横轴翻滚越过。

（4）爬越软绳时，两手握绳，依次前行，两脚交叉夹紧软绳，仰卧要放松，身体蠕动向前。

（四）实战演练

组员按照事先分好的小组分别站在各自的跑道上，听见信号后从起点开始出发，依次完成下述各项练习，并将信物交给下一个组员，当全部人员完成后，以最后一个组员到达的时间计算，按照时间决定名次，以用时最少的小组为优胜组。

（1）独木桥。组员必须从独木桥上经过到达对面下个项目，在通过的过程中如果从桥上掉下，组员要重新开始。

（2）壕沟。队员必须跳下壕沟，并独自从壕沟翻上来。

（3）翻越墙。在通过翻越墙的时候，两名组员可以互相帮助，但不能从墙边绕过。

（4）九曲桥。凡从桥上掉下的组员，必须从桥头重新开始。

（5）低空区。必须从低空区爬越过去，不能触网或从两边绕行。

（6）跳跃区。必须从地下跳到台阶上面，不允许直接跳过。

（7）索道。完成索道项目时，必须独自完成，不允许借助他人的帮助，从索道上掉下的必须从头开始。过索道时要求头在前，脚在后。

思考题

1. 体能锻炼主要包括哪些？
2. 怎样针对不同的职业进行体育锻炼？

第四章

体育锻炼与心理健康

学习提要

1. 了解大学生心理发展特点。
2. 熟悉大学生心理健康标准。
3. 认识体育锻炼对大学生心理发展的影响。
4. 积极参加体育锻炼，培养健康的心理状态。

思政目标

培养学生不怕苦、不怕累的拼搏精神。

第一节　大学生心理发展特点

一、个体心理发展与人的成熟条件

心理发展是指个体从出生、成熟、衰老直至死亡的整个生命进程中所发生的一系列积极的心理变化。个体心理发展具有四个基本特征，分别是连续性与阶段性、定向性与顺序性、不平衡性、差异性。

人的成熟应具备的三个基本条件：首先，身体的成长是以个体生理发育成熟为标志的，其中以性成熟为重要指标。大学生一般都具备这一条件。其次，心理发展完善，也就是形成自我概念和稳定的个性。最后，社会化程度提高，以人的社会生活适应性的成熟为标志，即个体对自己在社会中所处的角色身份及所承担的社会责任有正确的认识。

上述三个条件中，生理成熟是心理成熟的物质基础，社会成熟是心理成熟的必要条件，而社会化程度的提高，取决于个体的社会实践活动。

二、大学生心理发展的年龄特征

我国大学生多数处于青年期（18~24 岁），在这一年龄阶段，其心理发展具有以下几个显著特征。

（1）大学生的认知发展均已达到比较成熟的水平。

（2）大学生的情感和意志的发展也已达到较高水平而接近成熟。大学生朝气蓬勃，勇往直前，珍视友情，向往美好的爱情，道德、理智和美感等高级的社会性情感趋于成熟，并在情绪中占主导地位。然而，大学生的情感发展并没有达到真正成熟，仍然存在一些明显的弱点或缺陷，如情绪的波动性与情境性、情绪表现的外显性与内隐性的矛盾冲突、爱情方面的烦恼等。

（3）大学生个性品质的发展方面，自我意识和自我教育能力显著增强，理想明确而富有社会意义，性格的发展进入塑造定型的关键时期。

三、大学生心理发展的阶段特点

（1）入学适应阶段。新生入学将面临一系列的急剧转变，学习环境、生活环境、人际关系、学习方式等都发生了变化，需要重新调整心态以维护心理平衡。

（2）稳定发展阶段。基本适应了大学生活，新的心理平衡初步建立。但是，也会遇到许多新问题、新情况，要求不断地做出抉择。这是一个充分展示大学生极强的可塑性，体现每个人按自身独特的方式塑造自我的时期。

（3）就业准备阶段。大学生活即将结束，职业生涯就要开始，既要用心完成毕业设计以证明自己大学时代的专业收获，又要面对毕业去向与出路的寻觅和选择，需要做出艰难而谨慎的抉择，有的学生还要考虑恋人关系的处理等。因此，这是一个心理负担加重、心理冲突纷扰的困难时期，它全面考验和促进大学生心理素质的成熟。

四、大学生心理素质发展的主要矛盾

当代大学生心理发展具有强烈的时代特征，这一时期也是他们心理发展水平正在迅速走向成熟的过渡时期，使得大学生的心理发展呈现鲜明的年龄特征。这些都构成了当代大学生心理素质的复杂性、丰富性和多样性。

现阶段在大学生心理素质发展的过程中，主要矛盾表现在以下几个方面：矛盾性、自主性与依赖性共存，自豪感和自卑感互相出现，情感封闭和交往需要相悖，理想和现实的冲突，性心理成熟和性心理滞后的矛盾。

第二节　大学生心理健康标准

大学生心理健康的标准可以概括为满意的心境、和谐的人际关系、坚强的意志、良好的个性等。

（1）满意的心境是一种自我感觉良好的状态，心理健康的人无论处于顺境或逆境，都能够随遇而安，积极地寻找生活的乐趣，发现生活的光明面。满意的心境主要来源于较高的精神修养，它与人生态度和价值观有很大的关系。具有满意的心境的人往往具有一定的幽默感，幽默感可以调节情绪、放松精神、减轻焦虑、保持愉快的心情和氛围。

（2）和谐的人际关系是心理健康的重要因素，大学生的成长不是一个封闭的过程，而是一个开放的社会运动过程，每个大学生都要与其他社会成员之间建立联系，最终成为一个社会人。

心理健康的大学生乐于与他人交往，对集体有一种安危与共的情感；与同学和老师和睦相处，融洽共事，并通过积极的人际交往得到思想和认识上的收获和心理上的良好调节。

（3）坚强的意志是人们取得事业成功的先决心理条件之一。凡事总会遇到各种各样意想不到的困难，只有克服了各种苦难的人才可能到达辉煌的顶点。大学生中有许多人在生活中碰到困难就退却，遇到挫折就逃避，这不利于他们成长。

（4）良好的个性是成才的重要心理因素。人才的类型、人才的层次、人才能够达到的最高境界等都与人的个性有很大关系。良好的个性是获得众多朋友的基础，是人际和谐、家庭幸福的基本条件，同时个性良好的人也是最能够善待自己、完善自我的人，不仅在道德上，而且在自我发展上，个性良好的人较易得到和谐发展；而个性不良的人则完全相反，在走向成功的途中会有更多的坎坷，不仅获得成功比较难，而且即使取得了成功，也不一定能够获得幸福。因此，大学生心理健康与不健康是一个连续谱，具有相对性，心理健康与不健康之间并没有一条绝对的分界线，而是处于连续过渡、不断变化的状态。

第三节　体育锻炼对大学生心理发展的影响

一、体育锻炼项目与心理健康的关系

大量资料证明体育活动与心理健康有关。体育锻炼对大学生心理健康的主要影响有：有效提高大学生的心理健康水平，有助于对抑郁、焦虑、人际关系敏感等症状的改善。锻炼者参与不同的锻炼项目所获得的心理效益是不同的。

就具体项目而言，三大球和集体性项目对抑郁的改善较明显，而传统体育项目，如太极、导引术等，对改善焦虑的效果更好。具有明显的趣味性、娱乐性和竞技性的项目符合学生天真好动、积极向上的心理，很受学生的喜爱。经常参加这些集体活动能培养学生的集体主义精神，能够缓解焦虑，明显改善孤独倾向。

科学合理的体育锻炼方法，即选择不同的锻炼项目、强度、运动量、时间来进行体育锻炼，是可以促进大学生心理健康的。但必须注意：大学生体育活动心理效应的强度不仅受到现实社会环境的影响，而且受到个体因素的制约。

二、体育锻炼运动负荷与心理健康的关系

适当的体育活动可以改善心情，过度运动则可能产生心理紊乱。有规律的运动也易导致运动依赖。运动负荷包括运动量和强度两个方面，而运动量又包括运动时间和次数。大多数研究认为，要获得锻炼的心理效益，运动量以中等为宜。体育锻炼科学合理的关键就是运动量的适宜。

思考题

1. 大学生心理发展有哪些特点？
2. 体育锻炼对大学生心理健康的影响是什么？举例说明。
3. 大学生心理健康的标准是什么？

第五章

体育锻炼中运动损伤的预防与处理

学习提要

1. 了解运动损伤的概念。

2. 学会常见运动损伤的急救方法。

3. 认知运动损伤发生的原因，熟悉运动损伤的急救原则，能够处理一般的运动性损伤，并且重视预防运动损伤。

思政目标

培养学生善于思考的能力、敢于拼搏的意志。

运动损伤是指在运动过程中出现的运动系统损伤。运动损伤分为开放性损伤和闭合性损伤。在体育锻炼中常见的开放性损伤有擦伤、裂伤、切伤、刺伤和开放性骨折等。但是现在临床上或者在医疗上所指的运动损伤一般都不是因运动导致的骨伤、半月板、肩关节的肩袖、滑膜这些损伤，这些都属于软组织损伤。如果出现了骨折、一些严重的骨折、严重暴力的骨折，一般不称为运动损伤。常见的闭合性损伤有肌肉韧带拉伤、撕裂、关节脱位、筋膜、肌腱、腱鞘、关节囊的损伤以及闭合性骨折。

第一节　常见运动损伤的急救方法

一、现场急救的原则

运动损伤的现场急救是一项十分复杂的技术。急救者要充分发挥救死扶伤的精神，既要临危不惧，又要正确判断，其急救原则如下。

（1）抓住主要矛盾。现场急救比较复杂，如果同时出现多种损伤，必须抓住主要矛盾进行急救。如发现休克，应先抗休克，以针刺人中、内关穴，然后再做其他损伤的处理。

（2）分工明确、判断准确。急救人员必须分工明确，并具有高度的责任感和救死扶伤的崇高品德，有条不紊地实施抢救；要有熟练、正确的救治技术和丰富的临场经验。

（3）快抢、快救、快运转。发扬救死扶伤精神，急救时必须分秒必争，当机立断，切勿犹豫，延误时机。待抢救有效后，尽快转送医院，做进一步治疗。在运送途中，应保持患者平稳、安静，消除其紧张情绪，必要时继续进行人工呼吸。

二、现场急救的方法

（一）止血法

1. 冷敷法

冷敷可以使血管收缩，减少局部充血，降低组织温度，抑制神经感觉，从而有止血、止痛和减轻局部肿胀的作用。冷敷止血法常用于急性闭合性软组织损伤。最简单的方法是用冷水冲洗或用毛巾敷于伤处，有条件的可使用复方氯乙烷气雾剂喷射。

2. 抬高伤肢法

抬高伤肢，可使伤处血压降低，血流量减少，以起到减少出血的作用。采用加压包扎后，仍应注意抬高伤肢。

3. 压迫法

压迫法可分为指压法、止血带法、包扎法等。

（1）指压法。指压法包括直接指压法和间接指压法两种。直接指压法，即用指腹直接压迫出血部位。但由于手指直接触及伤口容易引起感染，所以最好敷上消毒纱布后进行指压。注意应压迫在出血动脉靠近心脏的血管处，以阻断血流。

（2）止血带法。临时止血常用的止血带有皮管、皮带、布条、毛巾等。实施止血带法时，先将患肢抬高，然后在患处上方敷扎止血。敷扎时最好加垫，以防敷扎太紧，造成肢体组织坏死。

（3）包扎法。包扎法主要有绑带包扎法、环形包扎法、螺旋形包扎法、反折螺旋形包扎法、“8”字形包扎法和三角巾包扎法等。

（二）搬运法

伤员经过现场急救处理后，应将其迅速、安全地送到宿舍休息或医院治疗。

1. 扶持法

急救者让伤员的一臂搭扶在自己的颈肩上，并拉握其手部，另一只手扶挽住伤员腰部。此法适用于神志清醒、伤情较轻、自己基本能步行的伤员。

2. 拖托法

急救者一手抱托住伤员的背部，另一只手托住其大腿及膝窝处，将伤员抱起，伤员的一臂搭扶在急救者肩上。此法适用于神志清醒，但身体虚弱的伤员。

3. 椅托法

两名急救者相对，用同侧的手相互握住对方的前臂，另一只手相互搭在对方的肩上，像一把椅子，让伤员坐在“椅架”上，伤员的两臂分别搭在急救者的肩上。

4. 人抱法

3 人站在同一方向，将伤员托抱起来，并协调地行走，此法适用于体力严重衰弱和神志不清的伤员。

5. 担架法

可用特制的担架运送，或把门板、凳子作为代用品。

6. 车辆运送法

在车辆运送途中应防止震动和颠簸。

（三）人工呼吸法

人工呼吸法有举臂压胸法、仰卧心脏胸外挤压法、俯卧压背法、口对口呼吸法等。其中以口对口呼吸法和仰卧心脏胸外挤压法效果最好。

1. 口对口呼吸法

实施口对口呼吸法时将患者仰卧，头部后仰，托起下颌，捏住鼻孔，压住环状软骨(即食道管)，防止空气吹入胃中，急救者随即深吸一口气，两口相对，将大口气吹入患者口中，吹气后将捏鼻子的手松开。如此反复进行。吹气频率每分钟为16~18 次，直至患者恢复自主呼吸为止。

2. 仰卧心脏胸外挤压法

患者取仰卧位，急救者两手上下重叠，用掌根置于患者的胸骨下半段处，借助于体重和肩臂力量，均匀而有节律地向下施加压力，将胸壁下压 3~4 厘米为度，然后迅速将手松开，胸壁自然弹回。如此反复进行，每分钟以 60~80 次的节律进行，直至恢复心脏跳动为止。

三、常见运动损伤处理方法

（一）肌肉拉伤

1. 受伤表现

肌肉因主动收缩或被动拉长所造成的肌肉细微损伤，肌肉部分撕裂或者完全撕裂称为肌肉拉伤。伤后，局部疼痛，肿胀、压痛，伤后肌肉紧张或痉挛，功能受限。

2. 处理方法

损伤轻者要立刻予以冷敷、局部加压包扎，止痛，并抬高伤肢，24 小时后可以进行理疗和按摩。损伤严重者经过加压包扎等常规处理办法后，立刻送往医院。

（二）关节韧带损伤

1. 受伤表现

受伤后患者局部疼痛、肿胀，若伤及关节滑膜或韧带断裂及合并关节内其他损伤时，出现整个关节肿胀或血肿、关节运动功能障碍。

2. 处理办法

关节韧带扭伤或部分韧带纤维断裂者，伤后应立即冰敷，加压包扎，抬高伤肢并休息，以减轻出血和肿胀。24~48 小时后，拆除包扎固定，根据伤情可采用中药外敷、理疗和按摩等。理疗和按摩在开始时只能施于伤部周围，3 天后才能用于局部。韧带完全断裂者经急救处理后应立即送往医院。

（三）关节脱位

1. 受伤表现

关节脱位后常出现畸形，因软组织损伤而出现炎症反应，局部疼痛、压痛和关节肿胀，并失去正常活动功能，甚至发生肌肉痉挛等现象。

2. 处理方法

用长度和宽度相称的夹板固定伤肢。若没有夹板，可将伤肢固定在自己的躯干或健肢上，防止震动，随后及时送往医院治疗。

（四）骨折

骨折是很严重的损伤，骨折后其受伤部位剧烈疼痛，伴有肿胀和变形，伤肢缩短，失去原有的功能。

处理方法：

（1）判断可能为骨折时，千万不要随意移动患肢，禁止触摸和检查骨折部位，更不要试图复位，应用夹板或其他代用品固定伤肢，然后尽快送医院检查治疗。

（2）如果同时伴有休克，可以用手掐人中穴、内关穴和合谷穴，促使患者苏醒。

（3）若骨折为开放型的，应先止血，再用消毒纱布包扎、固定。

（五）劳损

劳损是局部的肌肉、肌腱、筋膜等组织因长期负荷过度或体位不正等引起的慢性积累性损伤，是由小损伤积累而成的。一般比较常见的劳损有腰肌劳损、疲劳性骨膜炎等。

1. 受伤表现

局部酸胀、疼痛，准备活动后症状减轻或消失，运动结束后症状又出现或者加重，经休息后又减轻。其症状与天气变化有关系。

2. 处理方法

可给予患者按摩、理疗，痛点注射可的松类药物等。

（六）脑震荡

脑震荡是运动中头部受到外力打击后，出现大脑机能失调，引起意识和功能的一时性障碍。

1. 受伤后表现

患者有时伴有轻微的恶心、呕吐感，几天后可消失。伤后数日内，患者还会有头疼、头晕症状，但清醒后检查神经系统、血压、脉搏、呼吸、脑脊液等均正常。

2. 处理方法

（1）立即让患者平卧，头部冷敷，身体保暖。

（2）严禁摇动、牵拉，不要随意移动位置。

（3）对神志不清的患者，可用手指掐人中、百会、内关、合谷等穴位，促使其苏醒。

（4）在送往医院途中，让患者平卧，头部固定，避免颠簸。

（5）在恢复过程中，可做脑震荡痊愈平衡实验，以检查病况的进展。其方法：闭目，单脚站立，两臂平举。如能保持平衡，则表明脑震荡已基本治愈。

第二节　运动性疾病和损伤的预防与处理

一、运动中腹痛的预防与处理

预防运动中的腹痛，应在进餐一小时后进行运动，并充分做好运动前的准备活动，运动负荷应循序渐进，并注意呼吸节奏，切忌憋气。如果腹痛产生，可适当降低运动强度，减慢跑速、加深呼吸，同时用手揉按疼痛部位或弯腰抱紧腹部一段时间，疼痛即可缓解。疼痛严重者应停止运动，并口服十滴水或普鲁苯辛 1 片/次，或揉按内关、足三里、大肠俞等穴位，如仍不见效，应送医院诊断治疗。

二、肌肉痉挛的预防与处理

运动前对易发生痉挛的肌肉（如小腿腓肠肌、足屈和趾肌等）部位应充分做好准备活动，并适当按摩，注意保暖。如已产生肌肉痉挛，立即强制牵引痉挛部位。同时配合局部按摩，并点压委中、承山、涌泉等穴位，促使痉挛缓解。

三、运动性昏厥的预防与处理

加强体育锻炼使体质增强。运动时运动量适宜，防止过度疲劳；不在饥饿情况下参加剧烈运动；疾跑后不要立即停下；不要久蹲骤起。若运动性昏厥产生时，应立即将患者平卧，使足高于头部，并由小腿向大腿心脏方向进行推按，同时点按人中、合谷穴位；若发生呼吸障碍，应立即进行人工呼吸。轻度患者可搀扶慢走，并进行深呼吸，即可消除症状。重症患者，经临场处理后，送医院治疗。

四、中暑的预防与处理

在高温环境中锻炼，应适当减少运动量，缩短运动时间，避免在烈日下长时间暴晒，并注意饮用低糖含盐饮料。若发生中暑，应立即把患者放在阴凉、通风、安静处平卧休息，并采用降温措施。解开患者的衣领，冷敷额部，用温水抹身，并饮含盐的清凉饮料或十滴水，数小时后即可恢复正常。严重患者，经临时处理后，送医院治疗。

思考题

1. 结合实例谈谈如何在运动中避免出现一些运动损伤。
2. 篮球比赛时出现骨折，该如何处理？

第六章

田径运动

学习提要

1. 掌握跑的相关技术。
2. 掌握跳的相关技术。
3. 掌握投的相关技术。

思政目标

弘扬优秀传统文化，培养文化自信。

田径运动在世界上有着悠久的历史和广泛的群众基础，具体包括跳跃、投掷类、以有效成绩距离大者、名次列前的田赛和跑、走、跨（含 3 000 米障碍）类完成全程时间短者、名次列前的径赛以及由上述田、径两类各部分项目组成的全能项目和短跑团体接力项目，是比速度、比高度、比远度和比耐力的体能项目。田径项目或要求在很短的时间内表现出最大的速度和力量，或要求在很长的时间内表现出最大的耐力，最能体现奥林匹克“更快、更高、更强”的精神。

远在上古时代，人们为了获得生活资料，在和大自然及禽兽的斗争中，不得不走或跑相当长的距离，跳过各种障碍，投掷石块和使用各种捕猎工具。在劳动中不断地重复这些动作，便形成了走、跑、跳跃和投掷的各种技能。随着社会的发展，人们开始有意识地把走、跑、跳跃、投掷作为练习和比赛形式。

公元前 776 年在希腊奥林匹克村举行的第一届古代奥运会上进行的项目只有一个——短距离赛跑，跑道为一条直道，长 192. 17 米。

1894 年，在英国举行了最早的现代田径运动国际比赛，比赛共分 9 个项目。真正的大型国际比赛是 1896 年开始举行的现代奥运会。它沿用古代奥运会每隔 4 年举行一次的制度，每届奥运会上，田径运动都是主要的比赛项目之一。从 1928 年第 9 届奥运会起，增设了女子田径项目，此后，女子便参加了田径项目的比赛。

至今，田径运动仍然是体育比赛中观赏性极强的运动之一。田径与游泳、射击被视为奥运金牌三大项目，是产生奥运金牌最多的项目。

第一节　跑

一、短距离跑

短距离跑是田径径赛项目中的一类，一般包括50米跑、60米跑、100米跑、200米跑、400米跑、4×100米接力跑、4×400米接力跑等。

短距离跑的动作过程包括起跑、起跑后的加速跑、途中跑、终点跑等紧密联系的几个部分。

（一）起跑

1. 起跑器的安装

起跑器的安装有两种方式，具体如图6-1所示。第一种是普通式，即前起跑器距起跑线的距离为1.5脚长，后起跑器距前起跑器为1.5脚长；第二种是拉长式，即前起跑器距起跑线2脚长，后起跑器距前起跑器为1脚长。起跑器与地面的角度：前起跑器为45°左右，后起跑器为60~70°。两个起跑器的中轴线间隔约15厘米。

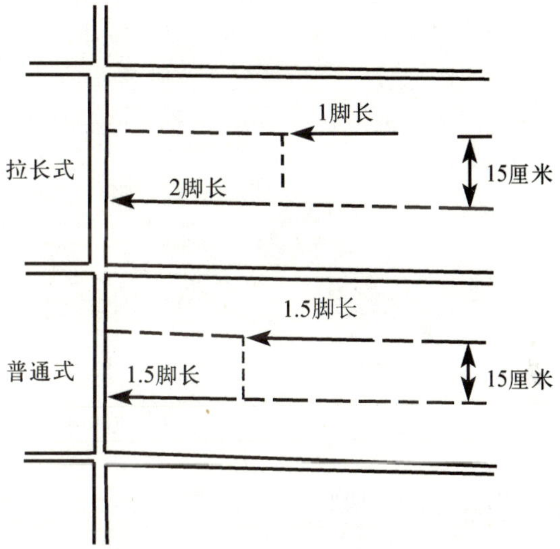

图6-1　起跑器的安装方式

2. 起跑技术

起跑技术包括“各就位”“预备”“鸣枪”和“跑”四个阶段，具体如图6-2所示。

图6-2　起跑的四个阶段分解示意图

（1）各就位。做该动作前可以做 1~2 次深呼吸；听到口令后，身体放松，情绪稳定地走向起跑线，两手撑在起跑线前的跑道上，两脚依次踏在起跑器上，后膝跪地；两臂伸直与肩同宽或比肩稍宽，两手拇指张开，其余四指并拢，手呈拱形，两拇指相对支撑于起跑线的后缘；身体重心前移，两臂约与地面垂直，颈部放松，身体重量在两臂和两腿上，镇静而放松。

（2）预备。听到口令后，重心稍前移，臀部慢慢抬起，稍高于肩，后膝离地；两脚蹬紧起跑器，高度集中注意力听信号。

（3）跑（鸣枪）。两脚用力蹬起跑器，后腿积极前摆，两手积极推地摆动；前腿用力蹬起跑器，蹬伸髋、膝、踝关节，使身体迅速向前跑出，并保持较大的倾斜角度。

弯道起跑的动作过程同上，只是向前加速时应沿着内缘弧线的切线方向跑进。在教学中可以启发学生思考直道和弯道起跑为什么不同。

（二）起跑后的加速跑

起跑和起跑后的加速跑是一个不可分割的整体。起跑开始后，当后腿前摆脚着地的瞬间即开始了起跑后的加速跑。起跑后的加速跑第一步不宜过大，身体要保持适当的前倾，后蹬充分、积极有力，大小腿折叠较小，前摆积极、幅度较大，同时两臂积极有力地摆动，且幅度也较大，步频较快；随着跑速的加快，上体逐渐抬起，步长也逐渐加大。起跑后加速跑的距离一般为 20~25 米，而后即进入途中跑阶段。起跑后的加速跑动作分解示意图如图 6-3 所示。

图 6-3　起跑后的加速跑动作分解示意图

（三）途中跑

途中跑是全程跑的主要部分，也是全程跑中距离最长、速度最快的一部分。途中跑能否一直保持较快的速度，是决定全程跑成绩的关键。

途中跑时，头、上体保持正直或稍前倾，摆动腿。大腿高抬、屈膝积极前摆，带动同侧髋向前；然后大腿积极下压，小腿自然前伸；以前脚掌向后扒地着地、略有缓冲；当身体移过着地点时，即开始后蹬；后蹬时，快速有力蹬伸膝、踝关节，推动身体向前；两臂屈肘，以肩为轴，协调前后摆动。途中跑动作分解示意图如图 6-4 所示。

图 6-4　途中跑动作分解示意图

（四）终点跑

终点跑一般是指全程跑最后 15~20 米的距离。此时体力下降，在保持途中跑技术和速度的基础上，应有意识地加大上体的前倾，加强摆臂，尽量保持最快的速度冲过终点。

（五）如何提高短跑速度

1. 短跑的训练手段

（1）高速大幅度地前后摆动腿练习，要求在快速摆动中完成合理的折叠技术；摆动腿时，大小腿折叠得越紧、半径越小，摆速就越快。

（2）加快脚掌着地速度练习，要求尽可能地缩短腾空时间。

（3）快速摆臂、摆腿练习，要求腿臂动作协调进行。

2. 短跑的训练方法

（1）20~40 米行进间快跑练习。

（2）4×（25~50）米接力跑、加速跑、追赶跑练习。

（3）下坡跑 30~60 米，（3~4）次×（2~3）组。

（4）顺风跑 30~60 米，（3~4）次×（2~3）组。

（5）短距离变速跑 100~150 米（30 米快跑+20 米惯性跑+30 米快跑+20 米惯性跑），3 次×（2~3）组。

（6）胶带牵引跑 30~60 米，（4~5）次×（2~3）组。

（7）反复跑 30~60 米，（4~5）次×（2~3）组。

（六）跑的专门练习

1. 小步跑

上体正直，肩放松，两臂前后自然摆动；髋、膝、踝关节放松，迈步使膝向前摆出，髋稍有转动；在摆腿的膝向前摆动的同时，另一条腿的大腿积极下压，足前掌扒地式着地，着地时膝关节伸直，足跟提起，踝关节有弹性。

2. 高抬腿跑

上体正直或稍前倾，两臂前后摆动，大腿积极向前上摆到水平，并稍稍带动同侧髋向前，大小腿尽量折叠，脚跟接近臀部；在抬腿的同时，另一腿的大腿积极下压，直腿足前掌着地，重心要提起，用踝关节缓冲。

3. 后蹬跑

上体正直或稍前倾，两臂自然摆动；摆动的腿积极向前上方摆出，由于躯干扭转，同侧髋带动大腿充分前送；在摆一条腿的同时，另一条腿的大腿积极下压，足前掌着地，膝、踝关节缓冲，迅速转入后蹬；后蹬时摆腿送髋动作在先，膝踝蹬伸在后，腾空阶段重心向前性好，腾空时要放松，两腿交替频率要快。

4. 后踢小腿跑

上体正直或稍前倾，两臂前后自然摆动；足前掌着地，离地时足前掌用力扒地，离地后小腿顺势向后踢与大腿折叠，膝关节放松，足跟接近臀部。

5. 折叠腿跑

上体正直或稍前倾，两臂前后摆动；后蹬结束立即向前上方抬大腿和收小腿，膝关节放松，大小腿充分折叠，边折叠边向前摆动；在摆动的腿折叠前摆的同时，另一条腿的大腿积极下压，足前掌着地，膝关节缓冲。

6. 小车轮跑

前三点要领同折叠腿跑；加大大腿摆动的幅度，当大腿摆到一定程度时，小腿随惯性向前摆出，随着大腿积极下压，小腿主动做扒地式的动作，用足前掌扒地式着地。

7. 大车轮跑

要点同高抬腿跑；摆动大腿抬到水平，小腿随惯性向上方摆出，然后随着摆动大腿的积极下压，小腿积极向下刨扒，着地时膝关节可以稍有弯曲，上体可以稍有后仰，特别是做的距离比较长时；用踝关节缓冲，有扒地动作。

二、接力跑

接力跑是由几个人组成接力队，每人跑完一定的距离，用接力棒或接力带进行传递，相互配合跑完全程的集体径赛项目。

（一）传接棒方法

1. 上挑式

接棒人的手臂自然向后伸出，手臂与躯干呈 40~50° 角，掌心向后，拇指与其他四指自然张开，虎口朝下；传棒人将棒向前上方送入接棒人的手中。上挑式传接棒示意图如图 6-5 所示。

图 6-5　上挑式传接棒示意图

这种传棒方法的优点是接棒人向后下方伸手臂的动作比较自然，传棒人的传棒动作也比较自然，容易掌握；缺点是接棒后，手已捏在接力棒的中部，如不换手再传给下一棒时，则只能握住接力棒的前部，容易掉棒和影响快速前进。

2. 下压式

在传棒时，手臂不要太高，而是用手腕动作将棒向前下方推送入接棒队员手中，传棒人可以用手腕动作来调整传棒动作的准确性；在做此动作时，接棒人的手臂向后伸出，手臂与躯干呈 50~60°角，手腕内旋，掌心向上，拇指与其他四指自然张开，虎口朝后，传棒人将棒的前端由上向下传入接棒人手中。下压式传接棒示意图如图 6-6 所示。

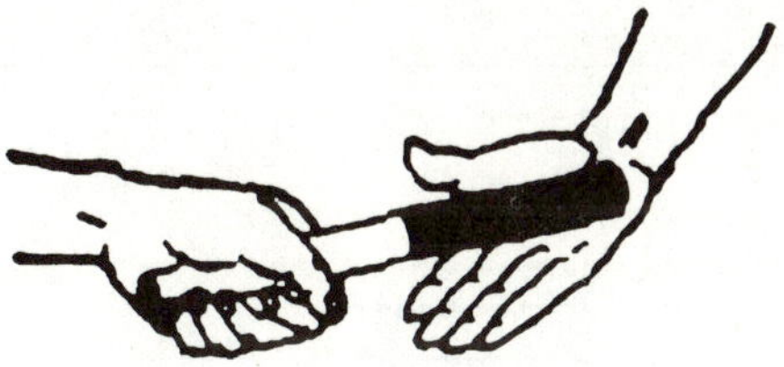

图 6-6 下压式传接棒示意图

下压式传接棒技术的优点是每一棒次的接棒都能握住棒的一端，便于持棒快跑；缺点是接棒时，接棒人的手臂比较紧张，不够自然。

（二）各棒队员的配合

4×100 米接力跑在安排各棒队员时，必须考虑发挥每个人的特长。一般第一棒应安排起跑好、善于跑弯道的运动员；第二棒应是速度快、专项耐力好，善于传、接棒的运动员；第三棒除应具备第二棒的长处外，还要善于跑弯道；通常把全队成绩最好、冲刺能力最强的运动员放在第四棒。对于 4×400 米接力跑，由于 400 米后程的速度明显地降低，传接棒的技术比较简单；各棒之间的配合以第一棒和第四棒的安排为主；一般将速度较快的运动员放在第一棒，争取获得领先地位；第四棒安排速度快、耐力好、意志品质较顽强的运动员，一旦前三棒落后，可奋起直追，一拼到底。

三、中长距离跑

中长距离跑运动是一项需要速度和耐力的综合性项目。一般把 800~10 000 米跑统称为中长距离跑项目，它需要人体能在较长时间内保持较高的跑步速度。

（一）呼吸

呼吸必须有一定的频率和深度，还必须与跑的节奏相配合，一般采用两步两吸、两步两呼，用口进行呼吸的方法；随着速度的加快和疲劳的出现，呼吸的频率有所增快。

（二）起跑

中长距离跑采用站立式起跑。各就位时，运动员从集合线走到起跑线处，两脚前后开立，将有力的腿放在前面，前脚尖紧靠起跑线后缘，后腿距前脚 1 脚距离左右，两脚的左右距离自然开立。上体前倾，两膝弯曲，两臂一前一后，身体重心主要落在前脚上，保持稳定姿势，集中注意力听发令枪声。

（三）训练方法

（1）持续跑的方法。要求在60%~85%的强度下匀速跑完2~3千米。

（2）重复跑的方法。在规定时间内完成，间歇5分钟；采用重复跑练习，距离应短于专项距离，如800米×2。

（3）间歇跑的方法。间歇跑与持续跑、重复跑的区别在于训练的休息时间不同。间歇跑的休息时间短，体力不能充分恢复。例如，6×200米，要求每200米在一定时间内完成，两次跑之间慢跑200米作为间歇。

第二节　跳

一、跳高

跳高是由有节奏地助跑、单脚起跳、腾空过杆与落地等动作组成的，以其最后成功地越过横杆上缘的高度计算成绩并以此判定名次。常见的跳高姿势有跨越式、俯卧式和背越式三种。本节重点介绍背越式跳高。背越式跳高采用的是弧线助跑，其距离长、速度快、动作自然。

（一）助跑

（1）走步法丈量助跑距离（图6-7）。

（2）用先跑直线后跑弧线的方法。

（3）弧线段助跑加速积极，动作放松。

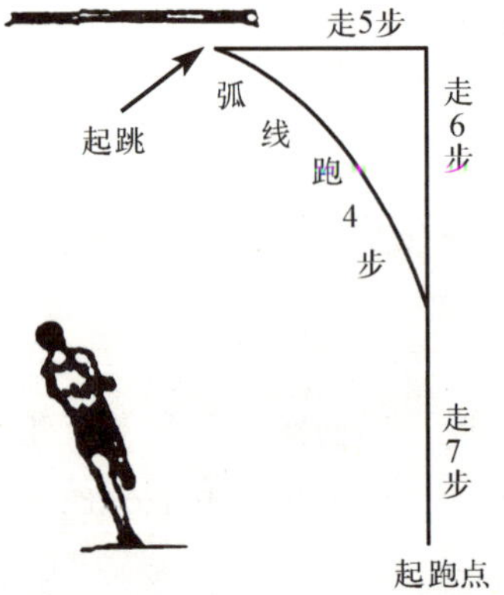

图6-7　跳高弧线助跑丈量示意图

（4）弧线段助跑身体向圆心方向倾斜，步幅开阔，节奏快。

（5）直、弧段助跑衔接流畅，向横杆“进攻”。

（二）起跳

（1）迈步放脚，身体保持向心倾斜。

（2）起跳脚向助跑切线方向落放。

（3）紧腰挺髋，以全脚掌快速滚动落地。

（4）缓冲。在摆动腿前摆配合下，起跳腿屈膝、屈踝、稍屈髋，伸肌拉长，准备蹬伸动作。

（5）蹬伸起跳。摆动腿和两臂同时前上摆，伸展起跳腿的髋、膝、踝关节。

（6）身体由向里倾斜转为正直。

（7）起跳结束时，拔腰提肩、摆动腿大腿抬平并稍向里，起跳腿充分伸展，脚跟内转，用脚尖蹬离地面，身体半背向横杆。起跳示意图如图 6-8 所示。

图 6-8　起跳示意图

（三）腾空过杆

（1）身体背向横杆。

（2）抬头，肩下潜，展腹挺髋，两腿分开，膝放松，小腿自然下垂，身体呈背弓形。

（3）上体过杆后，低头，收腹屈髋，落腰，使臀部过杆。

（4）最后伸膝上举小腿过杆。

（5）过杆时臂部配合动作：置于体侧或自然平伸张开，或从头上伸出向杆后下潜。腾空过杆示意图如图 6-9 所示。

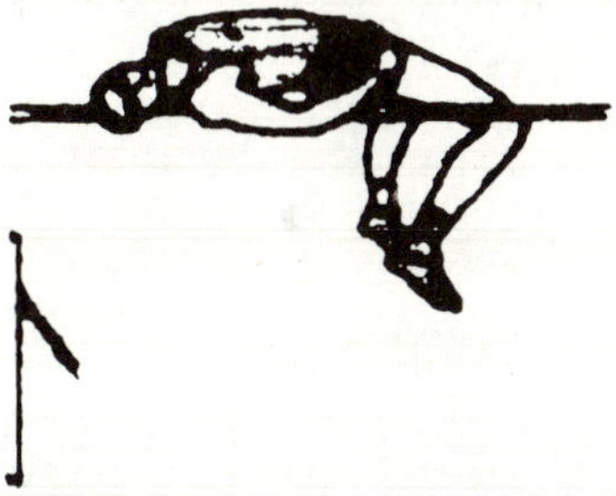

图 6-9　腾空过杆示意图

（四）落垫缓冲

以肩、背落在海绵包上缓冲，如图 6-10 所示。

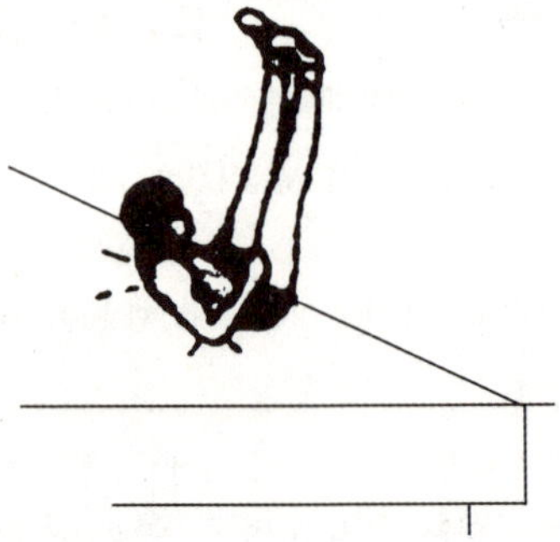

图 6-10　落垫缓冲示意图

（五）锻炼方法

（1）沿直径为 15 米的圆圈做加速跑。
（2）直线助跑转弧线助跑练习。
（3）迈步助跑跑向起跳点。
（4）助跑 2~3 步的起跳练习。
（5）弧线助跑起跳练习。
（6）走步法丈量步点。
（7）全程助跑练习。
（8）全程助跑起跳练习。
（9）杆上动作练习：原地站立后倒背弓形倒向海绵包的练习。
（10）短助跑过杆练习。
（11）加长助跑步数的过杆练习。
（12）蹬地跃起后倒练习。
（13）垫上做“桥”。
（14）跳“高包”练习。
（15）发展弹跳能力的练习：单脚跳、分腿跳、全蹲跳，助跑后起跳用手、头、肩触悬挂物。

二、跳远

跳远由助跑、起跳、腾空和落地四部分组成，它们之间相互联系、不可分割。快速、准确的助跑是获得优异跳远成绩的前提。如何利用助跑速度，正确地完成起跳，创造合理的腾起角度和尽可能大的腾起初速度，是跳远技术的关键，也是跳远技术教学训练的重点和难点。

（一）助跑

助跑的任务是获得最大的水平速度并为准确踏板起跳创造条件。为了获得较高的助跑速度，必须有相应的助跑距离，而助跑距离（步数）的确定与运动员短跑能力密切相关。助跑距离的长短还要受运动员助跑方法和步长大小以及跑道、风向和身体状况的影响。要学会适应各种条件并具备随机应变的能力，以保证在任何情况下都能正确地进行助跑起跳。另外，加大起跳前倒数第二步的步长、缩短起跳前倒数第一步的步长是顺利进入起跳前的一个关键环节。

（二）起跳

起跳的任务就是在保持助跑速度的前提下，获得尽可能大的腾起初速度和适宜的腾起角度。在起跳时，起跳腿几乎是伸直上板（腾起关节角度 170°），当稍稍屈膝后，充分蹬伸，此时上体保持正直，摆动腿快速向前摆出，接近水平；缓冲时，膝关节弯曲角度要适宜，一般为 135~145°。此时，上体要保持正直，使身体重心处于相对较高的位置。

（三）空中动作

空中动作的任务是减缓由于起跳所产生的身体向前的旋转力，有限度地利用身体重心抛物线轨迹，为合理落地做好准备。跳远的空中动作示意图如图 6-11 所示。

图 6-11　跳远的空中动作示意图

为了维持身体平衡，起跳腾空后，摆动腿下放、伸髋与稍稍顺势前移的起跳腿靠拢。在腾空最高点时，身体充分伸展，形成“挺胸展髋”的姿势，两臂上举或后摆，然后收腹举腿，双腿前伸，完成落地动作。挺身式空中动作的优点在于：落地前能充分地拉长躯干前面的肌肉群，有利于完成收腹举腿和落地伸腿动作；在腾空后，由于摆动腿不需要在体前久留，有利于身体伸展维持身体的平衡。缺点是空中动作的形式和用力特点与起跳动作的衔接不太紧密。

（四）落地

落地的任务是选择合理的落地技术，充分利用身体重心腾起的远度，创造尽可能远的跳跃距离，防止伤害事故的发生。落地的方法有折叠式和滑坐式两种。

（1）折叠式落地法。运动员在腾空阶段经过最高点后，开始将两腿向上、向前伸出，上体向下折叠，两臂从上面向前并在落地前向后快摆。使用蹲踞式和挺身式动作的运动员多采用这种方法。

（2）滑坐式落地法。在腾空最高点就开始做折叠动作。及早做折叠动作，不影响和改变腾空路线，到最后把腿及骨盆前移，上体稍后仰。因为落地时好像坐着，故称滑坐式。

（五）跳远教学的步骤与方法

1. 助跑技术教学

（1）练习 30~80 米不同段落的加速跑，培养学生跑的速度感和放松技巧。

（2）练习 20~30 米行进间计时跑，速度控制在最高速度的 80%~90%，反复体会快速跑时的肌肉感觉。

（3）练习 15~20 米固定助跑步数的高频率行进间跑，逐渐提高跑的频率（计时或不计时）和助跑的准确性。

（4）进行设立标志物的助跑练习。

2. 起跳与助跑相结合的教学

（1）原地模仿起跳。原地模仿起跳时的摆臂、摆腿和起跳腿的蹬伸动作，注意体会起跳时起跳腿的着地蹬伸和臂与腿的摆动路线及用力顺序，理解和掌握跳远起跳中的蹬伸与摆动技术。

（2）上步起跳。

①预备姿势。摆动腿伸直在体前约 30 厘米处用全脚掌支撑，起跳腿在后用前脚掌撑地，两臂相应屈肘于体侧；由摆动腿积极支持，起跳腿向前迈出做放腿起跳，以体会摆动腿积极前摆和起跳腿快速着地蹬伸的完整起跳动作，强化起跳过程中各主要环节的配合与神经通道的沟通。

②练习要求。摆动腿要积极蹬伸，快速摆动；起跳腿迅速前摆，积极下压，小腿和脚向下扒地，并迅速转入蹬伸，两臂协调配合，规格同（1）。

（3）连续三步助跑起跳。连续进行每跑三步做一次起跳，以强化助跑与起跳相结合的技术和建立正确的起跳动力定型，提高快速起跳的技能。

3. 空中动作教学

学习挺身式跳远的手段与方法一般有以下三种。

（1）原地模仿空中挺身动作。原地模仿起跳腾空步后，接着完成摆动腿下放、两臂绕摆与挺身的动作，以学习和强化挺身式跳远空中动作的用力顺序和动作路线；要求上下肢协调配合，摆动腿下放与挺胸展髋和双臂下放绕环同步进行，髋部充分伸展，用摆动腿支撑呈反弓形；此时头可略向后仰，目视前上方；然后用双臂向上向前绕摆，与起跳腿的前摆上踢做相向运动，到手脚相触为止；最后的动作应用摆动腿蹬离地面，两腿同时迅速前摆并向前上举腿，同时收腹，上体略前倾，双臂加速向前上绕摆，在两脚落地前瞬间用力向后甩摆，跳入沙坑或海绵垫上。

（2）助跑腾空下放摆动腿练习。助跑 3~4 步起跳，以学习和强化挺身式跳远的空中技术和空中完成放腿挺髋展体动作。练习中要求助跑起跳成腾空步后迅速下放摆动腿，挺胸展体，双脚落地。

（3）起跳触吊球练习。4~6 步助跑起跳，保持腾空步，用手触吊球后开始放腿，使身体在空中伸展，以强化空中展体动作的运动条件反射，发展快速起跳能力，改进起跳技术。练习中要求 4~6 步助跑，快速完成起跳与腾空步，接着摆动腿向后下方摆动，挺胸展髋，两腿自然下放在空中，上体保持正直，双脚落地。吊球的高度和远度以腾起至最高点时手触到为宜。练习时必须严格遵循助跑起跳的技术要求，尽量向前上方跳出，切勿只贪图高度而破坏正常的助跑起跳技术。

三、三级跳远

三级跳远是指在比赛时，运动员助跑后应连续做三次不同形式的跳跃。第一跳为单足跳，用起跳腿落地；第二跳为跨步跳，用摆动腿落地；第三跳为跳跃，必须双脚落入沙坑。

常用的三级跳远训练方法和手段有快速力量练习手段和快速跳跃练习方法。

（一）快速力量练习手段

快速力量练习手段有壶铃蹲跳、杠铃蹲跳、杠铃弓步跳、负重沙背心单脚跳栏架、负重沙背心双脚跳栏架、负重沙背心跳跳箱、负重沙背心跳深坑、负重沙背心跨步跳、负重沙背心单足跳、负重沙背心双脚跳台阶、负重沙背心单脚跳台、负重沙背心在沙坑中做各种跳跃练习等。

（二）快速跳跃练习方法

快速跳跃练习方法有助跑五级跨步跳、助跑五级单足跳、助跑十级跨步跳、助跑十级单足跳、50~60 米计时跨步跳、50~60 米计时单足跳、50~60 米计时两单一跨等。

第三节 投

一、推铅球

（一）原地推铅球

握球手的手指自然分开，把球放在食指、中指和无名指的指根上，大拇指和小指支撑在球的两侧，以防止球滑动和便于控制出球的方向，掌心不触球。

握好球后，身体左侧对着投掷方向，两脚左右开立比肩稍宽，左脚尖指向斜前方并与右脚弓在一条直线上；右膝弯曲，上体向右倾斜扭转，重心落在右腿上；左臂微屈于胸前，使球的垂直线离开右脚外侧，以加长用力距离和拉紧左侧肌肉。

推球时，右脚迅速用力蹬地，脚跟提起，右膝内转，右髋前送，使上体向左侧抬起，朝着投掷方向转动；当身体左侧接近于地面垂直一刹那，以左肩为轴，右腿迅速伸直，身体转向投掷方向，挺胸，抬头，右肩用力向前送，右臂迅速伸直将球向前上方 40~42°角推出；球离手时手腕要用力，并用手指拨球，在推球的同时，左腿用力向上蹬直，以增加铅球向前和向上的力量；球出手后，右腿迅速与左脚交换，左腿后举，降低身体重心，以缓冲向前的力量，维持身体的平衡。

（二）背向滑步推铅球技术

以右手推球为例的背向滑步推铅球技术动作分解示意图如图 6-12 所示。

1. 握持铅球

（1）握球方法。五指自然分开，把铅球放在食指、中指和无名指的指根上，拇指和小指扶在球体两侧，手腕背屈。

（2）持球方法。握持好铅球后，将铅球放在肩上锁骨窝处，贴紧颈部，食指、中指和无名指处在球体的后面，拇指处在锁骨窝的上面与球体的下面，小指处在球体的前上方，掌心向前，右臂屈肘。

图 6-12　背向滑步推铅球技术动作分解示意图

2. 滑步前的预备姿势

滑步前的预备姿势分为高姿势和低姿势两种。

（1）高姿势。持好球后，背对投掷方向，站在投掷圈内靠近后缘处，两脚前后站立，右脚指向投掷相反方向并靠近投掷圈后部的内缘，左脚位于右脚后 20~30 厘米处，用前脚掌或脚尖着地，体重放在自然伸直的右腿上，左臂位于体前平举或上举，持球臂的肘略低于肩，目视投掷相反方向。

（2）低姿势。持好球后，背对投掷方向，站在投掷圈内靠近后缘处，两脚前后站立，右脚尖指向投掷相反方向并靠近投掷圈后部的内缘，左脚位于右脚后 50~60 厘米处，以前脚掌或脚尖着地。两腿弯曲，体重基本上落在右腿上，上体前俯，左臂自然下垂，目视前下方。

3. 预摆与准备滑步

做好预备姿势后，眼看前下方，肩部稍右转，上体前俯，使躯干接近水平位置，左腿向后上方抬起，右腿微屈，使体重均匀地分布在整个右脚掌上；运动员完成预摆动作并维持好身体平衡后，紧接着低头、扣左肩、含胸收腹、前俯上体，右腿屈膝下蹲，左腿左膝回收至靠近右腿处；随着屈腿团身动作，准备向投掷方向平移臀部，完成准备滑步动作。

4. 滑步动作

在完成准备滑步动作且当臀部向投掷方向开始平移、身体重心移离支撑点时，左腿向抵趾板方向有力摆伸；与此同时，左膝和左脚稍向外转动，右腿积极有力地向投掷方向蹬伸；躯干仍保持很好的前倾姿势，左臂向投掷方向的后下方伸出，低头，眼看投掷方向的后下方；当右腿蹬直、右脚跟或右脚掌即将离地时，两大腿的分腿夹角约为125°，躯干与大腿夹角约为80°；紧接着向投掷方向收拉右腿和右脚，以右脚掌着地于投掷圈中心附近，右脚尖方向与投掷方向约呈120°角；右腿弯曲，右膝方向同右脚方向，体重落在弯曲的右腿上；左腿稍弯曲，左脚很低但尚未着地；左髋稍外转，腹部微收，肩部稍右转；稍低的头部仍然尽力目视投掷的相反方向，完成滑步动作。

5. 过渡阶段动作

完成滑步动作后，从右脚着地至左脚着地为过渡阶段。右脚以前脚掌着地，右脚顺势内扣；左脚低而快地以前脚掌内侧贴紧抵趾板内下缘处压插着地；左脚尖与右脚跟在一条直线上，左膝微屈适度用力支撑；投掷者仍微收腹，稍含胸，肩部开始右转；左臂前臂内旋，扣紧左肩并稍向前运动，但仍指向投掷方向的后下方，两眼则仍目视投掷方向的后下方。此时，身体左侧肌群适度拉紧，肩、髋扭紧，右腿压紧，整个身体为形成一个良好的后继“侧弓形”姿势打下坚实的基础。

6. 最后用力动作

完成过渡动作后，左脚一着地立即开始最后用力动作。投掷者首先用右腿用力蹬转，右脚随之前滑；左腿支撑住，加速髋部向前转送动作；上体仍保持左脚着地时的姿势，左臂前臂内旋经体前向前稍向上方运动；头部与躯干保持一致，目视投掷反方向的稍右侧方向；随即继续蹬转右腿，髋部前转牵拉肩部上起并稍前转；由于身体重心前移，用力支撑的左腿开始被迫压弯，内旋的左臂继续向投掷方向的前上方向运动，带动原扣紧的左肩逐渐打开，并向前上方运动，左肩高于右肩，头与躯干在一条直线上，目视投掷方向的右侧稍后方；身体形成用力前蓄势待发的良好的“侧弓形”用力姿势，接着右腿继续蹬转，微屈的左腿用力支撑，髋部转推到正对投掷方向，并继续牵拉肩部向前上方运动，继而也转至正对投掷方向。此时，左肩仍稍高于向上运动的右肩，然后内旋向前运动的左臂，并稍向下运动，头稍后仰，目视投掷方向的前上方，这一瞬间的身体形成一个“反弓形”姿势；紧接着两腿爆发式向上蹬伸、顶髋、拔腰、挺胸，左臂急剧下压，大臂贴紧躯干，固定左臂；同时迅速向前上方推伸右臂，头后仰，在球即将离手时，甩腕、拨指，使铅球沿着适宜的出手角度向投掷方向飞出；球出手瞬间，两腿要蹬直到脚尖，右手指拨球后指向右外侧，完成最后用力动作。

7. 铅球出手后维持身体平衡动作

铅球离手后为了避免犯规，以获得有效的运动成绩，投掷者左右腿应及时换步，并降低身体重心，维持身体平衡；在铅球落地和人体稳定后，运动员再从投掷圈的后半圈走出。

8. 摆动腿的摆动练习

左手拉住同肩高的固定物或同伴的手，左腿回收接近右腿时，快速向抵趾板方向摆出；腿向投掷方向摆动，身体重心略向后移，接着左腿摆动、右腿蹬伸，推动身体向投掷方向移动；当右脚收至重心下快着地时，左腿快速向后挪步，形成最后用力前的姿势。滑步结束时，右脚比左脚先着地。右脚着地后，右腿积极蹬伸，推动右髋向投掷方向转动；上体在转动中逐渐抬起，同时躯干的肌群积极收缩；左臂和左肩高于右肩，铅球尽可能保持较低位置，体重大部分仍在弯曲而压紧的右腿上；右腿蹬伸，进一步将右髋向投掷方向送出，右臂迅速而有力地将球推出；铅球快出手时，手腕稍向内转同时屈腕，快速而有力地拨球，使铅球从手指离开；铅球离开后，两腿弯曲或交换，降低重心，以缓冲向前的冲力，维持身体平衡，防止出圈犯规。

二、掷铁饼

掷铁饼的技术动作分为握法、预备姿势和预摆、旋转以及最后用力和维持身体平衡四个技术环节。

（一）握法

五指自然分开，拇指和手掌平靠铁饼，其余四指的最末指节扣住铁饼边缘，铁饼的重心在食指和中指之间；手腕微屈，铁饼的上缘靠在前臂上；持饼臂自然下垂于体侧。

（二）预备姿势和预摆

1. 预备姿势

背对投掷方向，两脚左右开立约一肩半距，站于圈内靠后沿处的投掷中线两侧；两脚平行开立或左脚稍后，持饼臂自然下垂于体侧，眼睛平视。

2. 预摆

预摆是为了获得预先速度，为旋转创造有利条件。目前常见的预摆有两种，即左上右后摆饼法和身体前后摆饼法。

（1）左上右后摆饼法。开始时，持饼臂在身体前后自然摆动，当铁饼摆到体后时，重心靠近右腿，接着以躯干带动持饼臂向左上方摆起；当铁饼摆到左上方时，左手在下托饼，重心靠近左腿，上体稍左转。回摆时，躯干带动持饼臂将铁饼摆到身体右后方，身体向右扭紧，重心处于右腿上，上体稍前倾，左臂自然微屈于胸前，眼平视，头随上体的转动而转动。

（2）身体前后摆饼法。开始时，持饼臂在体侧前后自然摆动；当铁饼摆向体前左方时，手掌逐渐向上翻转，右肩稍前倾，重心靠近左腿。铁饼回摆到体后时，手掌逐渐翻转向下，重心由左向右移动，上体向右后方充分转动，使身体扭转拉紧。这种方法动作放松、幅度大，因而目前大多数优秀选手都采用这种方法。

（三）旋转

预摆结束后，弯曲的右腿蹬地，上体向左转动，同时左膝外展；重心由右脚向边屈边转的左腿移动；接着两腿积极转动，并以左脚前脚掌为轴向投掷方向转动，身体向投掷方向倾斜，投掷臂在身后放松牵引铁饼；当左膝、左肩和头即将转向投掷方向时，右膝自然弯曲，以大腿发力带动整个腿绕左腿向投掷方向转扣（右脚离地不能过高）；这时左髋低于右髋，身体成左侧单腿支撑旋转，接着以左脚蹬地的力量推动身体向投掷圈的中心移动，右腿、右髋继续转扣；当左脚蹬离地面时，右腿带动右髋快速内转下压，左腿屈膝迅速向右腿靠拢，左肩内扣，上体收腹稍前倾；接着，左脚积极后摆，以脚掌的内侧着地，落在投掷圈中线左侧、圆圈前缘稍后的地方，身体处于最大限度的扭转拉紧状态，铁饼远远留在右后方，左臂自然微屈于胸前，为最后用力做好准备。

（四）最后用力和维持身体平衡

当左脚着地时，右脚继续蹬转，使右髋积极向投掷方向转动和前送；接着，头向投掷方向转动，左臂微屈于胸前，胸部开始向前挺出，重心逐渐移向左腿；当重心移向左腿时，右腿继续蹬伸用力，以爆发式的快速用力向前挺胸挥饼；与此同时，左腿迅速用力蹬伸，左肩制动，成左侧支撑，使身体右侧迅速向前转动，将全身的力量集中在铁饼上；当铁饼挥至右肩同高并稍前时，用小指到食指依次用力拨饼出手，使铁饼沿顺时针方向转动向前飞行；铁饼出手后，应及时交换两腿，身体顺惯性左转，同时降低身体重心，以维持身体平衡。

三、掷标枪

掷标枪的技术动作分为握枪和持枪、助跑、最后用力和缓冲三个技术环节。

（一）握枪和持枪

1. 握枪

标枪斜放于掌心，拇指和中指握在标枪缠绳把手末端第一圈的上缘，食指自然弯曲斜握在枪杆上，无名指和小指自然地握在缠绳把手上。

2. 持枪

一般采用肩上持枪，持枪手与前额同高，枪尖稍低于枪尾或枪的纵轴平行于地面。目前大多数运动员都采用这一方法。

（二）助跑

助跑的目的是在最后用力前获得预先速度，并在助跑中做好引枪动作，为最后用力创造条件。助跑的距离一般为25~35米。

1. 预跑阶段

从第一标志线到第二标志线为预跑段，16~20米。跑双数步8~12步；预跑时动作自然，上体微前倾，逐渐加速，用前脚掌着地，持枪臂随跑的节奏自然前后摆动，从容地进入投掷步阶段。

2. 投掷步阶段

从第二标志线到起掷弧线为助跑的第二阶段。投掷步一般采用5步，也有采用6步或7步的。

（1）投掷步的第一步。左脚踏上第二标志线，右脚积极向前迈步，脚掌落地部位稍偏右，右肩向右转动并开始向后引枪，左肩向标枪靠近，左臂在胸前自然摆动，眼睛前视。

（2）投掷步的第二步。当右脚落地、左脚离地前迈时，髋轴向右转动，右肩继续向右转动并完成引枪动作；上体转成侧对投掷方向，左脚掌落地后，与投掷方向呈较大的角度，左臂摆至身体左侧，上体正直，眼睛前视。

（3）投掷步的第三步（交叉步）。投掷步第二步左脚落地时，右腿自然弯曲，大腿带动小腿积极向前迈步，左腿猛蹬伸，使右大腿加速前迈，成交叉步，左臂自然摆至胸前，投掷臂伸直充分后引，右脚尖与投掷方向呈45°角左右，躯干与右腿成一条直线。

（4）投掷步的第四步（从助跑过渡到最后用力的衔接步）。交叉步结束前，左腿积极迈第四步，用脚掌内侧落地。

（三）最后用力和缓冲

1. 最后用力

投掷步第四步落地后，右腿积极蹬地转髋，肩轴向投掷方向转动，投掷臂上臂向上转动，带动前臂和手腕向上翻转；当上体转到正对投掷方向时，投掷臂翻到肩上，左肩内转，呈“满弓”姿势；然后，上臂带动前臂向前做爆发式的“鞭打”动作，使标枪向前飞出；在标枪离手的一刹那，甩腕使标枪沿纵轴顺时针方向转动。

2. 缓冲

标枪出手后，运动员随着向前的惯性继续向前运动，为了防止犯规，应及时向前跨一至两步，身体稍向左转，并降低身体重心，以维持平衡。

思考题

1. 接力跑传接棒的方法有几种？
2. 跳远的完整技术动作由哪几部分组成？
3. 掷标枪的技术动作分几个技术环节？

第七章

大球运动

学习提要

1. 了解篮球、足球和排球的起源与发展。
2. 熟悉大球运动的锻炼价值。
3. 学会篮球、足球和排球运动的基本技术、战术及裁判规则。
4. 通过篮球、足球和排球运动的学习，掌握篮球运动的多种运动技能，活跃身心，增强体质，尊重运动的规则精神、尊重比赛、尊重裁判、尊重对手。

思政目标

激发自强不息、敢于拼搏的精神。

第一节　篮　　球

一、篮球概述

（一）篮球运动的起源与发展

篮球运动最早出现在美国。1891 年，在美国马萨诸塞州一所青年训练学校里，一个叫奈·史密斯的体育教师，为了帮助学生们度过漫长而寒冷的冬季，创编了一种游戏：把两只水果篮分别钉在运动房的阳台上，离地 3 米多高，让学生将足球往高处篮筐里投。于是，人类历史上第一项面对高空的运动就这样产生了。这项运动也因此取名叫“篮球”。

1892年，奈·史密斯先生又制定了一个比赛规则，并组织师生进行了世界上第一场篮球比赛。1904年，在第三届奥运会上首次进行篮球表演赛。1908年，美国制定了全国统一的篮球规则。1936年，第十一届奥运会把篮球列为比赛项目。1948年，国际业余篮球联合会决定四年举办一届世界男篮锦标赛。1976年，女子篮球被列为奥运会比赛项目。从此，篮球运动逐渐走向世界。

（二）篮球运动的价值

篮球运动是在固定场地内、双方以投篮为中心的竞赛项目，并以投中得分获得乐趣，由此可见篮球运动始终具有浓厚的游戏性。篮球运动不受年龄、性别和技术的限制，因而开展得十分广泛，成为丰富人们业余文化生活的重要内容。

篮球比赛是在攻防不断变化中进行的，因此运动员应具有良好的身体素质。在场上既要不断地快速奔跑，又要能急起急停，所以经常参加篮球运动，通过跑、跳、投的锻炼，对促进人体的协调性、灵活性和应变能力都会起到良好的作用。

篮球运动要求运动员对场上各种变化情况具有精细的感受能力。运动员在场上完成许多复杂的动作时，动作要十分准确，而这在很大程度上要靠人体运动分析器对肌肉感觉做精确分析才能实现。例如，篮球运动员能够在没有视觉参加的情况下完成运球动作，就是靠运动及触觉两种分析器的精确判断来实现的。

经常参加篮球运动的人，不仅肌肉会变得更加结实有力，而且内脏器官的机能也会得到明显提高。以心脏机能为例，正常成人安静时每分钟心跳72次左右，并且每次心跳只能输出50~60毫升的血液；而篮球运动员安静时心脏每分钟跳50~60次，每次心跳输出的血液量可达80~100毫升。安静时心跳次数减少，说明篮球运动员的心脏肌肉强壮有力，收缩一次输出的血液大大超过一般人，是机能良好的一种表现，确实有助于改善人体的心肺机能。

二、篮球的基本技术

篮球的基本技术分为进攻技术和防守技术。进攻技术包括传接球、投篮、运球、持球突破等；防守技术包括防守对手、抢球、打球、断球等。移动和抢篮板球既是进攻技术又是防守技术。

（一）移动技术

1. 移动技术学习

（1）起动。从基本站立姿势开始，向前起动时以后脚、向侧起动时以异侧脚的前脚掌短促有力地蹬地，同时上体迅速前倾或侧转向跑的方向移动重心，手臂协调地摆动，充分利用蹬地的反作用力，迅速向跑的方向迈出。

（2）跑。

变向跑（图7-1）：从左向右变向时，最后一步右脚着地，脚尖稍内扣，用前脚掌内侧用力蹬地，屈膝，腰部随之左转，上体向左前倾，快速移动重心，左脚向左前方跨出，然后加速前进。

图 7-1 变向跑

侧身跑：在跑动时，头部和上体转向侧面或有球的一侧，脚尖朝着跑动方向。跑动时，既要保持奔跑速度，又要保持身体平衡，双手自然放在腰侧，密切注意观察场上情况。

后退跑：后退跑时，两脚提踵，用脚前掌交替蹬地，提膝向后跑动，上体放松直起，两臂屈肘相应摆动，保持身体平衡，两眼平视，注意场上情况。

变速跑：变速跑时，要利用两脚突然短促而有力地连续蹬地，加快跑的频率，同时上体稍向前倾和手臂相应地摆动加以配合；减速跑时，利用前脚掌用力抵地来减缓快跑的前冲力，同时上体直起，保证身体重心的后移，从而降低跑速。

（3）跳。篮球比赛中很多技术需要队员在空中完成。队员必须能单脚、双脚起跳，会在原地、跑动中和对抗条件下向不同方向跳、连续跳等。跳有双脚跳和单脚跳两种方法。

（4）急停。

跳步急停（图 7-2）：跑动中用单脚或双脚起跳，使双脚稍有腾空。上体稍后仰，两脚平行或前后落地（略宽于肩）形成进攻基本站立姿势，落地时动作轻盈，身体在空中稍向任何一个方向自然侧转，以缓和前冲速度，落地后迅速降低重心，保持身体平衡。

图 7-2 跳步急停

跨步急停（图 7-3）：先向前跨出一大步，用脚跟先着地并迅速过渡到全脚抵住地面，降低重心，身体稍后仰。第二步落地的同时，两膝深屈并内扣，身体稍侧转，两脚尖自然转向前方向，前脚掌内侧用力抵住地面制动向前的冲力，上体稍后仰，两臂屈肘自然张开，然后上体迅速自然前倾帮助控制身体平衡。

图 7-3　跨步急停

（5）转身。转身时，重心移向中枢脚，另一只脚的前脚掌蹬地，同时中枢脚以前脚掌为轴用力蹬地，上体随着移动脚转动，以肩带动向前、向后改变身体方向。

前转身（图 7-4）：转身时，中枢脚前脚掌用力碾地，移动脚蹬地并迅速跨步，同时转腰转肩并保持身体平衡。

图 7-4　前转身

（6）撤步。用前脚的脚前掌内侧蹬地，同时腰部用力向后转动，后脚碾蹬地面，前脚快速后撤，紧接滑步调整防守位置。

（7）滑步。滑步时，两脚平行站立，两膝较深弯曲，上体略前倾，两臂侧伸。向左侧滑步时，左脚向左迈出的同时，右脚蹬地滑动，向左脚靠近，两脚保持一定距离。向后滑步时，一只脚向后撤步着地的同时，前脚紧随着向后滑动，保持前后开立姿势。向前滑步时，前脚向前迈出一步，着地的同时，后脚紧随着向前滑动，保持前后开立姿势。

2. 移动技术训练

（1）原地做各种脚步动作，听到信号后突然快速起动练习。

（2）全场徒手一对一。做变向、变速、侧身跑摆脱防守练习。

（3）慢跑 3~5 步做跨步急停、跳步急停练习。

（4）由攻转守综合性脚步练习（图 7-5）。

（5）半场摆脱与防摆脱练习（图 7-6）。

（6）进攻跑动及换位综合性移动练习（图 7-7）。

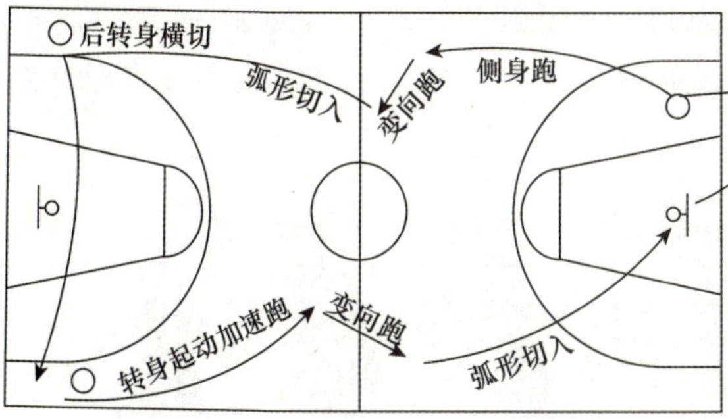

图 7-5　由攻转守综合性脚步练习

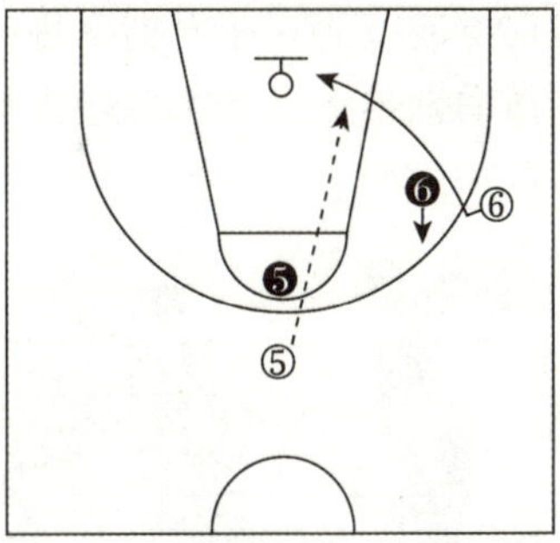

图 7-6　半场摆脱与防摆脱练习

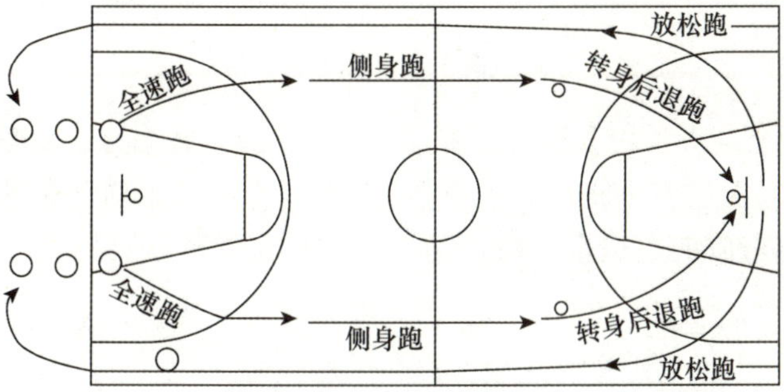

图 7-7　进攻跑动及换位综合性移动练习

（二）运球技术

1. 运球技术学习

（1）低运球。运球时，两腿弯曲，降重心，上体前倾，用异侧臂、身体和腿来护球，用手腕和手指力量短促地按拍球，球反弹的高度在膝关节以下，以便更好地控制球，摆脱防守，继续前进（图 7-8）。

图 7-8　低运球

（2）高运球。运球时，腿微屈，目平视，上体稍前倾，以肘关节为轴，用手按拍球的正后方向前推进（若为原地高运球，应按拍球的正上方），球的落点在身体的侧前方，高度在胸腹之间，一般拍一次球跑两步（图 7-9）。

图 7-9　高运球

（3）运球转身。当对手堵右侧突破时，迅速上左脚，微屈膝，重心移至左脚，并以左脚前脚掌为轴做后转身，右手将球拉至身体的后侧方，并按拍球落在身体的外侧方，然后换左手运球，加速超越防守（图 7-10）。

图 7-10　运球转身

（4）运球急停急起。运球急停时，用手快速按拍球的正上方，同时两脚做跨步急停，并转入低运球，用臂、腿和身体来保护球；运球急起时，后脚用力蹬地，重心迅速前移，按拍球的后上方，加速运球，超越防守球员（图 7-11）。

图 7-11　运球急停急起

（5）体前变向运球。以右手运球为例，运球队员从防守队员左侧变向突破时，向其右侧做变向运球假动作，当对手移动堵截运球时，突然用右手按拍球的右侧后上方，使球经自己体前向左侧前方反弹。同时，左脚迅速随球向左侧前方跨步，上体向左扭转，身体重心要降低，侧肩贴近防守者，将球压低。当球反弹至腹部高度时，右脚蹬地迅速前迈，左手拍球的后侧上方，超越防守（图 7-12）。

图 7-12　体前变向运球

（6）背后运球。以右手运球为例，当球运至防守者左侧时，右脚在前，右手将球拉到身体右侧后，迅速转腕按拍球的右后方。在左脚上步的同时，将球从身后拍至左侧前方，换左手加速运球超越对手（图 7-13）。

图 7-13　背后运球

（7）胯下运球。以右手运球为例，变向时，左脚在前，右手按拍球的右侧上方，将球从两腿之间运至身体左侧，然后上右脚，换手运球，加速前进（图 7-14）。

图 7-14　胯下运球

2. 运球技术训练

（1）熟悉球性。

①原地拍起静止不动的球。原地单腿蹲下，将球放在地上，使之静止不动，然后用腕、指不断地拍球，利用球的反弹作用将球拍起。反复练习。

②直臂对墙运球。一手托球于头前上方，利用腕、指力量对墙运球。速度由慢到快，两手交替练习，最后双手同时对墙练习。

③单臂支撑旋转运球。运球者单臂支撑成侧卧撑，以支撑手为轴，另一手运球旋转移动，然后换手支撑，反复练习。

（2）原地运球。

①原地高、低运球，左右手交替进行原地体前左右手变向运球，体会基本动作。反复练习。

②原地双手运两个球，提高控球能力。

③原地“8”字运球，即在两腿的外侧和中间交错运球，提高控制球能力。

④原地胯下左、右运球。运球者两脚前后开立成弓箭步，右手持球加力使球从胯下向左反弹，左手迎引球后，再加力使球从胯下向右反弹回，依次两手交替运球。动作速率可逐渐加快。

⑤原地背后换手变向运球。运球者两脚左右开立，约与肩同宽，左手持球向左挥摆至体侧，然后用手指、手腕加力，使球经身体左侧向后右下方落于体前，使球向右侧上方反弹，右手在背后右侧控制球，然后再加力向左运拍。依次在背后交替换手运球，反复练习。

（3）行进间运球。

①全场直线运球。练习者分成若干组，做直线高、低运球练习。

②弧线运球。沿罚球圈中圈做弧形运球到对面的底线，再沿边线直线运球返回。

③运球急停急起。每人一球，根据教师信号练习急停急起或变速运球。

④全场一攻一守练习。两人一组，进行全场一攻一守的练习，然后分别站到对组的排尾。依次轮流练习。

⑤全场两防一的练习。一人运球，两人防守，进行全场攻守练习。

（三）传接球技术

1. 传接球技术学习

（1）传球技术。

传球是篮球比赛中进攻队员之间有目的地转移球的方法，是进攻队员在场上相互联系、组织进攻的纽带。

①单手传球。单手肩上传球（图 7-15）：篮球中常用的中远距离传球方法。传球时，单手持球的后下方，利用蹬地扭腰、转肩动作，向前甩臂、扣腕将球传出。

图 7-15 单手肩上传球

②双手传球。

胸前传球（图 7-16）：双手持球于胸腹之间，两肘自然弯曲于体侧，身体成基本站立姿势，眼平视传球目标。传球时后脚蹬地发力，身体重心前移，两臂前伸，两手腕随之旋内，拇指用力下压，食、中指用力拨球并将球传出。球出手后，两手略向外翻。

图 7-16 胸前传球

击地传球：与胸前传球一样，只是球传出时手指向下用力，使球碰地反弹后，到达接球队友的腰部位置。

③行进间传球。行进间传球是两名队员的配合动作，可以用单手或双手传球。比赛中为加快进攻节奏，缩短传球时间，经常运用行进间传球。

（2）接球技术。

接球是篮球运动中的主要技术之一，是获得球的动作，是抢篮板球和抢断球的基础。接球有单手接球和双手接球两种。

①单手接球（图 7-17）。伸手迎向来球，在手接触球的同时迅速借来球惯性将球后引至胸前，成双手持球姿势。

图 7-17 单手接球

②双手接球（图 7-18）。接球时，两眼注视来球，两臂伸出迎球，手指自然分开，两拇指成八字形，两手撑成半圆形。在手接触球的瞬间，双臂随球后引缓冲来球的力量，成双手持球姿势。

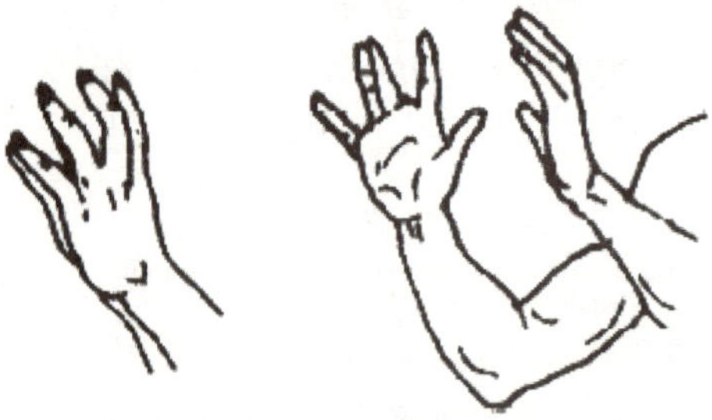

图 7-18　双手接球

2. 传接球技术训练

（1）徒手练习。

①原地徒手双手持球动作的模仿练习。体会不持球时，能否正确地做出双手持球的徒手模仿动作。

②成双手持球的徒手模仿动作，做向来球方向伸臂→主动回收手臂的徒手模仿接球动作。

（2）原地持球练习。

①原地双手持球基本姿势的练习。每人一球，双手持球于胸前，体会双手持球的正确动作方法。

②每人一球，成基本站立姿势。双手持球于胸前，做传球发力时的抖腕动作，但球不离开手。

③两人一组一球。两人四只手共持一球，一人做传球动作，一人做接球动作，两人的手都不离开球，像拉锯一样一传一接连续做。

④两人一组一球。两人从距离 4 米逐渐扩大到 8 米，然后再从 8 米逐渐缩小到 4 米，用双手胸前传、接球。

⑤两人一组一球，相距 5 米左右，用双手胸前传、接球，在 1 分钟内看哪组传球次数多（记两人总次数）。

（3）行进间传接球练习。

①两人一组一球，一人原地传球，另一人向左、右、前、后移动做接球练习。两人相距 4~6 米，传接球一定次数后，相互交换。

②迎面上步传接球练习。练习者排成纵队，教师持球距纵队 5~7 米。排头队员上步接教师传来的球并回传给教师，然后跑回队尾，接着第二名队员进行练习，以此类推。此练习还可要求练习者跑动接球、急停、上步传球，以加大练习难度。

③全场三人传接球练习。每传一次球都要通过中间人。在三人传球推进的过程中，要保持好三角队形，中间人保持在稍后，两边在前（图 7-19）。

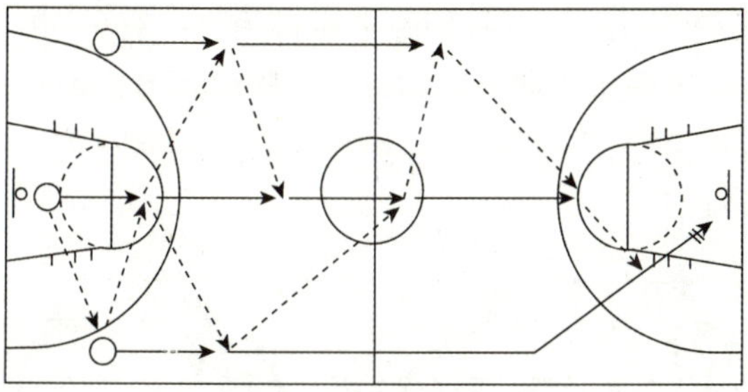

图 7-19 全场三人传接球练习

（4）全场四角传接球。④斜插接⑤的球后传给对角的⑥，并跑到⑥的排尾；⑤传球给④后跑向④的排尾（图 7-20）。依此反复进行。

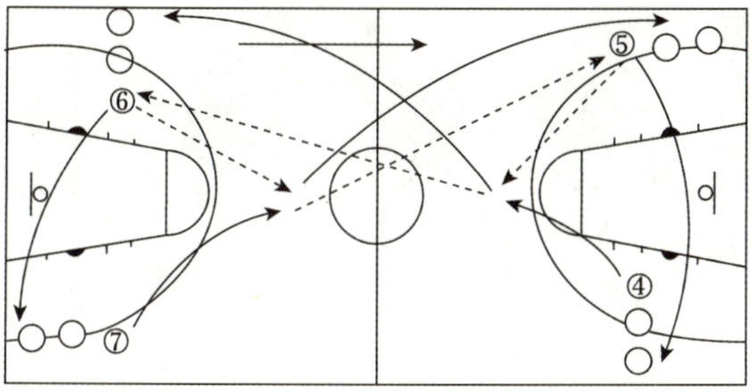

图 7-20 全场四角传接球

（四）持球突破技术

1. 持球突破技术学习

持球突破是持球队员合理运用脚步动作与运球技术，快速超越防守者的一项攻击性进攻技术。

（1）同侧步突破（图 7-21）。以左脚做中枢脚为例。突破时，左脚内侧蹬地，右脚迅速向对手左侧方跨一大步，同时向右侧转体探肩，重心前移，球移至右手并推放球于右脚斜前方，左脚迅速跨步抢位，加速超越对手。

图 7-21 同侧步突破

(2) 交叉步突破（图 7-22）。以右脚做中枢脚为例。突破时，左脚向前方跨出半步，做向左突破的假动作，当对手重心向右移动时，左脚前脚掌内侧迅速蹬地，向对手左侧跨出一大步，同时上体右转探肩，贴近对手；球移至右手，向左脚右斜前方推放球，右脚迅速蹬地跨步，加速超越对手。

图 7-22　交叉步突破

(3) 前转身突破（图 7-23）。以左脚做中枢脚为例。突破前的准备动作与后转身准备动作相同。突破时重心移至左脚上，右脚前脚掌内侧蹬地，以左脚为轴，右脚随着前转身而向球篮方向跨出，左肩向球篮方向压，右手运球后左脚蹬地，向前跨出，突破对手。

图 7-23　前转身突破

(4) 后转身突破（图 7-24）。以左脚做中枢脚为例。背对篮持球成基本站立姿势。突破时，重心降低。以左脚为中枢脚转动，上体向右转，右脚向右侧后方跨步，同时右手向右侧后方放球，左脚前掌的内侧迅速蹬地转动（这时已经面对篮的方向），然后左脚向篮跨出的同时左手抄球三步上篮，或左脚向篮跨出的同时抄球跳投。另一种后转身突破（以左脚为轴）要先做后转身面对篮，这时向右突破时必须是顺步突破；而向左突破时必须是交叉步突破，否则算走步。

图 7-24　后转身突破

2. 持球突破技术训练

（1）无防守情况下持球突破。

①每人一球，做原地持球交叉步和同侧步的动作练习。体会突破动作的技术要领及身体各部位的协调配合。

②两人一组一球，相距 2 米面对站立。轮流做同侧步、交叉步突破练习，相互检查中枢脚是否移动，跨步、转体探肩是否正确，推按球是否及时。

③接球急停突破练习。两人一组一球。无球队员向有球同伴示意接球方向，然后移动接球急停做交叉步或同侧步突破，轮流进行。

④突破上篮练习。学生成一列纵队，面对球篮，每人一球，按顺序做原地持球交叉步或同侧步突破接行进间投篮。抢篮板球后运球回队尾。

（2）有防守情况下持球突破练习。

1）一对一接球急停突破练习。如图 7-25 所示，⑤传球给⑥后移动到●面前接⑥的传球急停，并根据●的防守位置，用交叉步或同侧步突破上篮。投篮后自抢篮板球运回队尾，依次进行。

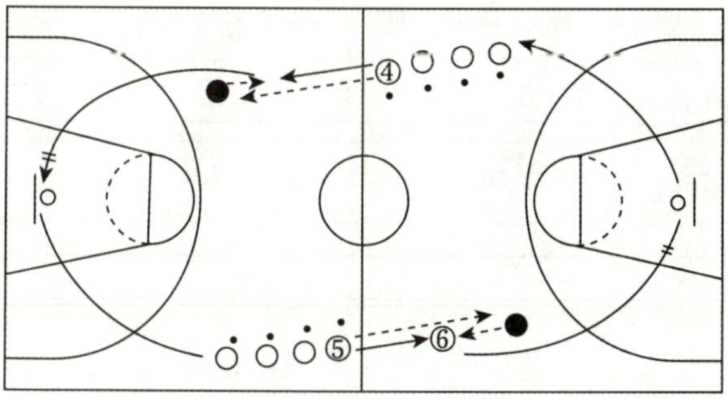

图 7-25　一对一接球急停突破练习

2）转身突破练习。如图 7-26 所示，④持球观察同伴行动，当⑤提至罚球线附近时，及时传球给⑤，⑤接球后，转身突破上篮，④跟进抢篮板球。④、⑤交换位置练习。

3）运球中后转身突破上篮。如图 7-27 所示，后卫队员①接②的传球后欲运球超越防守队员，防守队员积极堵截。①则运用假动作迫使防守队员侧重于自己左侧防守，这时，①突然以右脚为轴做后转身突破上篮。同样的方法，也可以做左转身突破上篮。

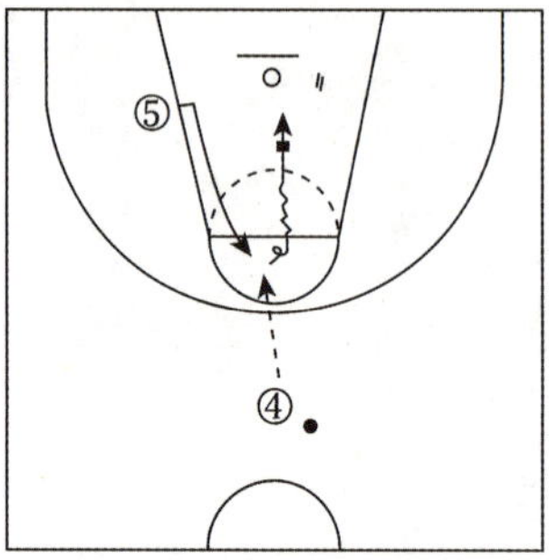

图 7-26　转身突破练习

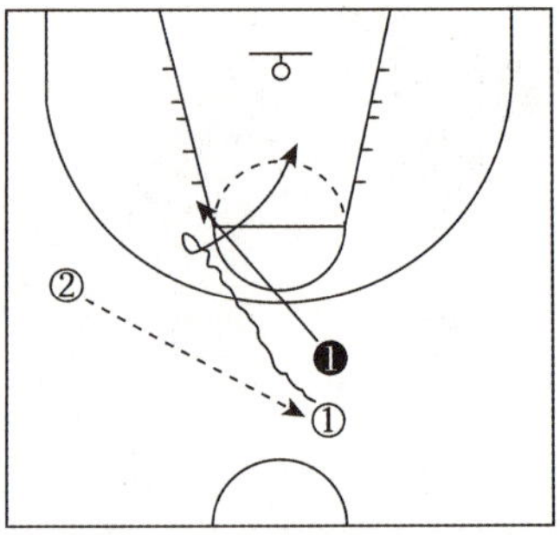

图 7-27　运球中后转身突破上篮

（五）投篮技术

1. 投篮技术学习

投篮是在比赛中，队员运用各种专门、合理的动作将球投进对方球篮的方法，是篮球赛中唯一得分的手段，是篮球运动中一项关键性技术。

（1）原地投篮。

①原地单手肩上投篮（图 7-28）。以右手投篮为例。右手五指自然张开，指根以上部位持球于肩上，手腕后屈，左手扶球左侧，右脚在前，左脚在后，脚尖对准投篮方向，右臂屈肘，肩关节放松，上臂与地面平行，前臂与地面垂直。投篮时，两脚用力蹬地，身体向前上方伸展，同时向前上方抬肘伸臂，手腕前屈，手指拨球，通过指端将球投出。球出手后，手臂要随球自然伸直，脚跟提起。

图 7-28　原地单手肩上投篮

②原地双手胸前投篮（图 7-29）。双手持球于胸前，肘关节自然下垂，两脚前后或左右开立，两膝微屈，重心落在两脚之间，目视瞄篮点。投篮时，两脚蹬地，上肢随着蹬地向前上方伸臂，两手腕同时外翻，手腕前屈，拇指用力拨球，使球通过食、中指端将球投出。球出手时身体随投篮出手方向伸展。

图 7-29 原地双手胸前投篮

（2）行进间投篮。

以右手投篮为例。当球在空中运行时，右脚向来球方向或投篮方向跨出一大步，同时接球，左脚向前跨出一小步，脚跟先着地，上体稍后仰，并用力蹬地起跳，右腿屈膝，左脚蹬离地面。同时双手向前上方举球，腾空后，右臂向前上方伸展，腕、指动作同原地单手投篮。投篮出手后，两脚同时落地，两腿弯曲，以缓冲落地的力量。

行进间投篮包括高手投篮（图 7-30）和低手投篮（图 7-31）。

图 7-30 高手投篮

图 7-31 低手投篮

（3）跳起投篮。

①原地双手胸前投篮（图 7-32）。

以右手投篮为例。两手持球于胸前，两脚左右或前后开立。两膝微屈，重心落在两脚之间。起跳时，迅速屈膝，脚掌用力蹬地向上起跳，同时双手举球到右肩上方，右手持球，左手扶球的左侧方，当身体接近最高点时，左手离球，右臂向前上方伸展，手腕前屈，食、中指拨球，通过指端将球投出。落地时屈膝缓冲。

图 7-32　原地双手胸前投篮

②急停跳投。

接球急停跳投：在快速移动中用大跨步或跳步接球急停，急停时要屈膝降低重心，并突然发力向上起跳，同时举球投篮。举球投篮动作与原地单手跳投动作相同。

运球急停跳投（图 7-33）：在快速运球中，运用跳步或跨步急停，突然向上跳起，同时两手持球上举。当身体接近最高点时，前臂向前上方伸直，手腕前屈，食、中指用力拨球，通过指端将球投出。

图 7-33　运球急停跳投

2. 投篮技术训练

（1）原地投篮。

1）徒手做原地投篮动作的模仿练习，体会动作方法和用力过程。

2）两人一组一球，做对投练习，距离由近到远。体会投篮手法和身体各环节的协调配合。

3）每人一球，原地单手肩上投篮持球基本姿势练习。反复多做几次体会单手肩上投篮持球的手法。

4）每人一球对墙投篮练习。增加练习次数，反复体会自下而上协调用力的动作及手腕、手指最后投篮出手时扣腕拨球动作。

5）正面定点投篮练习。每人一球，自投、自抢篮板球，依次进行。

6）不同角度的投篮练习。学生每人一球，分别列队于左、中、右三个投篮点。排头开始自投、自抢篮板球，然后按顺时针方向排列另一队队尾，依次进行。

（2）行进间投篮。

1）徒手跑做行进间投篮模仿练习。体会起跳、举球、出手、落地等动作方法。

2）运球做行进间投篮练习。学生每人一球，列队于半场的一侧，运球 2~3 次做行进间投篮，自抢篮板球后运球回队尾。

3）传切上篮练习。如图 7-34 所示，④传给⑤，然后切入篮下，接⑤的回传球，做行进间投篮后排到⑤组排尾。⑤传球后跟进抢篮板球，运球排列于④组队尾。依次进行。此练习可在左、中、右及底线附近进行。

4）运球急停跳投练习。如图 7-35 所示，学生每人一球。运球 2~3 次之后做跳步或跨步急停跳投。自抢篮板球后运球回队尾。

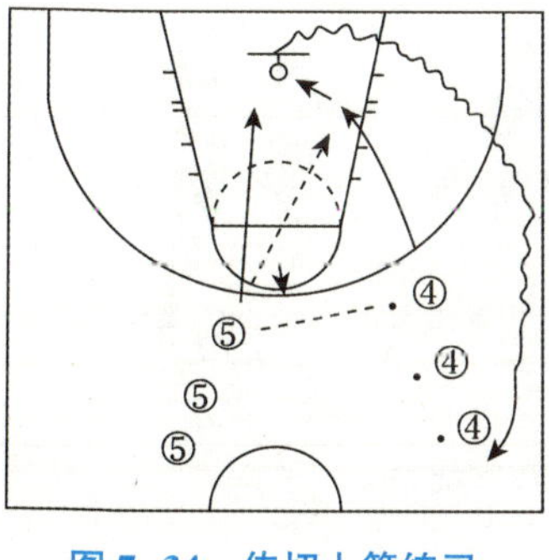

图 7-34　传切上篮练习

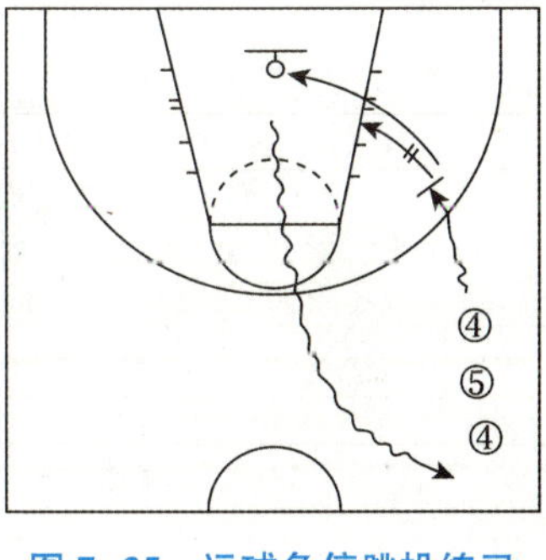

图 7-35　运球急停跳投练习

（六）抢篮板球技术

1. 抢篮板球技术学习

比赛中双方队员争抢投篮未中从篮板或篮圈反弹回来的球，称为抢篮板球。进攻队员抢到本队未投中的球称为前场篮板球，防守队员抢到对方未投中的球称为后场篮板球。抢篮板球技术根据动作结构可分为抢进攻篮板球和抢防守篮板球两种。

（1）抢进攻篮板球（图 7-36）。进攻队员抢篮板球要准确判断时间，绕步冲阻，及时起跳，补篮或组织第二次进攻。进攻队员抢篮板球要强调一个“冲”字。

图 7-36　抢进攻篮板球

（2）抢防守篮板球。防守队员首先准确判断球的方向和落点，然后抢占有利位置，运用移动和转身动作，合理地“挡”住对手向篮下冲跑的路线。

2. 抢篮板球技术训练

（1）原地连续双脚起跳，单或双手触篮板或篮圈 10~20 次。

（2）前、后转身跨步连续起跳，单或双手触篮板或空中标记 10~20 次。

（3）两人一组，一人向篮板或篮圈抛球，另一队员开始面向持球人，然后转身跨步（上步）起跳用单或双手抢球，数次后交换。

（4）在空中练习抢球转身和传球动作的协调性。队员站在篮下向篮板抛球，然后跳到空中最高点时抢到球，并在空中转身，将球准确地传给教练员（图 7-37）。

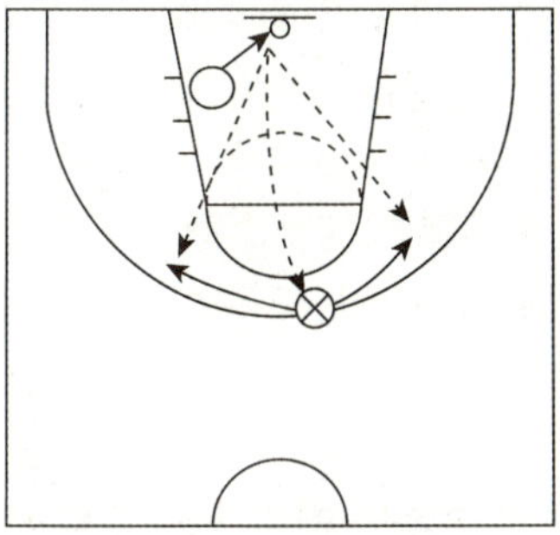

图 7-37 在空中练习抢球转身和传球动作的协调性

（5）进行一对一、二对二或三对三抢篮板球练习。进攻者投篮后，双方都抢篮板球，要求攻守双方在规则允许的范围内进行挡人或冲抢练习。

（七）防守技术

1. 防守技术学习

防守技术是指防守队员为阻挠和破坏对手进攻，合理运用脚步移动、手臂动作和身体姿势，积极抢占有利位置以达到控球目的所采用的各种专门动作的总称。

（1）防守无球队员。

①防接球。始终保持对手和球在自己的视线范围之内，要做到“人球兼顾”，在动态中始终保持在对手与球之间偏向对手一侧的断球路线上，同时伸出同侧手臂形成“球—我—他”的钝角三角形的防守选位。

②防摆脱。在人盯人防守情况下，防守队员要根据对手所处的位置不断调整自己的防守位置和距离，始终在自己的视野内注意球的动向和对手的动向，防止对手摆脱防守，进入有威胁的区域或接球进攻。

③防切入。一定要坚持“人球兼顾、防人为主”的原则，一旦对手有所行动，必须采取上步堵截、顶、挤、抢前等防守方法，使其不能及时起动或降低其速度。

④断球。

横断球：断球时，重心迅速向断球方向移动，以短而快的助跑，单脚或双脚用力蹬地跃出，身体伸展，两臂前伸，用双手或单手将球截获。

纵断球：当防守者要从对手右侧绕前断球时，右腿先向前跨第一步，然后侧身跨左脚绕到对手前，同时重心前移，左脚（或双脚）用力蹬地向前跃出，身体伸展，两臂前伸，将球截获。

（2）防守有球队员。

①防投篮。当对手在离篮 6 米左右的范围内接到球时，防守者要站在对手与球篮之间，采用斜步防守，同对手保持一臂的距离，对手举球准备投篮时，防守人应随之靠近并将前伸的手臂扬起，手掌对准球。当对手投篮出手时，防守者要及时起跳，伸直手臂用手

腕封球，干扰其投篮弧度。

②防突破。当对手突破时，要及时用撤步、交叉步或滑步继续防守。

③防运球。当对手开始运球时，防守者应将视线集中于对手运球的手和球上，并抢先快速向运球方向滑动，以身体的躯干对着球的着地点，阻止对手从中路运球突破。

④防传球。防守时要根据对手的位置和视线，判断其传球意图，上前贴近对手，挥动手臂封堵其传球，或迫使其向攻击威胁弱的位置传球。

⑤抢球（图 7-38）。抢球的手法一般是一手在上，一手在下直握，趁对手保护球不当出其不意地将球抢过来。

⑥打球。

打原地持球队员手中的球：用手指、手掌击球，用手指、小臂与手腕的快速动作弹击，不可挥大臂上步抢打。

打运球队员手中的球：以右手运球为例。当运球队员向前推进时，防守者应在左脚向左滑步抢位堵截的同时，在球从地面弹起的瞬间，突然用左手，以短促有力的动作从侧面将球打出，并及时上前抢球。

打行进间投篮队员手中的球：为了避免犯规，打球的手臂要迅速从对手身旁撤离，跟随移动要快，找准时机，迅速出手，手臂撤离要快。

图 7-38　抢球

2. 防守技术训练

（1）防守队员训练。

1）防投切选位练习。两人一组，进攻队员原地只做投切结合动作。防守队员快速移动脚步动作，及时调整重心、步法，做好防、投防突的选位练习。

2）两人一组，进攻队员在离篮 6 米左右，防守队员传球给进攻队员后立即对其进行防守。进攻队员则利用投突结合动作来进攻。练习一定次数或防守成功一定次数后，攻守双方交换。

3）防横切和防溜底线。在半场内两人一组进行练习。外围教师转移球的同时，④横切或溜底线以锻炼 △4 的防守能力。开始练习时，④接球后不进攻，可及时将球回传给教师，然后再规定④接球后可以进攻。练习一定次数或防守成功一定次数后，攻守双方交换（图 7-39）。

4）防与篮板成45°角区域内的接球和外策应。在半场二分之一区域内，两人一组，一攻一守。△4要防止④在罚球线延长线以内地区接球和外策应。开始时，④接球后可不进攻而回传给教师，然后再持球进攻（图 7-40）。

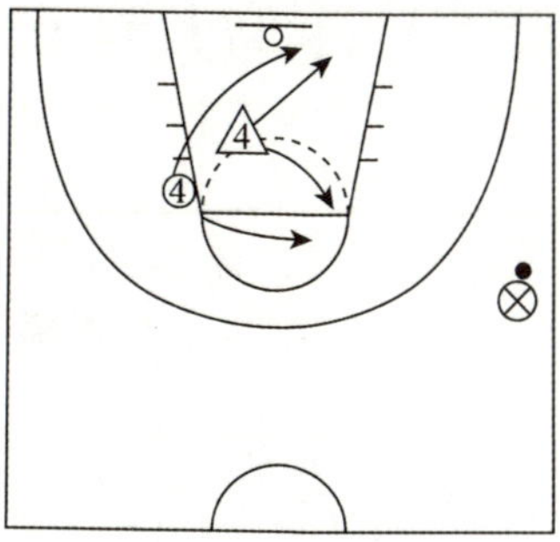

图 7-39　防横切和防溜底线

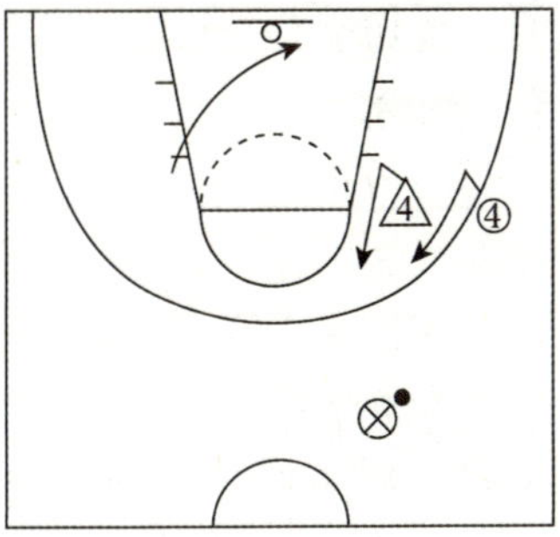

图 7-40　防与篮板成 45°角区域内的接球和外策应

（2）抢球技术训练。

1）两人一组相距 1.5 米，面对面站立，一人双手持球于腹前，另一人按抢球的动作要求，突然上步将球抢夺回来。持球队员由正常握球开始，逐渐加大握球力量，使抢球队员体会和掌握拉抢和转抢的动作方法。每人抢若干次后，攻守交换练习。

2）三人一组，两人相距 1 米，中间一人持球向两侧摆动，两侧无球队员根据球的部位，及时抢球。然后持球队员逐步改做转身跨步和摆脱护球动作，另两名队员伺机抢球。完成一定次数后，攻守交换。

3）抢地滚球。队员在端线两侧站二列横队，面相对。教师在端线中点向场内抛球，左右对应的两个队员快速冲向球，抢到球的队员向对面篮进攻，未抢到球的队员进行防守。

（3）打球技术训练。

1）接球时的打球。两人一组，相距 1.5 米。持球人做出传球动作后，另一队员立即上步打球，二人轮流练习。

2）抢篮板球下落时的打球。两人一组站在篮下，一人将球抛向篮板，另一人跳起抢篮板球。当得球下落转身时，投球人立刻打球。两人轮流进行练习。

3）正面打运球队员的球。在半场或全场一攻一守的练习中，防守队员紧紧跟随运球队员。当球刚从地面弹起时，突然打球。两人轮流攻守练习。

4）从背后抄打运球队员的球。两人一组，一人持球突破，一人防守。在进攻队员持球突破的一刹那，防守队员利用前转身上步，从运球队员身后，用靠近运球的手由后向前抄打球，然后上步抢球。两人轮流练习打球。

三、篮球基本战术

篮球战术是篮球比赛中队员个人技术的合理运用和全队队员相互协调配合的组织形式和方法。

（一）篮球运动进攻战术

1. 篮球运动进攻战术学习

（1）传切配合。传切配合是指进攻队员之间利用传球和切入技术组成的简单配合。它包括一传一切和空切配合。

1）一传一切配合。如图 7-41 所示，⑤传球给④后，立刻摆脱对手，向篮下切入，接同伴④的回传球投篮。

2）空切配合。如图 7-42 所示，④传球给⑤时，⑥乘其对手不备之机，突然横切或从底线切向篮下接⑤的传球投篮。

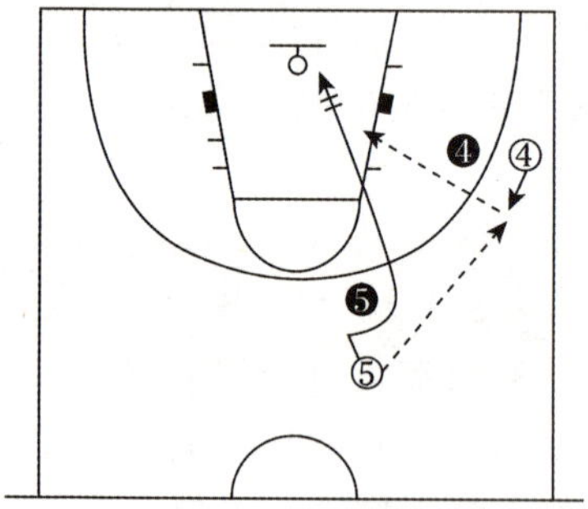

图 7-41　一传一切配合

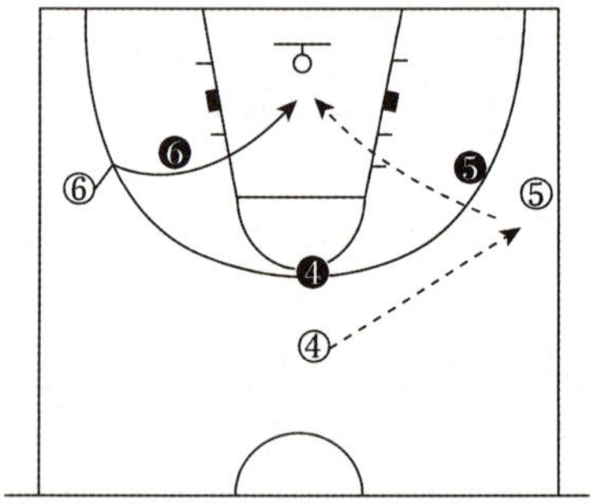

图 7-42　空切配合

（2）掩护配合。掩护配合是掩护队员采用合理的行动，以自己身体挡住同伴的防守者的移动路线，使同伴借以摆脱防守的一种配合方法。

1）前掩护配合。掩护者跑到同伴防守者的身前，用身体挡住防守者向前移动的路线，使同伴借机摆脱防守、接球并进攻的一种掩护方法。如图 7-43 所示，⑥跑到❺的前面给⑤做前掩护，⑤利用掩护拉出，接④传来的球投篮或做其他进攻动作。

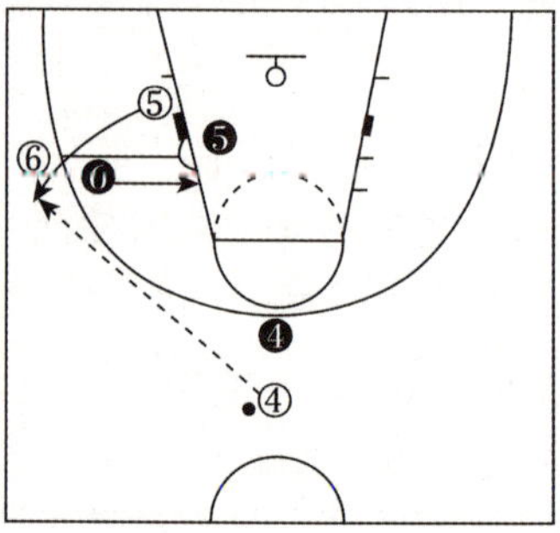

图 7-43　前掩护配合

2）后掩护配合。如图 7-44 所示，④给⑤做后掩护时，❹与❺换防，④及时转身切向篮下，接⑥的传球投篮（掩护后出现的第二次机会）。又如图 7-45 所示，是前锋为后卫做后掩护。⑤传球给⑥时，④跑到❺身后给⑤做后掩护，⑤传球后向左切入假动作吸引❺的防守，当④掩护到位时突然向右侧切入篮下接⑥的传球投篮。

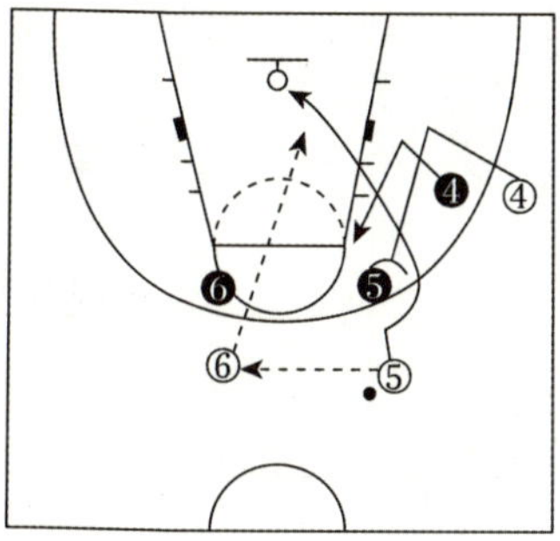

图 7-44　后掩护配合

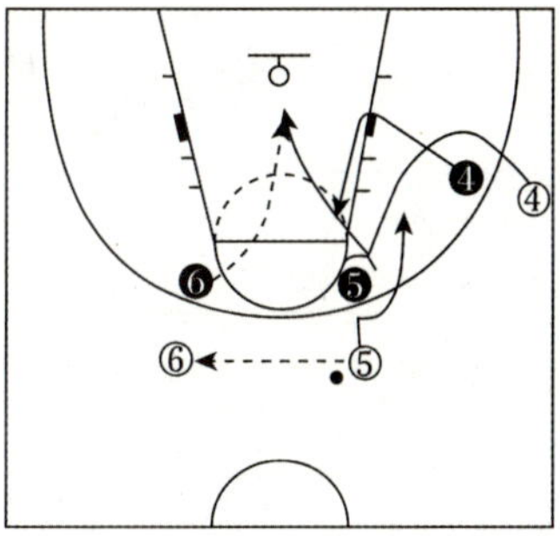

图 7-45　前锋为后卫做后掩护

3）侧掩护配合。给无球队员做侧掩护（反掩护）时，如图 7-46 所示，⑤传球给④后，立即向相反方向跑给⑥做侧掩护，当⑤跑到⑥侧面掩护到位时，⑥摆脱防守切入篮下接④的传球投篮。

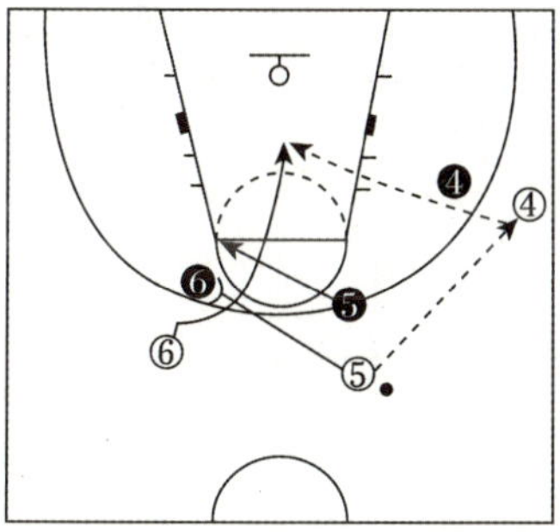

图 7-46　侧掩护配合

（3）策应配合。策应配合是指进攻队员背对或侧对篮圈接球，以他为枢纽，与同伴配合而形成的一种里应外合的配合方法。如图 7-47 所示，④摆脱防守插到罚球线做策应，⑤将球传给④，并立即空切篮下，接④的策应传球投篮。

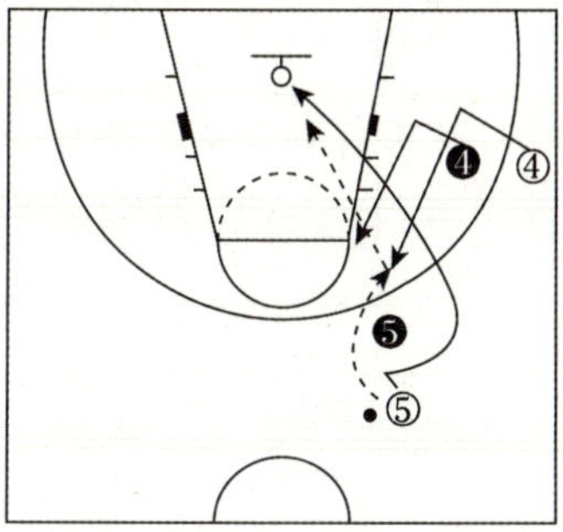

图 7-47　策应配合

（4）突分配合。突分配合是指持球队员突破对手后，主动地或应变地利用传球与同伴进攻的一种配合方法。如图 7-48 所示，④持球从底线突破❹遇到❻补防时传球给纵插到有利位置的⑤投篮。

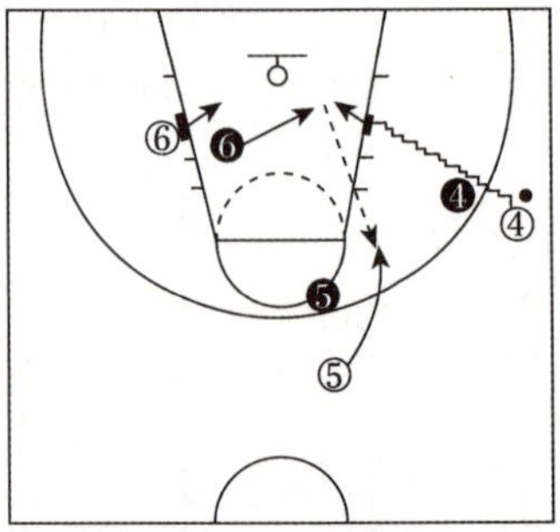

图 7-48　突分配合

2. 篮球运动进攻战术训练

（1）传切配合练习方法如图 7-49 所示。

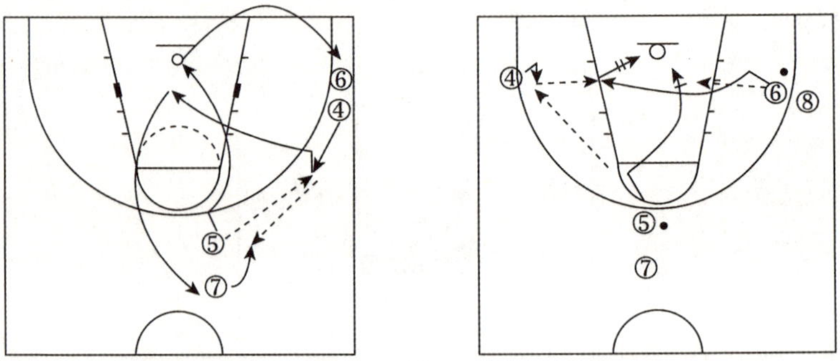

(a)　　(b)

图 7-49　传切配合练习方法

（2）突分配合练习方法如图 7-50 所示。

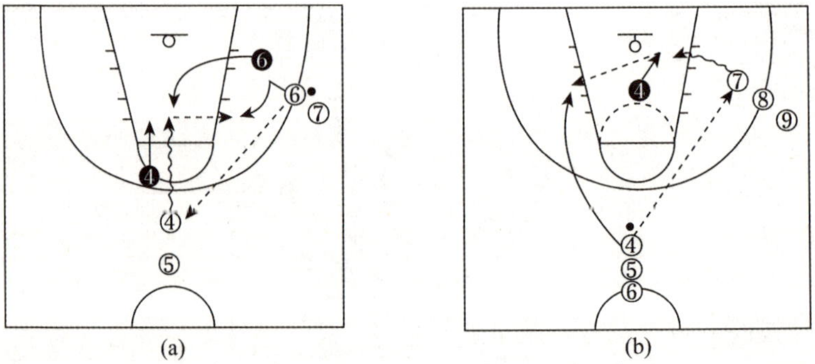

(a)　　(b)

图 7-50　突分配合练习方法

（3）掩护配合练习方法如图 7–51 所示。

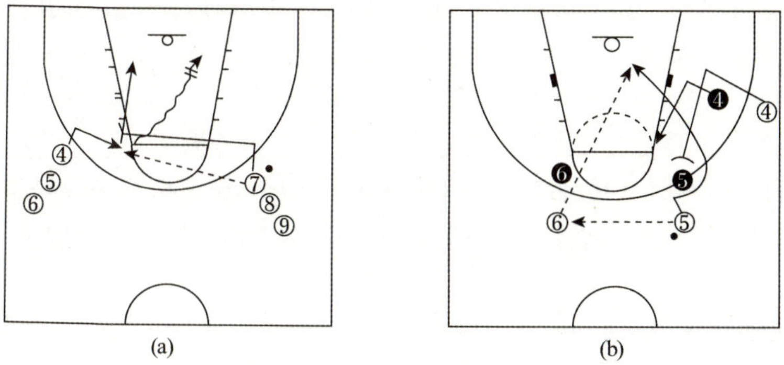

图 7–51 掩护配合练习方法

（4）策应配合练习方法如图 7–52 所示。

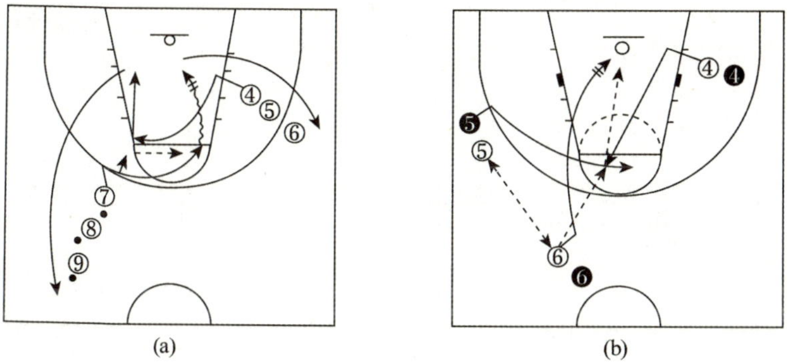

图 7–52 策应配合练习方法

（二）篮球运动防守战术

1. 篮球运动防守战术学习

防守战术基础配合，是在篮球比赛中两三人之间为了破坏对方进攻而组成的简单配合，包括挤过、穿过、绕过、关门、夹击、补防和交换防守配合等。

（1）防守掩护配合

①挤过配合。防守者在掩护队员临近自己时，要积极向前跨出一步，贴近自己的防守对手，从掩护者前面挤过去，继续防住自己的对手，防守掩护队员的同伴要及时呼应，并配合行动，以备补防。

②穿过配合。当进攻队员进行掩护时，防守去做掩护的队员要及时提醒同伴并主动后撤一步，让同伴及时从自己和掩护队员之间穿过，以便继续防住各自的对手。

③绕过配合。当进攻队员进行掩护时，防守做掩护的队员主动贴近对手，让同伴从自己的身旁绕过，继续防住各自的对手。

④交换防守配合。防守队员之间及时地呼应交换自己所防对手的一种配合方法。

（2）夹击配合。夹击配合时，首先要选择好夹击的位置和时机；运用夹击时，贴近对方身体要适度，不能推、顶，以免造成犯规；已形成夹击后，其他队员要随时轮转补位，严防对方近球区队员接球，远球区的防守队员要以少防多，选好断球位置。

（3）补防配合。补防配合是指防守队员在同伴漏防时，立即放弃自己的对手，去补防那个漏防的进攻者，而漏人的防守队员应及时换防另一进攻者的一种协同防守配合方法。

（4）关门配合。在关门配合中，防守队员应积极堵截突破的移动路线，邻近突破一侧的防守者要及时向同伴靠拢进行“关门”，不给突破者留有空隙。关门配合常用于区域联防。

2. 篮球运动防守战术训练

（1）防守掩护配合练习方法。

①半场二防二，在对抗的条件下练习。进攻者可采用不同的掩护配合，由慢到快，由消极到积极，帮助防守者练习防守配合。

②半场三攻三守，如图 7-53 所示。

③挤过配合练习，如图 7-54 所示。

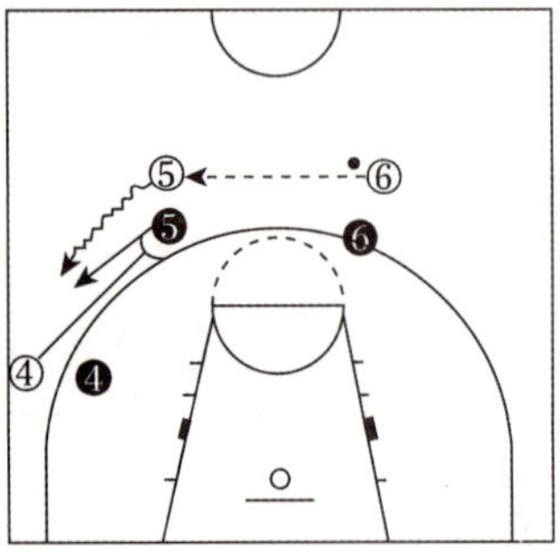

图 7-53　半场三攻三守

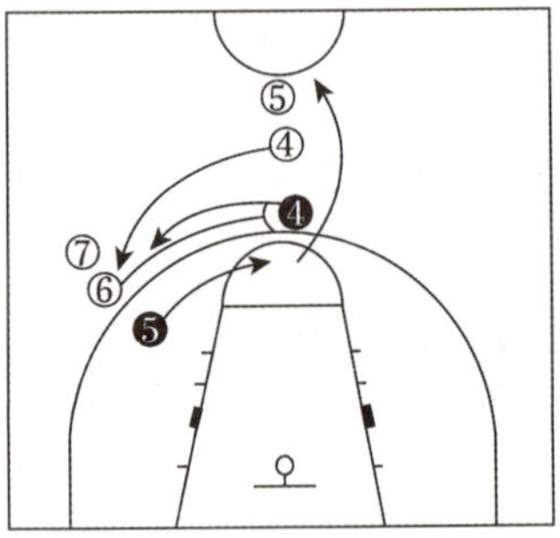

图 7-54　挤过配合练习

④穿过配合练习，如图 7-55 所示。

⑤交换配合练习，如图 7-56 所示。

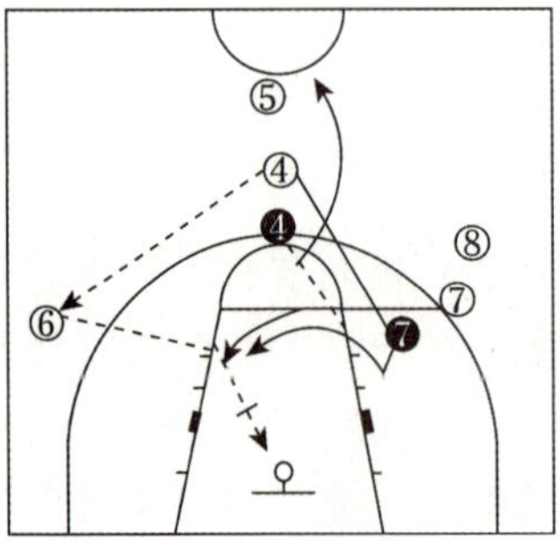

图 7-55　穿过配合练习

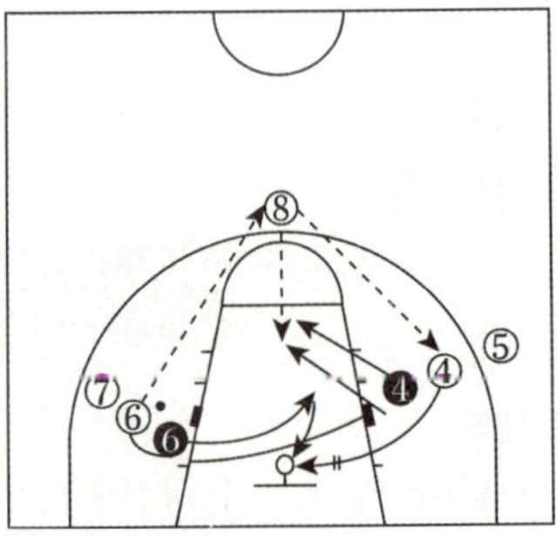

图 7-56　交换配合练习

（2）夹击与补防配合练习方法。

①夹击配合练习，如图 7-57 所示。

②补防配合练习，如图 7-58 所示。

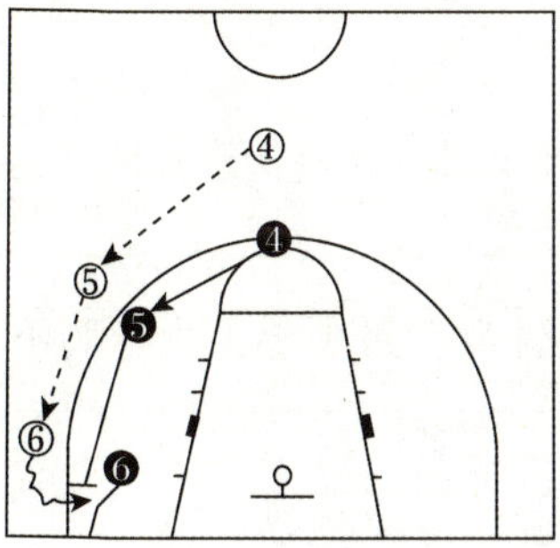
图 7-57　夹击配合练习

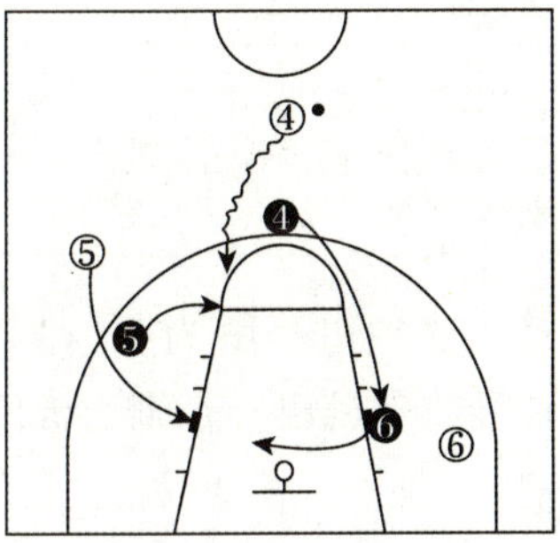
图 7-58　补防配合练习

（3）关门配合练习方法，如图 7-59 所示。

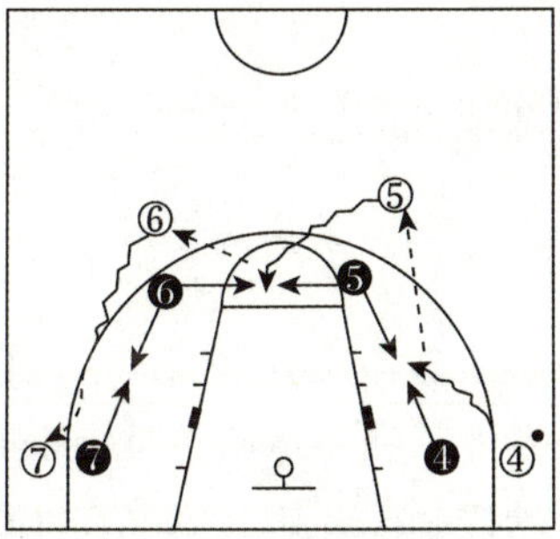
图 7-59　关门配合练习方法

四、篮球竞赛规则简介

（一）队员人数和号码

每队一般由 12 名队员组成，上场比赛为 5 人。每队队员号码应是 4~15 号，目的主要是避免队员得分（1~3 分）、3 秒违例与队员犯规后罚球次数等在判罚手势中的混淆不清。

（二）比赛时间

每场比赛分为 4 小节，第 1 和第 2 节、第 3 和第 4 节分别为上半时、下半时。每节比赛为 10 分钟。第 1 和第 2 节、第 3 和第 4 节之间休息时间为 2 分钟，上、下半时中间正常的休息时间为 15 分钟。在头 3 节的每节中，每队可准予 1 次要登记的暂停；第 4 节中准予 2 次要登记的暂停；每一决胜期准予 1 次要登记的暂停。每次暂停时间为 1 分钟，决胜期比赛时间为 5 分钟。

（三）跳球（争球）

比赛开始，由双方各 1 名队员在中圈跳球。比赛中，双方队员抢球相持不下，或球由双方队员同时拍出界外，或球卡在篮腰与篮板之间，则执行交替拥有。

（四）违例

比赛场上队员出现以下情况时判违例，并判由对方在违例地点附近边线外发界外球。

1. 带球走

带球队员移动，必须以一脚为中枢脚方能转身、跨步等。中枢脚不可离地，若要离地，必须在未离地前将球掷出，否则为带球走。

2. 两次运球

下述情况均为两次运球：两手同时运球；运球时手掌向下时有明显的翻腕动作或球在手中有明显的停留现象；运球结束后，球自行离手而又重新将球拿住（视有意无意）；运球后将球接住又继续运球。

3. 球出界

球或持球队员触及界线或界线以外的区域则为出界。在场外发球，触及界线及场内地面亦为违例。

4. 有关时间的违例

（1）3 秒违例：控制球的球队队员在对方限制区内停留超过 3 秒。

（2）5 秒违例：在罚球、掷界外球和持球队员被夹击时 5 秒内未将球掷出。

（3）8 秒违例：进攻队从后场控制球开始，未能在 8 秒内使球进入前场。

（4）24 秒违例：控制球的球队队员在 24 秒内未能投篮出手。

（五）犯规

1. 侵人犯规

与对方队员发生不合理的身体接触即为侵人犯规。

罚则：对投篮队员犯规判给两次罚球（3 分线外的投篮判罚 3 次）；若投篮命中有效，则追加罚球 1 次；对非投篮队员犯规，则判发界外球。

2. 故意犯规

队员不是为了抢球，而是故意和对方队员发生身体接触，称为故意犯规。

罚则：对不持球或持球没有投篮动作的队员犯规，判罚两次罚球后由罚球一方队员在中场边线外发界外球。对投篮队员故意犯规，则投中有效，判罚球 1 次后，无论投中与否，均由罚球一方在中场发界外球。

3. 双方犯规

双方犯规就是双方队员同时相互犯规。

罚则：应给每一犯规队员登记一次侵人犯规；如犯规时有一方投篮命中，则投中有效，由对方在端线发界外球；如果某队控制了球或拥有球权，应将球判给该队在最靠近犯规的地点掷球入界；如果任一队都没有控制球或拥有球权，则执行交替拥有。

4. 5次犯规

5次犯规就是某队员全场各种犯规累计达5次。

罚则：自动退出比赛，不得再参加本场比赛，由其他队员替换。

5. 每节全队4次犯规

比赛的每节（决胜期作为下半时的继续）犯规达4次以后，每再一次犯规均判罚球。

罚则：对不投篮的队员犯规，判2次罚球；对投篮队员犯规，则投中有效，并追加1次罚球。

6. 控制球队队员犯规

控制球队队员犯规判罚失去球权，由对方在就近的边线外发界外球，运球的进攻队员冲撞一名已建立合法防守位置的防守队员，控制球队队员犯规失去球权。

罚则：记一次犯规，失去球权，由对方发球。

7. 技术犯规

技术犯规即场上队员、场外教练员、替补队员等违反规则，不服从裁判，影响比赛顺利进行的犯规。

罚则：视情节轻重，可判罚为劝告、提醒、警告，判罚球两次后在中场边线外由对方发界外球，直至取消比赛资格。

8. 取消比赛资格的犯规

情节十分恶劣的侵人犯规（含教练员、替补队员严重技术犯规）为取消比赛资格的犯规。

罚则：令其退出比赛，并按故意犯规的罚则进行判罚。

（六）得分相等和决胜期

下半时结束如比分相等，应延长5分钟作为决胜期继续比赛，必要时可用几个决胜期，直至分出胜负为止。在所有的决胜期中，球队应朝向第4节中相同的球篮继续比赛。每次决胜期前，有两分钟休息时间，决胜期允许有1次暂停。另外，决胜期应看作是下半时比赛的继续，或者是下半时的延时，所有决胜期间发生的犯规，都应累加在第4节全队犯规栏内和个人犯规栏内。

（七）三人篮球赛

三人篮球赛是近年来新兴的一种休闲运动和比赛方式，由于它具有参加人数少、场地小、时间短等特点，易于在基层开展，现在已经成为深受青少年喜爱的形式。

1. 场地

三人篮球赛场地为标准的半个篮球场地（14米×15米），或按半场比例适当缩小（长度减2米，宽度减1米）；地面坚实；场地界线外有1.5~2米的安全地带；距地面3.05米的球篮是供给男女成年及女子高中以上、男子初中（含初中）以上青年组比赛用的；距地面2.08米的球篮是供给女子初中及男女小学组比赛用的。

2. 工作人员及职责

（1）设 1~2 名裁判员和 1 名记录员。

（2）裁判员与记录员着装一致，但其颜色、款式应区别于运动员。

（3）裁判员是比赛中唯一的宣判和终决的人员，负责在记录表上签字，兼管计 20 秒违例。

（4）记录员兼管计时、记分。记录两队累计的分数（包括投篮和罚球的得分）、全队及个人犯规次数以及比赛时间，并按规则要求宣布比赛进行的时间、比分。

3. 除下列特殊规则外，比赛均按照最新国际篮球规则执行

（1）比赛双方报名为 4 人，上场队员为 3 人。

（2）比赛时间。初赛、复赛不分上、下半时，全场比赛 10 分钟，组织者可根据参赛队多少修订时间为 12 分钟或 15 分钟；比赛进行到 5 分钟和 9 分钟时计时员各宣布一次时间；10 分钟内双方都不得暂停（遇有球员受伤，裁判员有权暂停比赛 1 分钟）。决赛分上、下两个半时，每半时 8 分钟；上半时之后休息 2 分钟再进行下半时。

（3）比赛开始，双方以掷硬币的形式选发球权。

（4）比赛开始和投篮命中后，均在发球区（中圈弧线后）掷球入场算作发球。

（5）每次投篮命中后，由对方发球；所有犯规、违例及界外球均在发球区发球，发球队员必须将球传给队友，不能直接投篮或运球，否则处以违例。

（6）守方队员断球或抢到篮板球后，必须迅速将球运（传）出 3 分线外，方可组织反攻，否则判违例。

（7）24 秒违例的规则改为 20 秒。

（8）双方争球时，争球队员分别站在罚球线上跳球。

（9）比赛中，每个队员允许犯规 3 次，第 4 次犯规则被罚出场；任何队员被判夺权犯规，则取消该队比赛资格。

（10）每个队累计犯规达 5 次后，该队出现第 6 次以后的侵人犯规由对方执行两次罚球，前 5 次犯规中，凡对正在做投篮动作的队员犯规：如投中，记录得分，记对方个人及全队犯规次数，不追加罚球，由对方发球；如投篮不中，则判给攻方 1 次罚球，罚中得 1 分，并由攻方继续发球，如罚不中，仍由攻方继续发球。

（11）只能在“死球”的情况下进行替换，被换下场的队员不能重新替接上场（场上队员不足 3 人时除外）。

（12）比赛中，队长是场上唯一发言人。

（13）比赛时间结束，以得分多者为胜方，如出现平局，初赛及复赛阶段执行一对一的依次罚球，只要出现某队领先 1 分即为胜方，比赛结束；如果在决赛阶段，比赛时间结束，双方打成平局，则加赛 3 分钟，发球权仍以掷硬币的方式决定；如果加时赛仍打成平局，则以一对一依次罚球的形式决胜，某队领先 1 分即为胜方，比赛结束。

（14）在使用小篮架的比赛中，不允许队员出现扣篮动作，绝不允许队员将身体任何部位悬挂于篮圈（或篮架）上，否则被判罚离场并不能再替换进场。

（15）比赛中应绝对服从裁判，以裁判员的判罚为最终决定。

第二节　足　　球

一、足球运动概述

（一）足球运动的起源与发展

1. 足球运动的起源

足球运动分为古代足球运动和现代足球运动，是一项历史悠久的体育运动，也是目前在世界上开展得最为广泛的项目之一。

国际上公认最早的足球出现在中国。《战国策·齐策》一书中记载，在 2 500 年前，齐国首都的百姓就将“蹴鞠”作为一种流行的消遣和娱乐形式。

到了近代，足球运动开始以一种体育运动的方式出现在英国。不过当时的足球运动还是一种手脚并用的比赛，直到 1862 年第一个足球规则——《剑桥规则》的修订规定了足球只能用脚踢而不可以用手打。1863 年 12 月 26 日，剑桥大学、牛津大学和凯尔波里特专科学校与伦敦周围地区 11 个最主要的俱乐部和学校，在伦敦女王大街共济会酒家举行联席会议，创立了英格兰足球协会，它的成立标志着近代足球的正式形成。

2. 足球运动的发展情况

现代足球运动在英国兴起后，逐渐传播到欧洲大陆和世界各地。19 世纪末期，新西兰、阿根廷、智利、比利时和意大利等国相继成立了足球协会。1904 年 5 月 21 日，在巴黎由法国、瑞士、瑞典、比利时、西班牙、丹麦等国发起成立了国际性的足球组织——国际足球联合会，简称国际足联（FIFA），以协调各国足球运动的开展，组织世界各国的足球竞赛活动。1908 年，足球被正式批准为奥运会项目。目前，国际足联会员国有 209 多个，足球运动也成为世界第一运动。

现在世界足球运动正朝着职业化、产业化和全球化的方向发展。

（二）足球运动的特点与价值

1. 足球运动的特点

足球运动是一项技术上多彩多姿、战术上变幻莫测、胜负结局难以预测的非周期性运动项目，但其竞赛规则简练明了，器材设备要求简单，易于开展。

足球比赛是以每队 11 名运动员上场参赛的集体球类项目，只有形成整体的攻守，队伍才有战斗力，才能取得比赛的主动权。当今足球比赛，攻守转换快速而频繁，运动员位置和职责随着比赛进程的变化而变化，技术能力的全面提高和多变的战术打法，使比赛充满活力和悬念。运动员在比赛中要奔跑 90 分钟，跑动距离少则 6 000 米，有时甚至达 10 000米以上，而且对抗激烈，双方因争夺和冲撞倒地次数会达 200 次以上，因而运动员的能量消耗是非常大的。

2. 足球运动的价值

（1）有利于增强体质。经常参加足球运动，能够全面提高人体的速度、力量、耐力、灵敏、柔韧等身体素质，改善人体的神经系统、心血管系统、呼吸系统等内脏器官系统和肌肉、骨骼等运动系统的功能，达到增强体质、促进健康的目的。

（2）有利于培养良好的个性品质。长期参加足球运动可以培养人的意志力、自制力、责任感，以及机智果断、勇敢顽强、坚韧不拔、勇于克服困难、团结协作、密切配合、集体荣誉感、守纪律等品质。

（3）有利于创造社会财富。足球运动以其影响力和自身价值，促进了足球资源、信息技术、中介服务等市场体系的形成；通过彩票、门票、转会、广告、电视转播等获得丰厚利润；同时，足球运动的发展还可带动运动器材、服装、饮食、中介、纪念品、旅游等相关产业的发展，提供更多的就业机会，促进国民经济发展，为社会创造财富。

（4）有利于振奋民族精神。足球运动关系到一个地区或一个国家的形象，在重大国际比赛中取胜，可以激发人民团结拼搏、进取向上的精神和爱国主义热情。

（5）有利于国与国之间的交往。通过足球比赛不仅可以传播友谊、扩大交往，还能宣传展示国家和民族的精神风貌。

（6）有利于我国社会主义精神文明建设。人们从踢足球中得到情感体验，从看足球中得到艺术享受，从谈论足球中得到思想交流，足球运动丰富了人们的业余文化活动，提高了人们的生活质量。

二、足球基本技术

（一）踢球技术

1. 踢球技术学习

常见的踢球技术主要有脚背正面踢球、脚内侧踢球、脚背内侧踢球、脚背外侧踢球、脚尖踢球和脚跟踢球等。

（1）脚背正面踢球。

脚背正面踢球又称正脚背踢球，其踢出去的球力量大，准确性较强，但出球的方向及性质相对变化较小，球的性质多为不旋转的直线球。

①脚背正面踢定位球。直线助跑，最后一步要稍大些，支撑脚积极着地支撑，在球的侧面 10~12 厘米处，膝关节微屈，小腿屈曲，脚尖正对出球方向，踢球腿随跑动向后摆动，以髋关节为轴，大腿带动小腿由后向前摆动，当膝关节摆至接近球的正上方时，小腿做爆发式的摆动，脚趾屈，以脚背正面部位击球的后中部，击球后身体和踢球腿随球前移（图 7–60）。

图 7-60　脚背正面踢定位球

②脚背正面踢地滚球。直线助跑，最后一步稍大，支撑脚积极着地，踏在球的侧方10~15 厘米处，脚尖正对出球方向，膝微屈，同时踢球脚向后摆起，膝弯曲，在支持脚着地的同时，以髋关节为轴，大腿带动小腿由后向前摆，在膝关节摆至接近球的垂直上方的刹那，小腿加速前摆，脚背绷直，脚趾扣紧，以脚背正面击球的后中部，踢球后，身体要有随前动作并跨出一两步。

（2）脚内侧踢球。

脚内侧踢球亦称脚弓踢球，它是用脚内侧部位踢球的一种方法。脚内侧踢球，出球准确平稳，易于掌握，但出球力量相对较小。

①脚内侧踢定位球。直线助跑，支撑前的最后一步稍微大些，支撑脚站在球的侧面约15 厘米处，脚尖正对着出球方向，支撑腿膝关节微屈，在支撑脚着地时，踢球腿大腿带动小腿由后向前摆动，在前摆的过程中大腿外展，当膝关节的摆动接近球的正上方时，小腿做爆发式摆动，在触球前将脚跟送出，使脚内侧部位所形成的平面与出球方向垂直，踢球脚脚底与地面平行，脚尖微微翘起，踝关节功能性地紧张使脚形固定，触（击）球后身体跟随移动，髋关节向前送（图 7-61）。

图 7-61　脚内侧踢定位球

②脚内侧踢地滚球。支撑脚踏在球的侧方约 15 厘米处，膝盖微屈，踢球脚以髋关节为轴，稍向后摆，前摆时，膝外转，脚迅速外转 90°，脚尖稍翘起，脚掌与地面平行，踢球时脚腕用力绷紧，脚内侧触球的后中部，踢球后，脚随球前摆，但不宜过大。

（3）脚背内侧踢球。

脚背内侧踢球又称内脚背踢球，这是一种用第一跖骨和跖趾关节部位触击球的踢球方法（图 7-62），其技术结构与前两类踢球方法相同，但技术细节有所差别。

图 7-62　脚背内侧踢球

①脚背内侧踢定位球。斜线助跑，助跑的方向和出球的方向约成 45°，最后一步要稍大，支撑脚底积极着地，脚尖指向出球方向，距球内侧后方 20~25 厘米，膝关节微屈，在支撑的同时，踢球腿已完成后摆，并且开始以髋关节为轴，大腿带动小腿由后向前摆动，当大腿摆至与支撑腿接近同一平面时，小腿做爆发式摆动，此时脚背绷直，脚尖外转，以脚背内侧部位触击球的后中部，击球后踢球腿及身体继续随球向前（图 7-63）。

图 7-63　脚背内侧踢定位球

②脚背内侧踢过顶球。踢过顶球的动作要点基本与踢定位球相同。支撑脚踏在球的侧后方，踢球时，用脚背内侧踢球的后下部，使球成抛物线运行，越过防守者头顶，准确地传到同伴脚下。

（4）脚背外侧踢球。

①脚背外侧踢定位球。助跑、支撑脚站位和踢球腿摆动均与脚背正面踢球技术的三个环节相同，脚触球是用脚背外侧部位，要求膝关节与脚尖内转，脚背绷紧，脚趾紧屈并提膝，触（击）球后身体随踢球腿的摆动前移。

②脚背外侧踢地滚球。踢球的动作规格要求和踢定位球相同，但支撑脚站位时应考虑球的滚动速度，以保证在脚触球的瞬间支撑脚与球的相对位置符合规格要求。这种踢法可用于踢前方、侧前方以及正侧方和侧后方来的地滚球。

2. 踢球技术训练

（1）基本踢球技术训练。

①踢定位球训练。可对足球墙、足球网自己练习，也可采用各种形式的对练，训练的距离由近至远，这一阶段练习的重点应放在动作的协调性和准确性上，而不是放在踢球的

力量上。

②无球模仿训练。设想地面有一个足球，跨步上前做踢球动作，然后过渡到几步慢速助跑的踢球模仿动作练习，最后可做快速助跑踢球的模仿动作训练。训练中应注意设想触球的一瞬间踢球脚踝关节的固定和脚背绷紧。

③踢固定球训练。可一人把球踩在脚下，另外一人用脚的不同部位踢球，体会脚的触球部位。

（2）各种踢球技术动作的模仿训练。设想地面有一个足球，跨步上前做踢球动作，然后过渡到几步慢速助跑的踢球模仿动作练习，最后可做快速助跑踢球的模仿动作训练。

（3）踢地滚球训练。通过观察、判断来球的速度和方向，调整自身的控制能力，并根据出球目标选择支撑脚的位置。可以踢从正面、侧面或侧后方传来的球；可以限定脚法，也可视来球任意选用脚法进行训练。

（4）各种脚法的两人训练。不论是传球还是射门练习，都可两人进行，若两人练习踢定位球，则辅以接球练习；若进行踢活动球训练，则可相隔一定的距离进行不停顿的连续传球训练。

（5）利用足球墙和标杆做踢旋转球训练。可将标杆插在踢球者与墙之间，标杆与人及墙的距离视需要而定，开始可大些，当技术掌握后再逐步缩小。

各种旋转球的练习都可以利用足球墙进行，尤其对于初学者，使用足球墙既可充分利用训练时间增加练习次数，又能使练习者较好地集中注意力掌握技术规格。对于要求提高技术的练习者，足球墙同样也是一个有力的帮手。

（6）踢墙训练。

①距墙 5 米进行踢球打墙练习。主要强调小腿的摆动、脚与球接触面、支撑环节要正确。

②距墙 5 米踢墙练习一段时间后，可将距离加到 25 米左右，再进行中等力量训练，此时大腿的摆动更应引起重视。

③在踢静止球有一定基础后，可逐步增加踢个人控制的活动球及足球墙所弹回来的活动球。

（二）运球技术

1. 运球技术学习

（1）脚背正面运球。运球时，身体保持正常跑动姿势，上体稍前倾，步幅不宜过大，运球脚提起，髋关节前送，膝关节稍屈，提踵，脚尖下指，在着地前脚背正面部位触球后中部将球推送前进。

（2）脚内侧运球。运球前进时，支撑脚位于球的侧前方，肩部指向运球方向，支撑腿膝关节微屈，重心放在支撑腿上，另一条腿提起屈膝，用脚内侧推球前进，然后运球脚着地。由于肩部指向运球方向，身体侧转，虽然移动时速度较慢，但身体前倾有利于将对方和球隔开，因而这种技术多用在运球寻找配合传球时，或有对方阻拦需用身体来做掩护时。

（3）脚背内侧运球。运球时，身体稍侧转并且自然协调放松，上体前倾，步幅小，运球腿提起外展，膝微屈外转，提踵，脚尖外转，使脚背内侧正对运球方向，在运球脚落地前用脚背内侧推拨球，使球随身体前进。脚背内侧运球时，由于身体稍侧转，不能采用正常跑动姿势，因而不适用于高速运球，但由于接触部位与支撑位置的特点易于完成向支撑脚一侧的转动，所以多用于向支撑脚一侧的转动变向运球。

（4）拉球。拉球时，前脚掌放在球的上部或侧上部，另一脚放在球的侧后方支撑，然后触球向后下方用力将球拉回。

（5）脚背外侧运球。运球时，身体保持正常跑动姿势，步幅不宜过大，上体稍前倾，运球腿提起，髋关节前送，膝关节稍屈，提踵，脚尖绕矢状轴向内旋转，使脚背外侧正对运球方向，在运球脚落地前用脚背外侧推拨球的后中部。脚背外侧运球可以发挥出较快的速度，与脚背正面运球有相同的用途。另外，利用脚腕的动作可以很快改变脚背外侧所对的方向，故在运球脚一侧改变方向时也多采用这种运球方法。这种方法能用身体将对手和球隔开，所以在掩护时也常使用。

（6）颠球。颠球是指在运球过程中，有时球在空中或地面上跳动，根据对手抢截时所处位置或实施抢截时间，用恰当的部位将球颠起，越过对手可以达到过人的目的的方法。

（7）拨球。拨球利用脚踝关节向侧的转动，来达到脚背内侧或脚背外侧触球，将球拨向身体的侧前方、侧方、侧后方。在过人时若使用拨球，还要在拨球后立即跟上推球，使球按预定方向运行。

（8）挑球。挑球是指用脚背部位触球的下部并突然向上方挑起，在对手来不及实施挡球动作时球就已越过，运球者随球迅速跟进的运球方法。运用挑球时要注意一般球不要挑得太高。

（9）扣球。扣球和拨球的运用差不多，不同的是它的用力是突然的，并伴随着突然转身或急停，使对手在来不及调整重心的瞬间，突然从反方向迅速送球越过对手的防守。

2. 运球技术训练

（1）在慢跑中双脚交替用脚背内侧运球沿折线运行。

（2）在慢跑中单脚交替用脚背内侧和脚背外侧运球沿折线运行。

（3）在慢跑中分别用单脚内侧运球、脚背正面运球、脚背外侧运球，运球方向沿直线进行。

（4）在慢跑中沿弧线运球。用脚内侧、脚背内侧、脚背外侧沿中圈线做顺时针、逆时针运球练习。

（5）拨球训练。在一定范围内自由运球，按手势用一只脚做支撑，另一只脚用脚背内侧或外侧拨球绕支撑脚做圆周运球，两脚轮流练习。

（6）拉球训练。在一定范围内自由运球，听到哨音后用一只脚做支撑脚，另一只脚用脚前掌触球顶部，拉球绕支撑脚做圆圈运动。一步一拉球。

（7）拉球转身 180°运球训练。在一定范围内自由运球，听到哨音后用一只脚支撑，另一只脚拉球至身后，沿拉球脚一方转体 180°继续运球。

（8）单脚交替后拉球转体 180°训练。如先用左脚支撑，右脚拉球向后转体 180°，右脚迅速着地做支撑，左脚踏在球顶部，如此交替进行。

（9）扣球转身变向运球训练。在一定范围内自由运球，听到哨音后用一只脚支撑，另一只脚用脚背内侧做扣球，使球改变方向应在 90°以上，身体随其转动沿改变后的方向继续运球。

（10）拉、推（拨）组合训练。用右脚将身前的球拉到身后，接着用脚内侧（或脚背外侧）向同侧斜前方推（拨）出，跟上后继续运球，重复上述动作，两脚轮流进行。

（11）运球中扣球变向 180°再运球训练。练习者成一路纵队，第一人向标志杆运球越过标志杆后扣球急停转身 180°，然后从标志杆另一侧运球返回，在返回时第二人可开始运球。

（12）运球绕杆训练。队员成一路纵队，第一人依次过杆后传球给后人，后人重复第一人的动作，依次进行。若每人一球则可在前一人运球后，后一人即开始，依次运球绕杆到排尾。

（13）抬头运球训练。队员站在教练员对面成一列横队（或不成队形），相距 15 米以上。教练员给手势后，队员按教练员手势所指方向运球前进，队员要随时注意教练员不断变换的方向和不断变化的位置。

（14）扣拨组合训练。每人一球沿折线向前运球，运球中用右脚脚背内侧扣球，扣球后用右脚支撑，接着左脚脚背外侧立即向斜前方拨球，可继续运两步球（或不运球），然后右脚支撑，左脚脚背内侧向右斜前方扣球后成左脚支撑，接着用右脚脚背外侧向斜前方推拨球，依次进行。进行这种练习应注意扣球方向能保证运球路线沿折线行进，扣球变向的角度不可太大，扣球后另一只脚应立即用脚背外侧拨球。

（15）扣推组合训练。运球中，右脚背内侧侧向（或侧后向）扣球，左脚内侧推直线球，以此交替进行。

（16）训练同上，推球时用脚内侧由支撑脚的后面向异侧将球推出，身体跟上后再运球，并用相同的方法换另一只脚做相同训练。

①右（左）跨左（右）拨球练习。直线运球过程中，右（左）腿从球的上方跨过，着地后变支撑脚，接着用左（右）脚脚背外侧向左（右）侧前方拨球。

②左（右）晃右（左）拨球练习。运球中上体向左（右）晃动，同时用右（左）脚脚背外侧向右（左）拨球，身体跟上。

（三）接球技术

1. 接球技术学习

（1）脚部接球。

①脚内侧接球。

a. 脚内侧接地滚球。支撑脚正对来球，膝关节微屈，同侧肩正对来球，接球腿提膝，大腿外展，脚尖微翘，脚底基本与地面平行，脚内侧正对来球并前迎，在脚内侧和球接触的一刹那迅速后撤，把球接在脚下（图 7-64）。

图 7-64　脚内侧接地滚球

b. 脚内侧接空中球。根据来球及时移动到位，抛物线较小的平空球应该根据临场的实际情况选择适当高度的接球点，将接球腿抬起，使脚内侧部位对准来球的方向并前迎，脚在接触球的一瞬间向后下方撤，并将球接在所需的位置上（图 7-65）。

图 7-65　脚内侧接空中球

c. 脚内侧接反弹球。接球时脚尖微翘，接球腿提起小腿且放松，脚内侧对着接球后球运行的方向并和地面成一锐角，当球落地反弹刚离地面时，大腿向接球后球运行的方向摆动，用脚内侧部位轻推球的中上部。

②脚背外侧接球。

a. 脚背外侧接地滚球。将接球点放在接球腿一侧，支撑腿膝关节微屈，接球腿提起屈膝，脚内翻使小腿与脚背外侧与地面成一锐角，并对着接球后球运行的方向，脚离地面的高度应略等于球的半径，然后大腿向接球后球运行的方向推送，同时身体随球移动（图 7-66）。

图 7-66　脚背外侧接地滚球

b. 脚背外侧接反弹球。根据来球的落点及时移动到位，支撑脚站在来球落点的侧后方，除触球部位外，其他环节均和脚背外侧接地滚球相同。

③脚底接球。

a. 脚底接地滚球。身体正对来球方向，移动前迎，支撑脚站在球的侧面（或前或后均可），脚尖正对来球方向，膝关节微屈。接球腿提起，膝关节微屈，脚背略屈，使脚底和地面成略小于45°角，且脚跟离开地面，一般以前脚掌接触球的后上部为宜，在触球瞬间接球脚前掌轻微下点，将球停住，或者根据需要在接球的同时将球推向前方或拉向身后。

b. 脚底接反弹球。根据来球落点，及时前移迎球，支撑脚站在落点侧后方，脚尖正对来球方向，球落地瞬间，微伸膝，用前脚掌去触球的中上部，将球接在体前。若需接在身后，则应在触球瞬间继续屈膝，将球回拉，并伴随支撑脚以前脚掌为轴旋转90°以上。

（2）大腿接抛物线较大的高空球。面对来球方向，根据球的落点迅速移动到位，接球腿大腿抬起，在球和大腿接触的瞬间，大腿下撤将球接到需要的位置上（图7-67）。

图7-67 大腿接抛物线较大的高空球

（3）挺胸式接球。面对来球，两脚左右或前后开立，两膝微屈，重心置于支撑面内，上体后仰，下颌微收，两臂自然张开，维持身体平衡。接触球的瞬间，两脚蹬地，膝关节伸直，胸部轻托球的下部使球微微弹起于胸前上方（图7-68）。

图7-68 挺胸式接球

2. 接球技术训练

（1）个人训练。

①个人将球踢高，然后进行接反弹球的各种训练（用手抛起后再进行练习也可以）。

②利用足球墙进行训练。采用足球墙训练各种方法接地滚球，由开始原地接逐渐过渡到迎上去接，或开始接在脚下，逐渐过渡到接到所设想的适宜的位置上去。根据需要可加大踢球力量，提高反弹球速，增加接球难度。另外，也可训练接反弹球与空中球，但利用足球墙进行接旋转球的练习效果不佳。

（2）多人训练。

①正面接地滚球训练。两人面对站立，相距 10 米左右，一人踢地滚球，另一人迎上去接球。

②2 人一组面对站立，相距 5 米左右，一人用手抛球，另一人接各种空中球（如大腿、腹部、胸部、头部），可逐渐加大距离、加大力量（或增加旋转）以适应各种变化的来球。

③2 人在跑动中进行传接球训练。2 人一组使用一球，在一定范围内跑动中练习，要求接球时尽量使用多种方法，传球时可传出各种性质的球，距离近时以地滚球为主，距离远时以空中球为主，以提高接球能力。

④3 人一组进行接球转身训练。每人相距 10 米站成一条直线，甲传球给中间的乙（正对接球人传，或传到接球人附近），乙迎上来接球转身，传给另一端的丙，丙迎上接球然后再回传给乙，乙接球转身传给甲，如此循环往复。中间位置的人可轮流交换，也可采用这种方法训练接反弹球与空中球，并要适当地加大距离。这种形式也可用来交叉训练接地滚球、反弹球与空中球，若甲传给距离 20 米外的丙（越过乙的头顶），丙就可以练习接反弹球与空中球，再传地滚球给乙，乙练习接地滚球转身后再传给甲，甲接地滚球后再传给乙。乙的位置可轮流交换，甲、乙位置和传出的球也可变换。

（四）抢断球技术

1. 抢断球技术学习

（1）正面抢球。

①正面跨步堵抢。抢球者两脚前后开立，迎着运球者而站，两膝微屈，身体重心下降并置于两脚间，当运球者与抢球者间的距离缩小到一定范围（即抢球者上前跨一大步可能触及球），运球者脚触球后即将落地或刚刚落地时，抢球者后脚用力蹬地并跨步向前，以脚内侧去堵截球，当已堵住球时，另一只脚应迅速上步。若抢球脚堵住球，而对手也堵住球时，则抢球者应将另一只脚迅速前移做支撑脚，抢球脚在不脱离球的情况下迅速向上提拉，使球从对手脚面滚过，身体重心也迅速跟上并将球控制好（图 7–69）。

图 7–69　正面跨步堵抢

②正面铲球。接近控球者，膝关节微屈，重心下降。当控球者触球脚触球后尚未落地时，抢球者双脚沿地面向球滑铲，随即用手扶地做向一侧的翻滚，并尽快起身。

（2）合理冲撞抢球。

当防守者并肩与运球者跑动追球时，防守者重心稍下降，靠近对手一侧的手臂紧贴身体，利用对方同侧脚离地的过程，用肘关节以上部位适当冲撞对手同样部位，使对手身体失去平衡，趁机将球控制住。

2. 抢断球技术训练

（1）2 人一球训练。

①原地抢球训练。将球放在队员甲脚前，队员乙与其相距 2 米，队员乙上步做正面脚内侧堵抢训练，队员乙触球瞬间队员甲也用脚内侧触球。让抢球队员乙体会上步动作及触球部位，2 人可轮换做抢球。

②运动抢球训练。甲、乙队员相对站立，队员甲运球跑向乙（慢速），队员乙选择好时机实施正面脚内侧堵抢技术。

当甲、乙队员在训练中同时触球时，抢球队员乙立即提拉球，将球拉过队员甲的脚面并控制住球。经过一段时间训练后，可在触球瞬间 2 人同时提拉，体会掌握提拉的时机。

（2）综合训练。

将抢截球技术训练与射门或传球等训练结合起来进行，根据训练任务，对攻守方分别提出不同的要求。

（3）侧后追赶抢球训练。

一人直线运球前进，另一队员由后赶至成并肩时伺机实施合理冲撞并控制球。训练时要求运球者能给予抢球者配合，让抢球者得到训练，速度可以由慢到中速循序进行。

（4）慢跑合理冲撞训练。

2 人同方向慢跑，在跑的过程中 2 人可做适当的合理冲撞，体会冲撞的时机和冲撞的部位以及冲撞时如何用力等。

（5）争抢球训练。

在 2 队员前 5 米处放一球，听到哨音后 2 人同时向球跑去。要求 2 人同时跑动，选择适当的位置和时机合理冲撞将球控制住。经过一段时间的训练后，可将静止球变为活动球，即教师持球站立，2 队员站立在其两侧，球沿地面抛出后，2 队员同时起动追赶球，利用合理冲撞将球控制住。

此训练也可在冲撞的瞬间做身体超前和滞后的突然躲闪后控制球。训练时，事先应明确练习不一定用冲撞后控球的方法，让练习者在追抢过程中自由选择抢球方法，达到控球的目的。

（五）前额正面头顶球技术

前额正面头顶球是由额肌覆盖着的额骨正面部分去击球的一种动作方法，接触部位如图 7-70 中所示的前额的阴影部分。

图 7-70　前额正面头顶球部位

1. 前额正面原地头顶球

身体正对来球方向，两脚左右开立（或前后开立），膝关节微屈，重心置于两脚间的支撑面上（或后脚上），两臂自然张开，当球运行到将垂直于地面的垂线时，迅速向前摆体，两腿用力蹬地，微收下颌，在触球瞬间颈部做爆发式的振摆，用前额正面击球中部，上体随球前摆（图 7-71）。

图 7-71　前额正面原地头顶球

2. 前额正面原地跳起头顶球

两膝屈，重心下降，然后两脚用力蹬地起跳，同时两臂屈肘上摆，在身体上升阶段展腹挺胸，眼睛注视来球，两臂自然张开，身体自然成背弓。当球运行至身体额状面时，迅速收腹，上体前摆，触球瞬间颈部做爆发性振摆，用前额正面将球顶出，同时两腿向前做振摆，球顶出后两腿屈膝屈踝落地（图 7-72）。

图 7-72　前额正面原地跳起头顶球

3. 前额正面跑动头顶球

顶球的动作要领和原地顶球相同，只是第一环节应正对来球跑动抢点，球顶出后，由于跑动速度较快，身体应该随球向前移以保持平衡。

（六）掷界外球技术

1. 原地掷界外球

面对出球方向，两脚前后或左右开立，每脚均应有一部分站立在边线上或边线外。膝关节弯曲，上体后仰成背弓，重心移到后脚上（左右开立时，重心在两脚间），两手自然张开，拇指相对，持球的侧后部，屈肘将球置于头后。掷球时，后脚用力蹬地（或两脚用力蹬地），两腿迅速伸直，身体重心由后脚移到前脚，收腹屈体，同时两臂急速前摆，当球摆到头前上方时用力甩腕将球掷入场内。掷球时，后脚可沿地面向前滑动，两脚均不得离地（图 7-73）。

图 7-73　原地掷界外球

2. 助跑掷界外球

两手持球放在胸前，在助跑迈出最后一步时，上体后仰成背弓，同时将球上举至头后，掷球时的动作与原地掷界外球动作相同，将球掷出后，后脚可在地面上向前滑行，但不得离地。

（七）守门员技术

1. 接球

（1）上手接球。面对来球，两臂上伸，两手拇指相对呈八字形，其余四指微屈，手掌对球（图 7-74）。在手触球瞬间，手指、手腕适当用力，缓冲来球并将球接住，顺势转腕、屈肘、下引将球抱于胸前。

（2）下手接球。

①直腿式下手接球。面对来球，弯腰时两膝伸直，两腿分开，距离不得超过球的直径，两手掌心向上，前迎触球后将球抱于怀中。

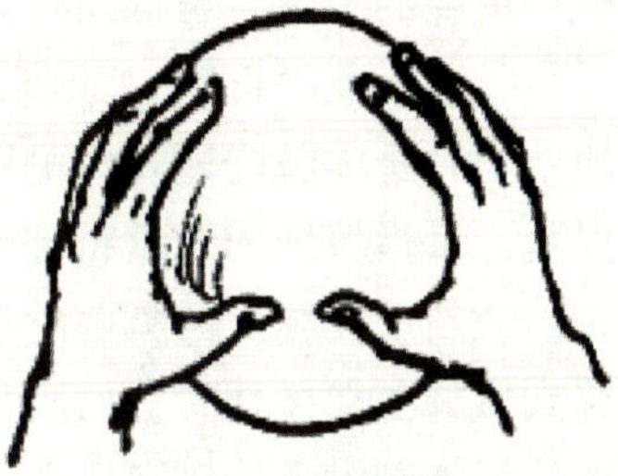

图 7-74　上手接球

②跪撑式下手接球。以接左侧球为例，左腿屈，右腿跪撑于左脚附近，距离不得超过球的直径，其余动作与直腿式接球相同。接右侧球时，动作相同，方向相反。

2. 托球

近球侧手臂伸出迎球，触球刹那，手腕后仰，用掌跟部顶推发力，将球向侧或上托出。

3. 拳击球

（1）单拳击球。屈肘握拳于肩前，身体跳起接近来球，在击球前的一刹那，快速冲拳，以拳面将球击向预定的目标。

（2）双拳击球。两臂屈肘握拳于胸前，两拳并拢，拳心相对，在跳起接近最高点即将触球的一刹那，两拳同时快速冲击，以拳面将球击向预定的目标。

4. 扑球

（1）倒地侧扑球。

①扑两侧球。注视来球，身体重心置于两腿之间，两脚时刻准备蹬地，精力集中。扑球时，异侧脚内侧侧蹬发力，同侧脚屈膝迎球跨出，上体顺势压扑以加速重心的前移倒地，双臂同时迎出接球，腕关节稍内扣，用手掌挡压控球，触球后屈臂收球于胸前，并快速抱球起身。侧倒过程以小腿、大腿、臀部、肩和手臂外侧顺序缓冲着地。

②扑脚下球。注视并判断对手将要起脚射门的方向，扑球时重心降低出击迎球，在对手起脚射门的刹那，快速倒地侧扑封堵球路，将球接住或挡出，随即做屈膝团身动作进行自我保护。

（2）腾空跃起侧扑。确定来球路线后，迅速降低重心，身体向球侧倾斜移动。同侧脚侧上步，用脚掌外侧蹬地发力，使身体呈水平状腾空，两手同时快速迎球，身体展开，接球手形成球窝状，靠压腕和手指用力将球控住。落地时，两手按球，随即屈肘，前臂、肩部、上体侧面和下肢依次着地，注意屈膝团身护球，并顺势抱球起身。

5. 发球

（1）抛踢球。抛踢球是守门员把获得的球直接给远离自己同队队员的技术动作。抛踢球有踢自抛的下落空中球和踢自抛的反弹球两种方法，动作与脚背正面踢球基本相同。

（2）手掷球。

①单手肩上掷球。两脚前后开立，两膝弯曲，单手持球，屈臂于肩上。掷球前，持球手臂后引，同时身体随之侧转，重心移到后脚上。掷球时，利用后脚用力蹬地、转体和挥臂、甩腕的力量将球掷向预定的目标。

②单手低手掷球。两脚前后开立，两膝弯曲，单手持球于体侧。掷球前持球手臂后摆，同时身体随之侧转成侧前屈，重心移到后脚上。掷球时，利用后脚向后蹬地和挥臂、甩腕、手指拨球的力量将球掷向预定的目标。

③勾手掷球。两脚前后开立，身体侧对出球方向，单手持球后引，臂微屈，同时重心移到后脚上。掷球时，后脚用力向后蹬地，同时转体，重心由后脚移向前脚。当持球手臂由后经体侧沿弧线摆至肩上时，手指和手腕用力将球掷向预定的目标。球出手后，掷球手臂继续前摆，上体前倾，后脚向前迈出，维持身体平衡。

三、足球基本战术

（一）进攻战术

1. 个人进攻战术

（1）传球。

①传球的方法。

a. 选准时机。比赛中通常有两种情况：一是传球在前，跑位接应在后，以传球指挥跑位；二是跑位在前，传球在后，以跑位促使传球。

b. 明确目的。传球的目的一是将球传向同伴的脚下，二是向有利于同伴的空当传球。

c. 控制好力量、落点、旋转度。只有传球落点准确，控制好各种弧线，才有利于接球人控制和处理球。

②传球的要点。

a. 及时把握向前传球的机会。

b. 传球弧线一般要与接球者跑动切入的方向一致。

c. 传中球的弧线要与冲顶射门的同伴的跑动方向相反。

d. 传球路线应尽量避开对方的抢截半径和断球的可能。

e. 多考虑采用中距离传球。因为中距离传球可以加快进攻推进速度，失误又相对较少。

f. 顺风进攻时少传直传球和长传球，传球力量适当小些；逆风进攻时多采用短传球和低球，力量适当大些；下雨地滑时多传脚下球；场地泥泞时少传地滚球，多传空中球。

（2）射门。

射门是一切进攻战术配合的最终目的和进攻得分的唯一手段。射门时，队员首先应通过快速的观察做出及时、正确的判断，然后根据来球的速度、落点和防守队员及守门员所处位置的情况采用有效的射门方法射门。

（3）运球突破。

①运球突破的时机。

一般来说，应在以下情况运用运球突破：控球队员在没有射门、传球可能时；同伴处于越位位置而又没有其他更好的传球选择时；控球队员在对手贴身紧逼，失去传球和射门的角度时；在攻守转换过程中，控球队员在进攻范围内，面对最后两名防守队员，而且防守队员身后又有较大空当时。

②运球突破的要点。

a. 控好球、护好球，能突破则突破，不能突破也不要丢失球权，使全队陷入被动。

b. 掌握好运球突破的时机、距离和方向，在对手抢截半径以外，当对手犹豫不决或身体重心移动时，从其身体重心移动的反方向果断运球突破。

c. 运球逼近、调动、超越、摆脱对手的技术环节应衔接紧凑，一气呵成。

d. 一旦突破对手，应及时射门或与同伴进行传球配合。

e. 机动灵活地运用运球突破战术，当对手紧逼防守时应多采用假动作；当对手松动防守时，应诱使其出脚犯错误；当对手速度快时，多采用变向突破；当对手速度慢时，多采用变速突破。

f. 在本方后场切不可滥用运球突破，以免贻误进攻战机或造成本方被动。

（4）跑位。

跑位是指比赛中队员在无球的情况下，通过有意识的跑动，为自己或同伴创造进攻机会的行动。跑位是整体进攻战术的基础，是本队获得球权的准备行动，也是拉开对方防线，获得必要进攻时间和空间的重要手段。

2. 局部进攻战术

局部进攻战术是指进攻中两个或几个队员之间的配合方法，它是集体配合的基础。

（1）传切配合。

按传切的线路可分为直传斜切、斜传直切。斜传直切（图 7-75）和直传斜切（图 7-76）都是只通过一次传球和穿插就越过一名防守队员，配合十分简捷和实用。在配合时，两名进攻队员要保持适当的距离，控球队员可采用运球或其他动作，诱使防守者上前阻截，插入的队员必须突然，快速起动，但应避免越位。

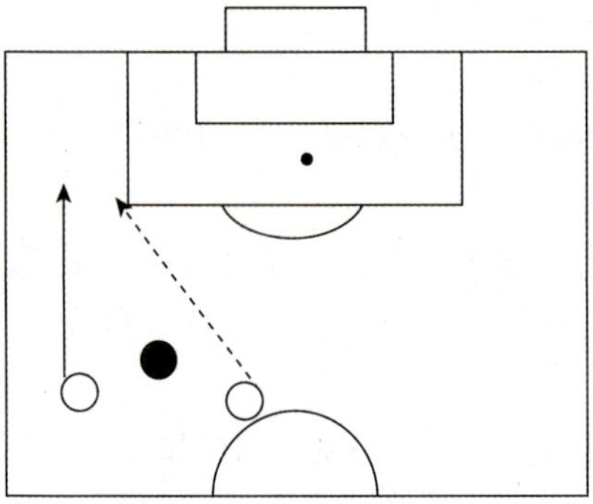

图 7-75 斜传直切

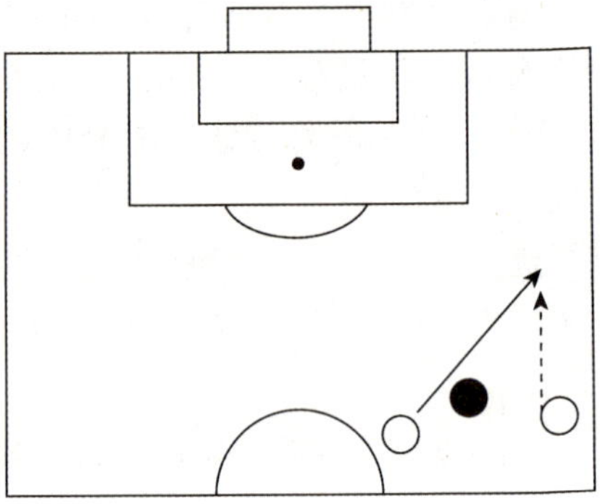

图 7-76 直传斜切

（2）长传转移切入。

一侧进攻受阻，长传转移到另一侧，切入队员得球后展开进攻（图 7-77）。

图 7-77 长传转移切入

（3）交叉掩护二过一配合。

交叉掩护二过一配合是指局部地区两名进攻队员在运球交叉换位时，以自己的身体掩护同伴越过防守队员的配合方法（图 7-78）。

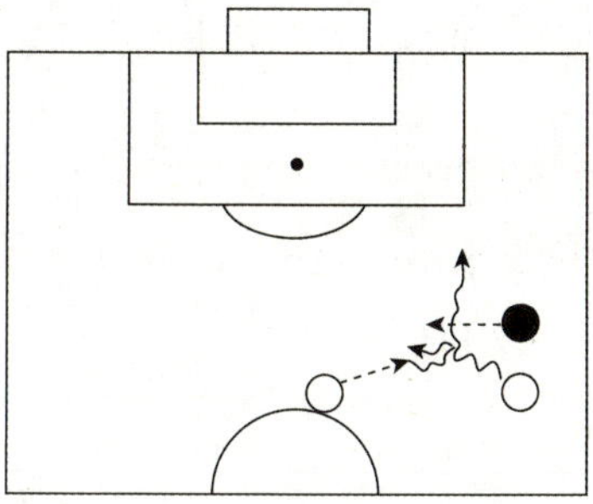

图 7-78　交叉掩护二过一配合

（4）二过一配合。

a. 斜传直插二过一。如图 7-79 所示，⑥运球前进并吸引对手上前逼防，⑥斜线将球传给⑨，⑥直线插入接⑨斜传球。

b. 直传斜插二过一。如图 7-80 所示，⑤将球斜传给⑦，⑦再直传球给斜线插入的⑤。

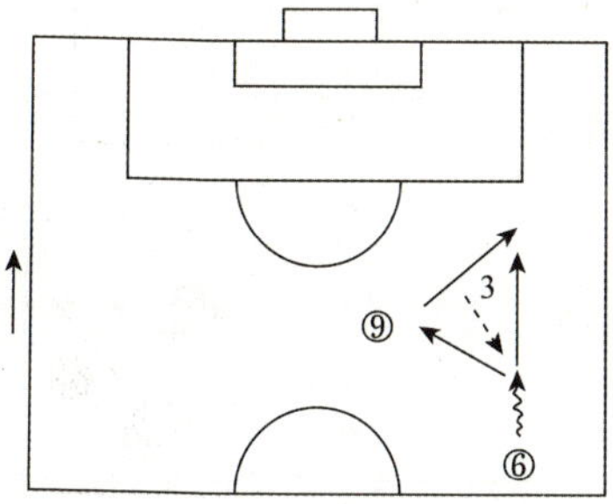

图 7-79　斜传直插二过一

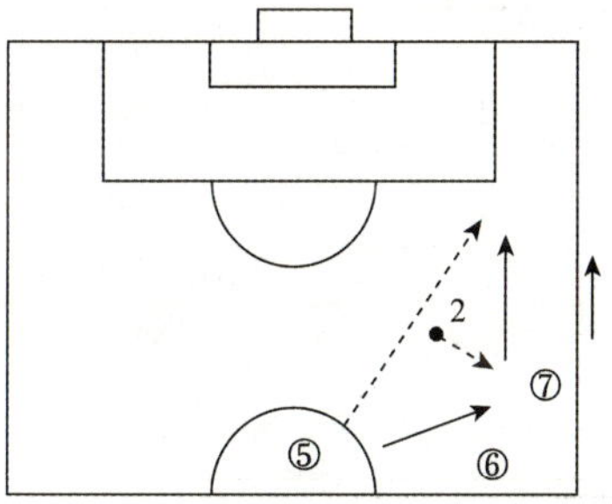

图 7-80　直传斜插二过一

c. 斜传斜插二过一（踢墙式二过一）。如图 7-81 所示，斜传斜插二过一是两名进攻队员通过两次传球越过一名防守队员的配合方法。斜传斜插二过一要求持球队员带球逼近防守队员，把防守队员吸引过来，距离 2~3 米处传球。传球时最好传地滚球，力量适度，方向准确，传球后，立即快速插入，准备接球。

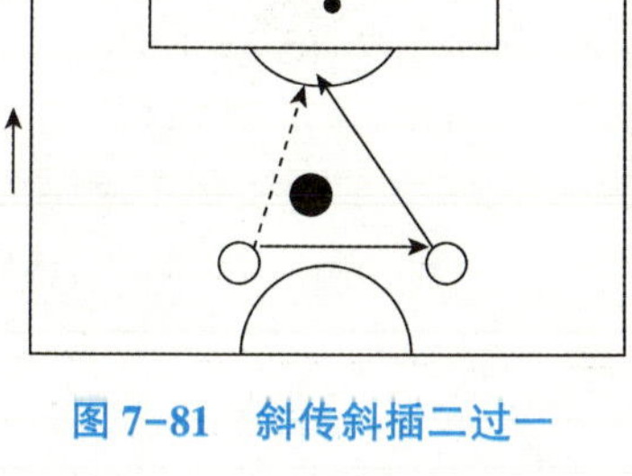

图 7-81　斜传斜插二过一

d. 回传反切二过一。如图 7-82 所示，回传反切二过一是通过三次传球组成的配合方法。

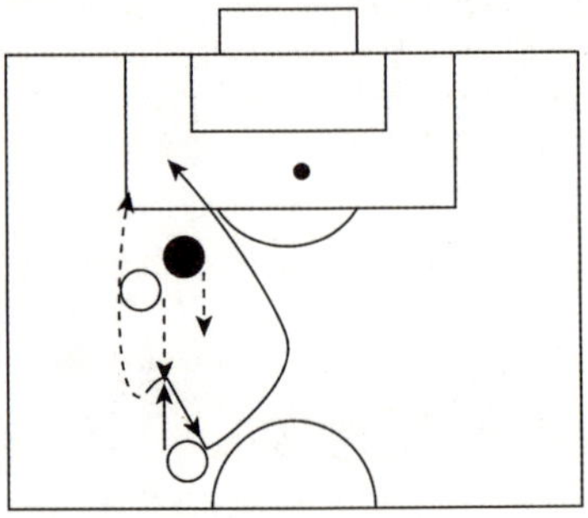

图 7-82　回传反切二过一

（5）三过二配合。

“三过二”是在比赛中局部地区三个进攻队员通过连续配合突破两个防守者的防守。

如图 7-83（a）所示，⑦持球，⑥假接应，⑨斜插把防守支开，⑥插上至⑨制造出的空当接⑦的传球，突破防守。

如图 7-83（b）所示，⑨向后跑动接球，再将球传给⑥，⑦做假动作并伺机从内线切入接⑥的传球突破防守。

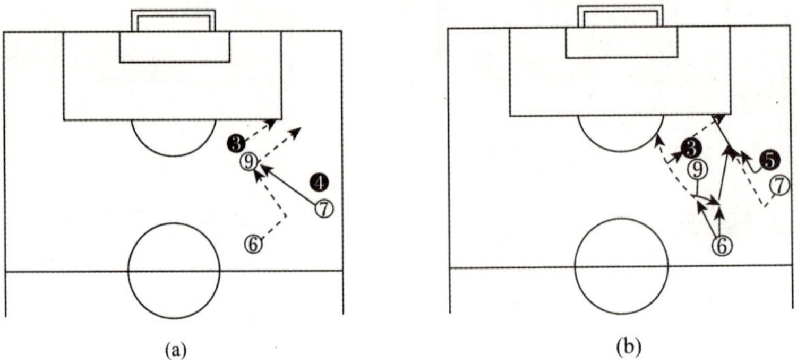

(a)　(b)

图 7-83　三过二配合

3. 集体进攻战术

（1）边路进攻。

边路进攻一般是指进攻的最后阶段发生在前场罚球区线以外靠近边线区域的进攻。

①边锋在边路运球突破（图 7-84）。

②边锋与中锋或前卫二过一配合（图 7-85）。

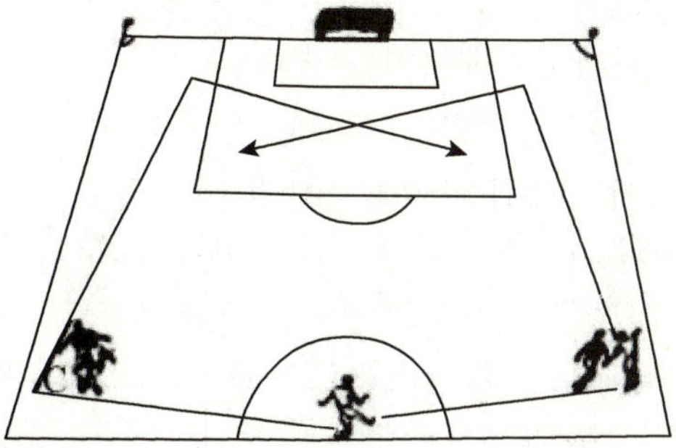

图 7-84　边锋在边路运球突破

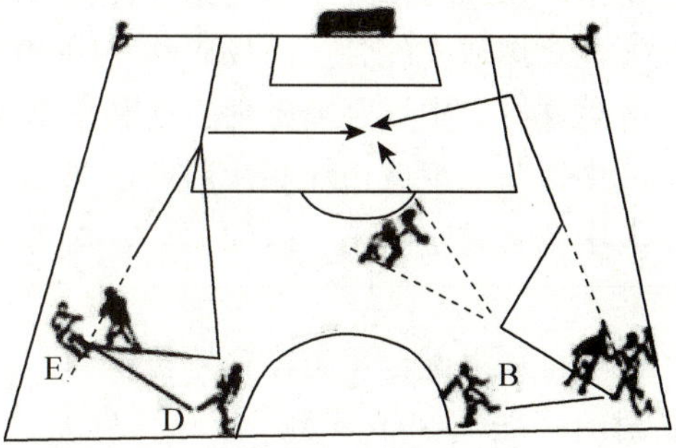

图 7-85　边锋与中锋或前卫二过一配合

③边锋与中锋交叉换位配合（图 7-86）。

④前卫套边配合（图 7-87）。

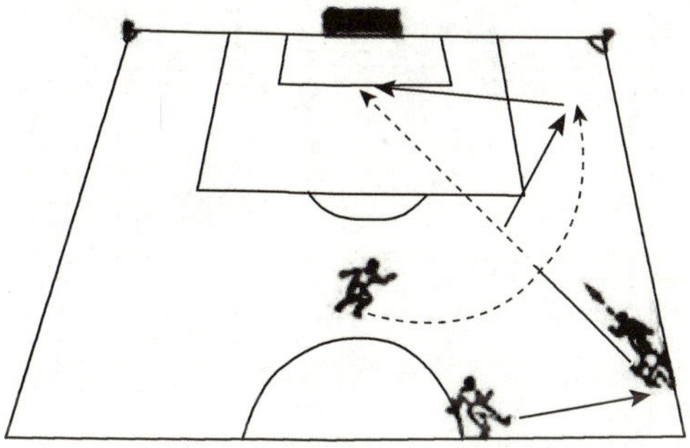

图 7-86　边锋与中锋交叉换位配合

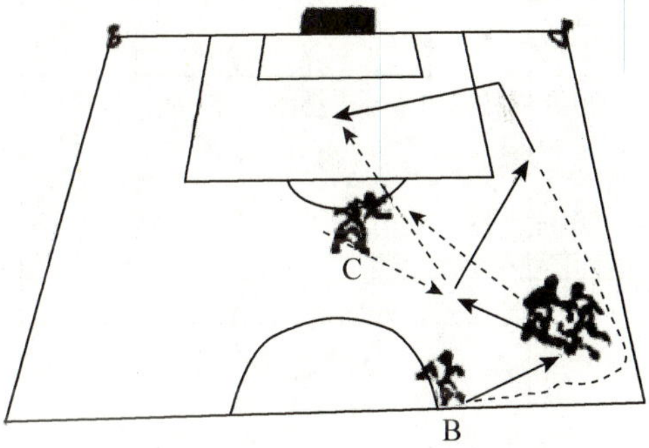

图 7-87　前卫套边配合

⑤后卫插上套边配合（图 7-88）。

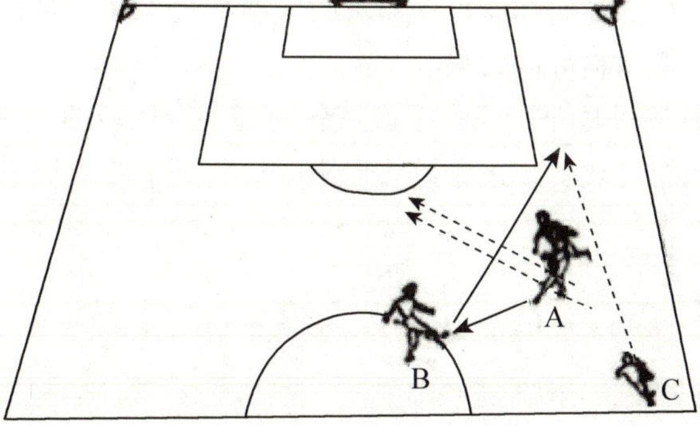

图 7-88　后卫插上套边配合

（2）中路进攻。

中路进攻是利用球场中间区域组织的进攻，这种进攻虽能直接射门，但难度最大，因为中路防守最为严密。

①中锋回撤将对方中卫拉出来再反切接球突破射门。

②任意球战术配合。前场中路距门30米以内的任意球战术配合进攻。

③运球突破中远距离施射，或利用个人娴熟控运技术突破后冷静射门。

④中锋与前卫或边锋利用斜向运球交叉换位，掩护同伴突破防守并射门。

⑤中场突破空间小、时间短，在对方人缝中利用二过一配合或传切配合突破防守并射门。

⑥横扯插上配合。由中锋跑位扯动，拉开防守队员，制造出第二空当，前卫队员突然插上射门（图7-89）。

⑦头球摆渡配合。当地面配合难以突破对方防守时，可运用外线吊球，利用中路攻击手的身高和头球优势，争顶摆渡，边锋或前卫插上射门（图7-90）。

图7-89　横扯插上配合

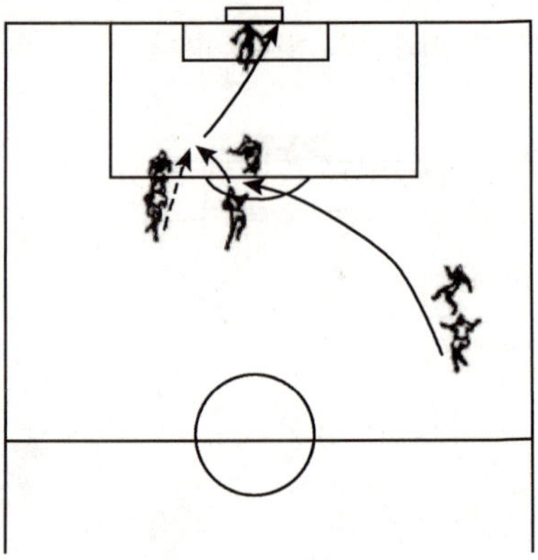
图7-90　头球摆渡配合

（3）快速反击。比赛中当攻方进攻时，后卫线往往压至中场附近，防守人数也由于插上进攻和助攻而相对减少，此时如能抓住对方防区空隙较大和回防较慢的机会，乘其失球发动快速反击，往往能取得良好的效果。

（4）转移进攻。转移进攻是指由一个区域转向另一个区域的进攻配合。一般有中路进攻受阻时转移到边路组织进攻，或边路进攻受阻时转移到中路组织进攻，或一侧边路转移到另一侧边路的进攻。

（二）防守战术

1. 个人防守战术

（1）选位与盯人。

选位是指防守队员根据位置职责和临场情况，选择适当的防守位置。盯人是指在正确选位的基础上，对防守的对手实施监控或严密控制其进攻行动。一般来说，选位与盯人要注意以下几点。

①选位要先于进攻队员。

②选位的基本原则是进攻队员、防守队员和本方球门中点三点成一线，并保持适当距离。

③选位以盯人为主，同时兼顾球和空间情况的变化。

④选位要组成纵横交错的三角或菱形网络队形。

⑤以多防少或以少防多时，要根据具体情况和任务目的灵活选位。

⑥在正确选位的基础上，根据不同的场区和任务，对进攻队员实施紧逼盯人或松动盯人。

（2）断球。

断球是指将对方的传球从途中截下来或破坏掉的战术行为。断球是转守为攻最主动、最有效的战术行动。

①断球的要点。

a. 正确判断持球队员与接应队员的意图，预测传球的时间和路线。

b. 在正确选位的基础上，偏向有球一侧移动，并“松动”防守。

c. 在对方传出球的一刹那，先于接球队员快速插向传球路线，将球截断下来。

②运用断球时的注意事项。

a. 隐蔽断球意图。不要紧逼盯防接球队员，这样既可防止对方传切自己身后空当，又可诱使对方向自己身前的对手传球，陷入自己断球的圈套。

b. 顾全防守全局。断球前要分析攻防全局的态势，以少防多时，断球一定要慎重，一旦失误，将造成全局的被动。

c. 断球后反击。断球后要抓住时机，发动快速反击。

（3）抢球。

抢球是指将对方控运的球抢过来或破坏掉的战术行动。抢球是重要的个人战术，是个人防守能力的重要标志。

①抢球的要点。

a. 抢球首先要选择在持球对手与球门中点之间站位，这是对方运球突破的必由之路。对方运球向两侧扯动时，即为抢球创造了有利条件。

b. 通过移动与持球对手保持最适宜的距离。

c. 在对手接、控球未稳或控、运球两个触球动作之间的时机，将球抢下来或破坏掉。

②运用抢球的注意事项。

a. 不要受对方假动作的迷惑，盲目出脚而被对方突破。

b. 抢球动作要勇猛，既抢球又卡位。

c. 抢球后衔接动作要快，及时控球发动进攻。

d. 如果抢球不成功，要快速转身及时换位回防。

2. 局部防守战术

局部防守战术是指两个或两个以上防守队员之间的配合方法。其基本配合形式有保护、补位和围抢。

（1）保护。保护是指给逼抢持球队员的同伴心理和行动上的支持，使其无后顾之忧，全力以赴紧逼对手。一旦被持球队员突破，保护队员可及时补防，堵住进攻路线或夺回控球权。如果逼抢队员夺得了控球权，保护队员可以及时接应发动进攻。

（2）补位。补位是指防守队员弥补同伴在防守中出现漏洞时所采取的相互协助的战术配合。

（3）围抢。围抢是指两个以上的防守队员从多方位夹击对方的控球队员，把球抢夺回来或破坏掉的战术配合。

3. 整体防守战术

整体防守战术是指全队所采取的防守配合。整体防守战术按形式分为人盯人防守、区域盯人防守和混合盯人防守，按打法分为向前逼压式打法、层次回撤式打法和快速密集式打法。

（1）整体防守战术的形式。

①人盯人防守。人盯人防守是一种除自由人以外，其他每个队员都有固定盯人对象的防守形式。

通常情况下，运用人盯人防守时应注意以下几点。

a. 要求每个队员必须具有较强的个人作战能力。

b. 要求同伴之间要相互协作。当同伴盯人失误时，邻近队员根据场上情况，进行迅速、灵活补位，以保全整体人盯人防守的严密性。

c. 要求每个防守队员必须有较强的体力素质。因为在全场范围内，防守队员需始终不停地奔跑和逼抢。

②区域盯人防守。区域盯人防守的基本含义是，每个防守队员占据一定的活动区域，当进攻者进入该防区时，区域防守队员实施严密盯人，以控制进攻者在此区域的一切有效行动。

③混合盯人防守。混合盯人防守是人盯人防守和区域盯人防守两种形式交织在一起的防守打法。它的最大特点是能根据对手情况，灵活地将人盯人防守和区域盯人防守的优点充分运用，以提高全队防守的效益。

（2）整体防守战术的打法。

①向前逼压式打法。向前逼压式打法是指丢失控球权后，不是回撤消极防守，而是立即对球、对空间进行逼压，降低对方的进攻速度，迫使对手犯错误，将球破坏或夺回来。

②层次回撤式打法。层次回撤式打法是一种分层次、有步骤、有组织的防守打法。第一层次是在丢球后离球最近队员立即逼抢，附近队员堵截传球路线，延缓进攻，争取时间；第二层次是其他队员迅速回位，既要选位盯人，又要以球为中心，按场区分主次，组成相互支持与保护的纵深防守队形和体系；第三层次是在稳固防守的基础上，变被动防守为主动争夺球权，即变防守为进攻。

③快速密集式打法。密集防守是一种缩小防范区域，集中防守主要力量于门前危险地带，仅留 1~2 名队员于中场附近的防守形式。

（三）足球战术训练

1. 个人战术训练

（1）传球与跑位训练。

1）摆脱接球训练。如图 7-91 所示，△6用各种方法摆脱②的防守并去接△8的传球，②则尽力阻止其接球，接到球后回传给△8，反复进行训练。

2）前后移动传球训练。两人一组，面对面站立，相距 8~10 米，一人向前移动传球，另一人后退回传球，由一侧端线到另一侧端线，反复训练。要求传地滚球、脚下球，传球后立即移动。

3）跑动传球训练。如图 7-92 所示，△1与△2相距 10 米左右，向前跑动连续传球直至射门。要求传球后快速跑动，向跑动者前面传地滚球。

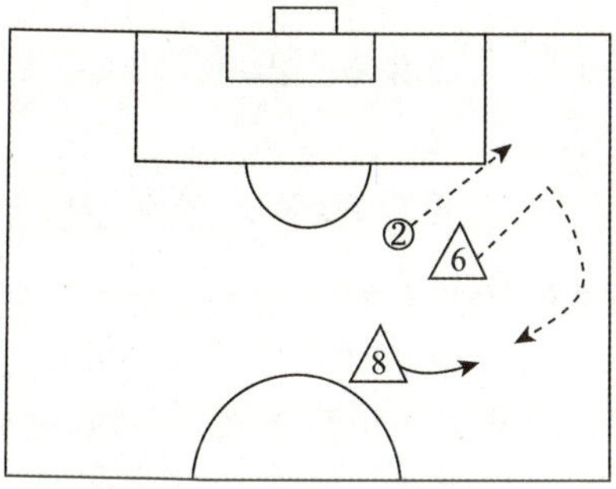

图 7-91　摆脱接球训练

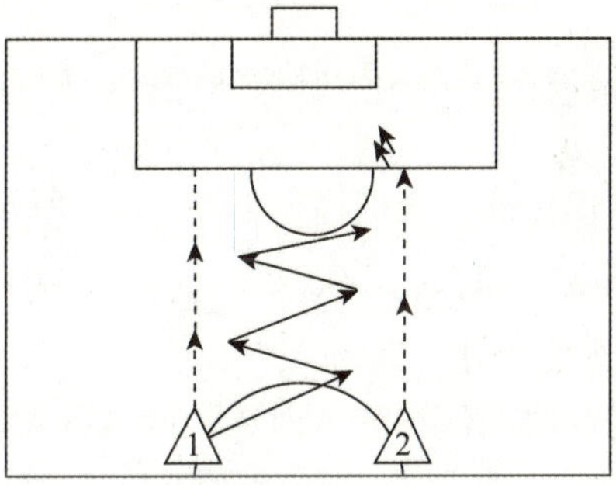

图 7-92　跑动传球训练

4）交叉跑动传球训练。如图 7-93 所示，△1慢速运球，△2突然加速交叉向△1前面跑动并接△1的直传球，△1传球后，快速交叉跑动，依次进行，直至射门。

5）两人一组接运球训练。如图 7-94 所示，△4向斜前方运球，△5从△4身后交叉跑动，△4传给△5，依次进行，直至射门，要求运球队员与同伴交叉后要突然加速。

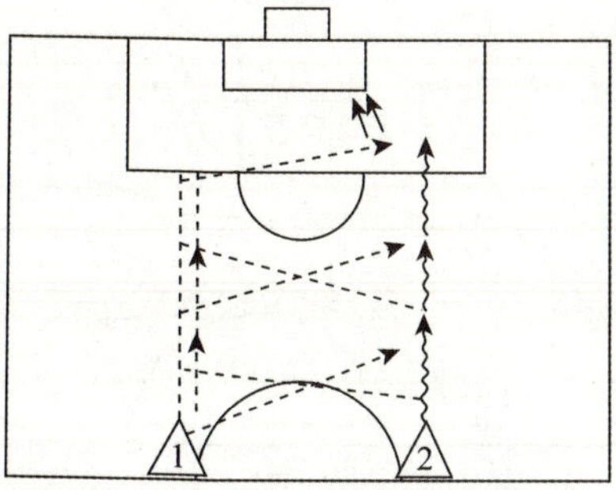

图 7-93　交叉跑动传球训练

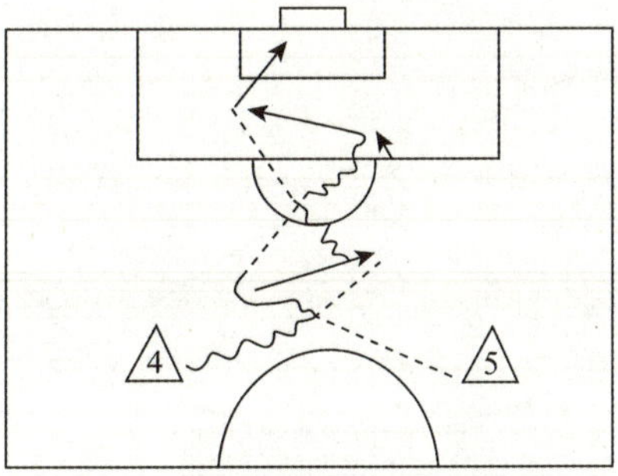

图 7-94　两人一组接运球训练

6）两人相距 10 米，进行三人交叉跑动传球配合训练（图 7-95）。

7）五星交叉跑动传球配合训练。传球跑动距离为 15 米，按△5传△7，△7传△4，△4传△6，△6传△8，△8传△9的路线连续传球、跑动（图 7-96）。

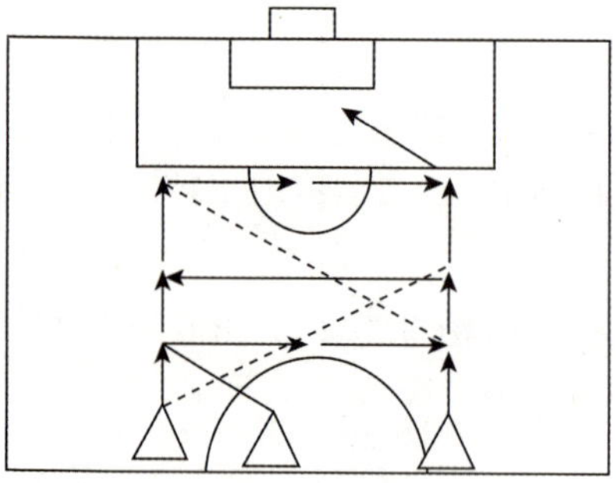

图 7-95　三人交叉跑动传球配合训练

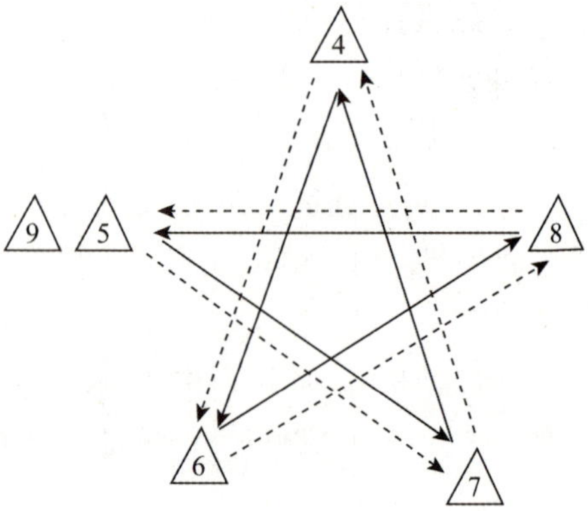

图 7-96　五星交叉跑动传球配合训练

8）圆形传球配合训练。如图 7-97 所示，△4与△8相距 30 米，△4传△6后返切，△6传△4，△4长传给△8，△6接应△8，△8传△6后重复△4的动作。

（2）选位与盯人训练。

1）无球的选位与盯人训练。两人一组，面对面站立，相距 2 米，一攻一守，进攻队员做摆脱跑动，防守队员做选位盯人训练，要求进攻队员可由慢到快做各种摆脱跑动；防守队员快速移动选位，不让进攻队员跑到身后。

2）诱导性选位训练。如图 7-98 所示，在离球门 16～20 米距离内进攻队员横运球，防守队员练习选位。

3）防运球的选位与盯人训练。在半场内两人一组，进攻队员向球门做变向与变速运球，防守队员做选位与盯人练习。

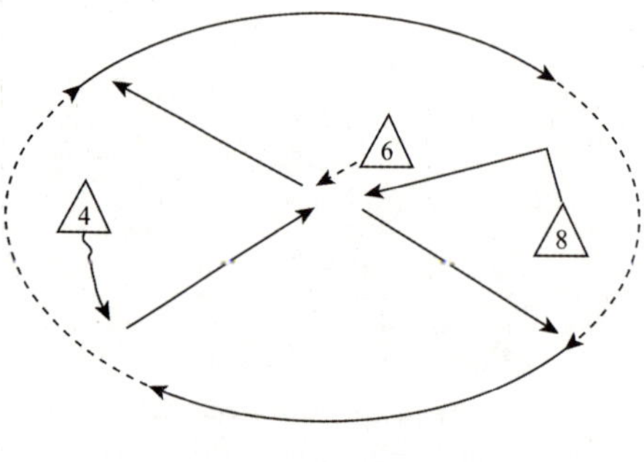

图 7-97　圆形传球配合训练

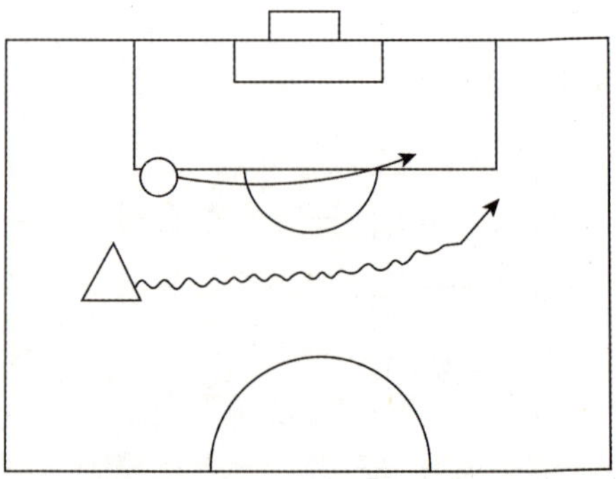

图 7-98　诱导性选位训练

2. 局部攻守战术训练

（1）传切配合训练。

1）传切射门训练。如图 7-99 所示，队员分成两组成纵队面向球门，△5传球给切入的△2，△2接球后射门。△5传球后跑至△2队排尾，△2射门后运球至另一队尾。

2）长传球射门训练。▲长传球给△7，△7切入接运球传中，△6切入射门（图 7-100）。

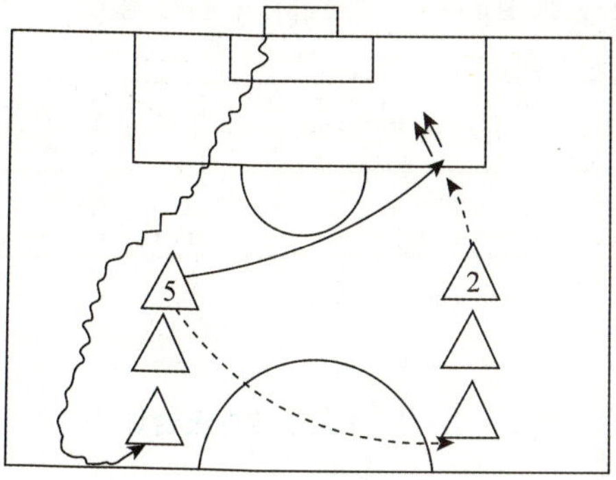

图 7-99　传切射门训练

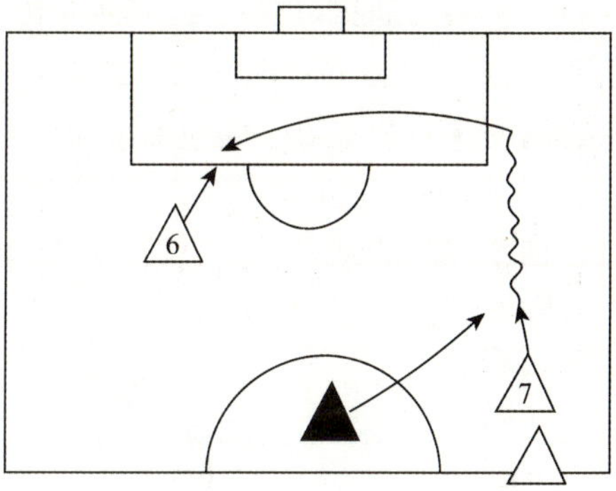

图 7-100　长传球射门训练

（2）二过一配合训练。

1）固定标志物做二过一配合训练。

每组 8～10 人，分成两队，相距 10 米左右，2 人为一组，进行二过一配合训练（图 7-101）。

2）踢墙式二过一训练。如图 7-102 所示，△6运球中将球传给固定的传球者△后，△6切入起脚射门。

3）长传转移二过一训练。如图 7-103 所示，△5长传给右侧的△3，△3接运球后与△8进行二过一配合后射门。

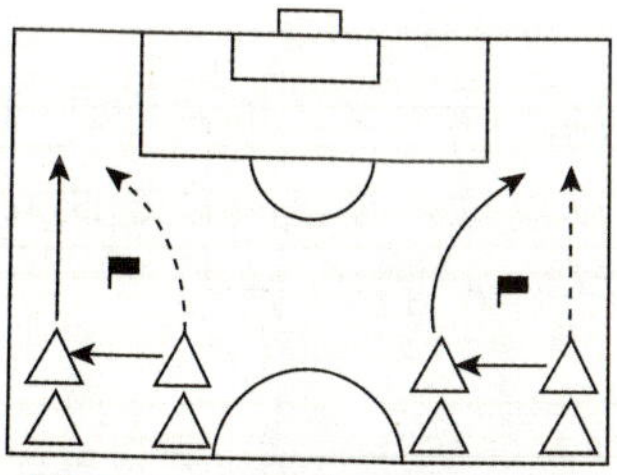

图 7-101　固定标志物做二过一配合训练

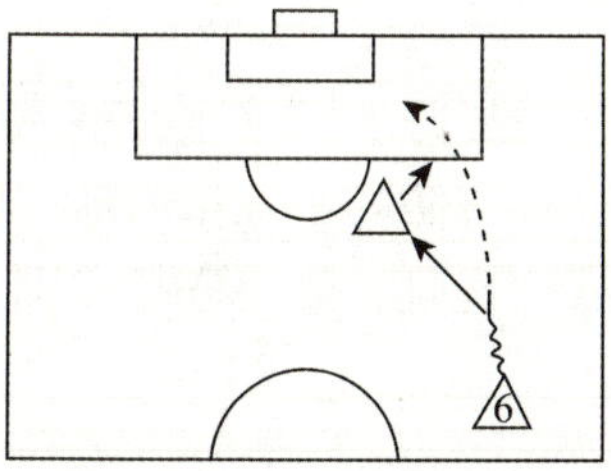

图 7-102　踢墙式二过一训练

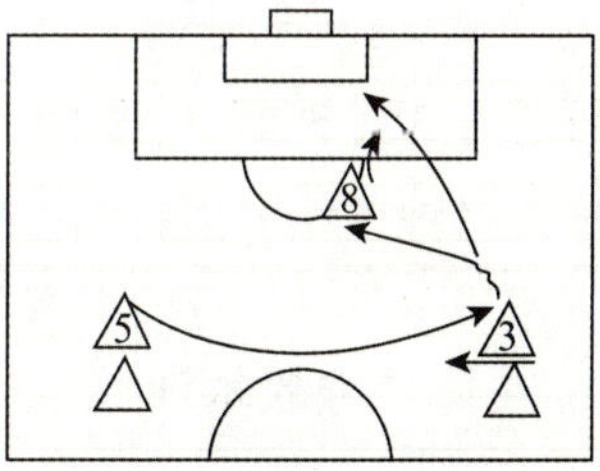

图 7-103　长传转移二过一训练

（3）方形游戏训练。

1）不设球门的方形游戏训练。

①在 10 平方米的场地内，3 人传球，1 人抢球。抢球者触球或传球者传球出界即互换攻守。可酌情规定传球者的触球次数。

②场地同上，2 人传球，1 人抢球，记录单位时间内 1 人抢触球次数和传球失误次数之和；或记 2 人连续传递的次数，借以检查战术练习的质量。

③在 20 平方米左右的场地上，进行三传二抢练习。

④场地同上，做一对一或二对二攻守练习。在边线上安排 2~4 名接应人，其任务是沿边线接应与直接传球。

2）设球门的方形游戏训练。

①设一个球门的练习。在 40 平方米左右的场地中间设一个 3 米宽的小球门。甲、乙双方各 2~3 人，做攻守对抗练习，攻方可在任何方向和地点射门。

②设两个球门的练习。场地大小同上，但球门设在两边的线上，每方负责防守各自的球门。

③设四个球门的练习。在边长 20 米的场地上，每边均设一个 3 米宽的小门，每组6~8 人相互攻守对抗，有 2 人专门守本方的 2 个球门（图 7-104）。

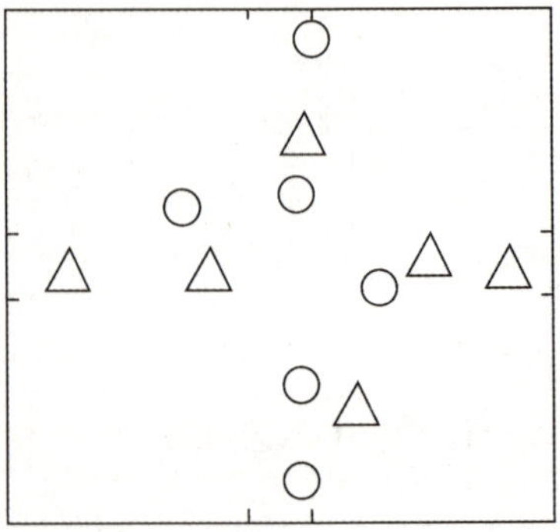

图 7-104　设四个球门的练习

（4）小场地比赛训练。

在篮球场上进行 3 对 3 比赛，篮架两立柱或另设标志物为门，不准大力踢球和远射，界外发球用脚踢。

（5）半场攻守训练。

可进行 3 对 3 至 10 对 10 的各种局部半场攻守和整体半场攻守练习。可安排守门员守门，体育教师可在中场组织进攻并接应防守一方抢断球后的反攻球。半场攻守是使局部与整体攻守战术有机结合的练习形式，也是整体攻守战术训练的有效方法。

3. 整体攻守战术训练

整体攻守战术训练首先要组织好整体防守体系。在此基础上，重点训练边路和中路的套路配合，并将两者通过转移进攻有机地联系起来，这无疑对边路和中路整体防守配合能力互相限制，也是互相促进的。

在整体攻守战术训练中，要求队员既要以攻守战术原则为指导，按照全队整体战术要求去训练，又要注意发挥创造性。要求队员以实战精神状态投入训练，通过训练不断增强整体战术意识，了解和掌握多种战术打法形式，有意识地逐步形成本队的基本战术打法与风格。

（1）整体攻守示意图如图 7-105 所示，▲传球给△10，所有队员按防守原则向△10移动和保护。△10回传给▲，所有防守队员向▲移动，▲传向另一侧的△8，所有防守队员按防守原则向△8移动和保护，如此反复训练。在训练过程中，教师要根据队员的练习情况随时进行针对性的指导。

（2）站位方法如图 7-106 所示，进攻增加一名中锋，训练两中卫的盯、补、替换及全队的协同防守。▲传球给△10，△4从①跑到②位置，①不跟过去，要②盯△4，①保护②，△4从②的位置跑到①位接应。②不跟过去，由①盯△4，②保护①。

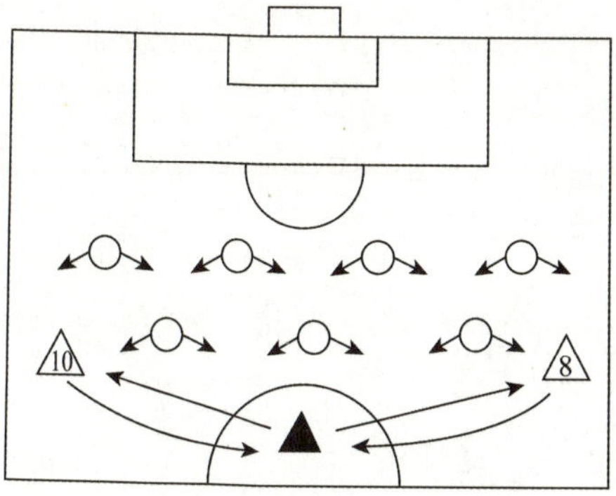

图 7-105　整体攻守示意图

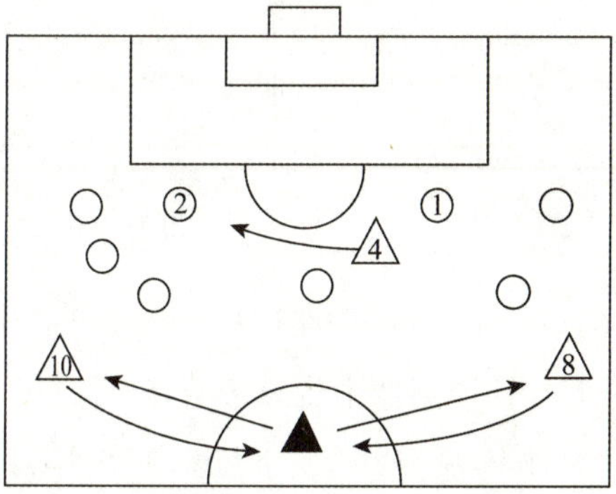

图 7-106　站位方法

（3）后场发动的边路进攻。如图 7-107 所示，△2拉边接守门员球并传给△7，△7传△6立即内插，△8套边，△6长传△8，△8运球传中，△10、△9、△4交叉包抄射门。

（4）中场发动的边路进攻。如图 7-108 所示，△8传给前插接应的△2，△2传△10，△10传给切入的△7，△7下底传中。

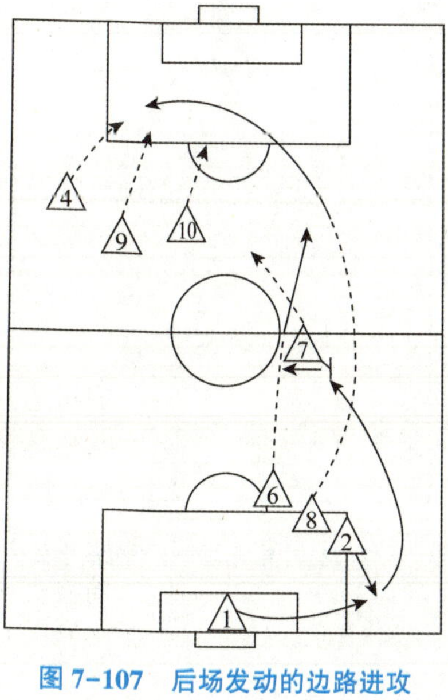

图 7-107　后场发动的边路进攻

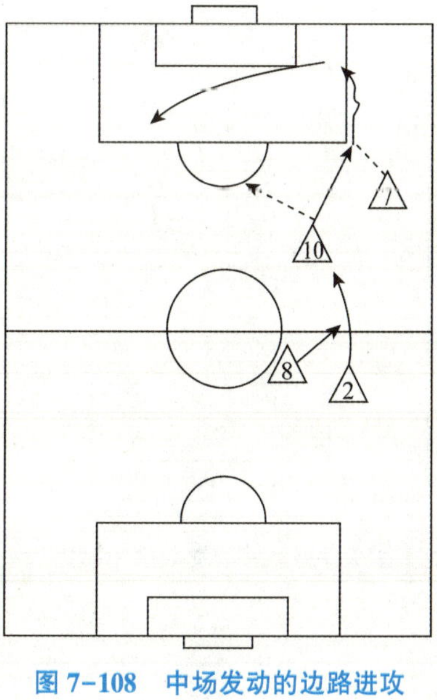

图 7-108　中场发动的边路进攻

（5）前场发动的边路进攻。如图 7-109 所示，△6前场抢球后运球，△8交叉掩护得球后传△7并切入接△7的直线球传中。

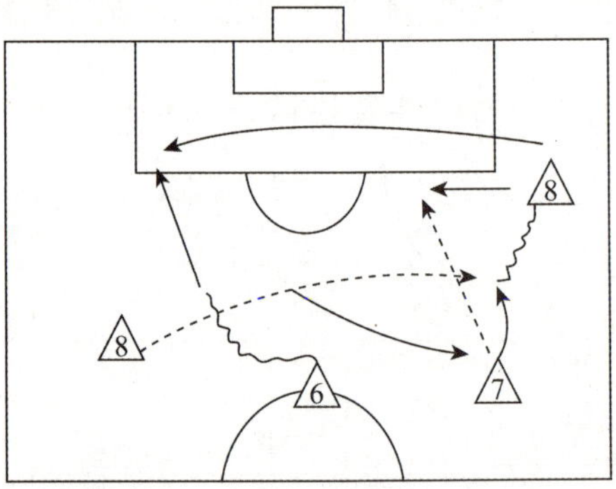

图 7-109　前场发动的边路进攻

（6）后场发动的中路进攻。如图 7-110 所示，△3传给接应的△10，△10与△8二过一配合突破并在快速运球中将球传给△7射门。

（7）中场发动的中路进攻。如图 7-111 所示，△5传球给△8，△4切入由△10扯出的空档，接△8的传球射门。

（8）前场发动的中路进攻。如图 7-112 所示，△6传球给回撤的△9，△9转身传球给切入的△10，△10得球射门。

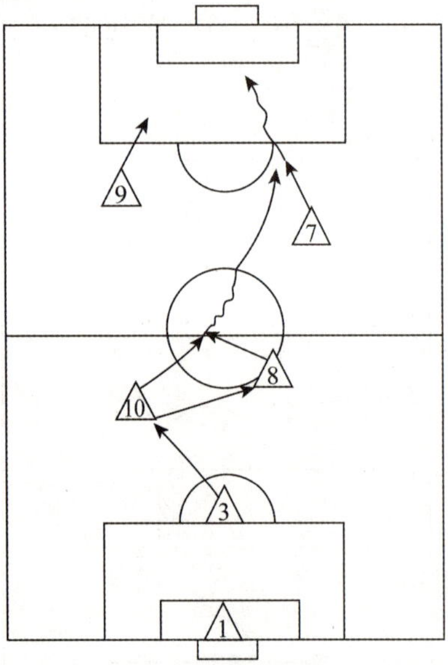

图 7-110　后场发动的中路进攻

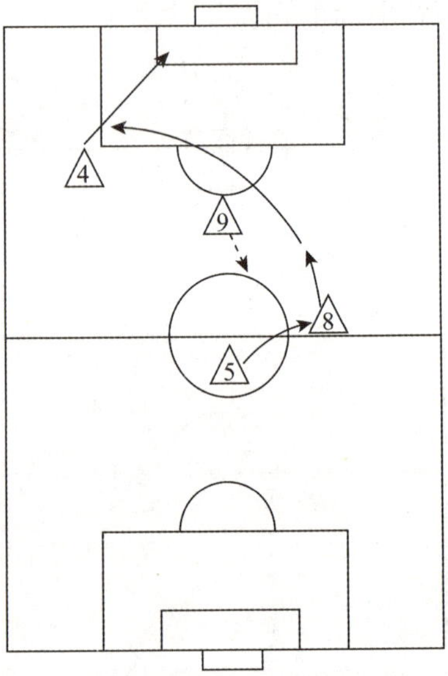

图 7-111　中场发动的中路进攻

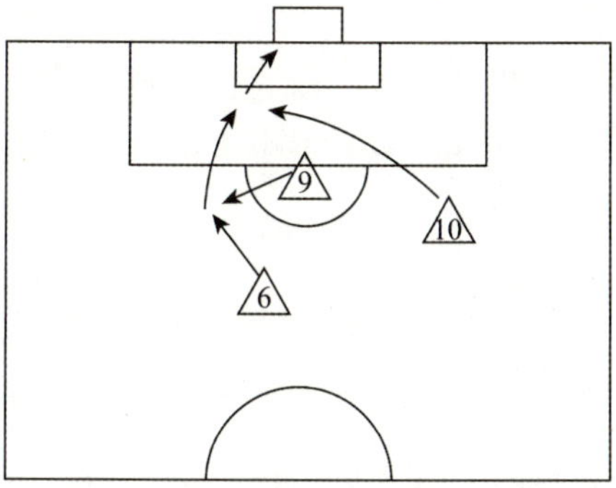

图 7-112 前场发动的中路进攻

（9）全场攻守对抗训练。要求进攻时训练适合本队特点的各种配合打法，加强队员对各位置打法特点的了解并建立默契联系；防守时练习整体组织布防和各位置配合能力；应用攻守战术原则，培养整体攻守意识。

四、足球竞赛规则简介

（一）比赛场地、器材

1. 比赛场地

比赛场地是用线来标明的，这些线作为场内各个区域边界线应包含在各个区域之内。所有线的宽度不超过 12 厘米（图 7-113）。

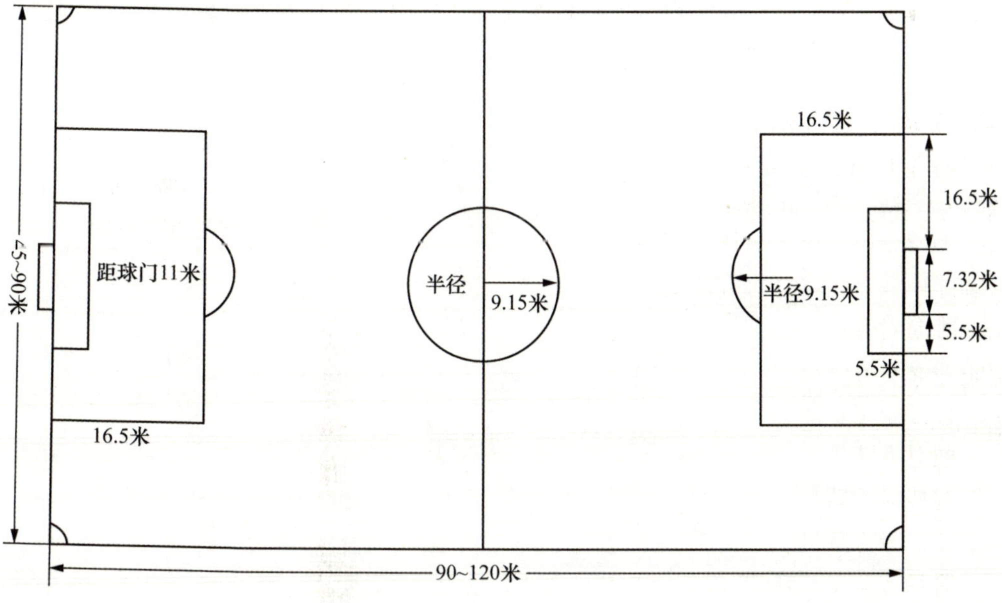

图 7-113 比赛场地

2. 球

比赛用球必须为圆形，用皮革或其他适当的材料制成，圆周不长于 70 厘米、不短于 68 厘米，重量在比赛开始时不大于 450 克、不小于 410 克，压力在海平面上等于 0.6~1.1 个大气压力。

（二）比赛方法

1. 队员人数

一场比赛应有两队参加，每队上场队员不得多于 11 名，其中必须有一名守门员。如果任何一队少于 7 人，则比赛不能开始。

2. 比赛时间

比赛分为两个时间相等的半场，每半场 45 分钟。队员可以中场休息，但时间不得超过 15 分钟。

（三）规则简介

1. 越位

当队员踢或顶球时，同队接球队员在对方半场内所站的位置在球的前面，并且他与对方球门线之间，对方队员不足两名时，就是越位。

越位犯规：处于越位位置的队员在同队队员踢或触球的一瞬间，裁判员认为有干扰比赛、干扰对方球员和利用越位位置获得利益的行为属于越位犯规。若队员直接从球门球、界外球或角球情况下接到球时，不属越位犯规。

处罚规则：裁判员应判给对方队员在越位地点踢间接任意球，如果该队员在对方球门区内越位，那么这个任意球可以在越位时所在球门区内任何地点执行。

2. 犯规与不正当行为

（1）判罚直接任意球。如果队员在比赛中出现下列情形之一，将被判为犯规，并判由对方在犯规地点踢直接任意球：

①踢或企图踢对方队员。

②绊摔或企图绊摔对方队员。

③跳向对方队员。

④冲撞对方队员。

⑤打或企图打对方队员。

⑥推对方队员。

⑦抢截对方队员。

⑧拉扯对方队员。

⑨向对方队员吐唾沫。

⑩故意手球。

（2）判罚点球。在比赛进行中，无论球在什么位置，如果队员在本方罚球区内违反了上述犯规中的任意一种，应被判罚点球。

（3）判罚间接任意球。如果队员在比赛中出现下列情形之一，将判给对方踢间接任意球：

①队员动作具有危险性。

②队员阻挡对方队员。

③队员阻挡对方守门员从其手中发球。

如果守门员在本方罚球区内出现下列情形之一，将判给对方踢间接任意球：

①手控制球时，在发出球之前持球超过 6 秒。

②在发出球之后未经其他队员触及再次用手触球。

③用手触及同队队员故意踢给他的球。

④用手触及同队队员直接掷入的界外球。

3. 掷界外球

当球的整体不论从地面或空中越过边线时，从球越出边线处掷界外球，判给最后触球队员的对方。在掷出球的一瞬间，掷球者应：面向比赛场地；任何一只脚的部分站在边线上或站在边线外的地上；使用双手；将球从头后经头上掷出。掷球队员在其他队员触球前不得再次触球，球一进入比赛场地，比赛即为进行。掷界外球不能直接进球得分。

4. 球门球

以下情况判为球门球：当球的整体不论从地面或空中越过球门线，而最后触球者为攻方队员，且根据规则不是进球得分时。球门球可以直接射入对方球门而得分。

球门球的程序：由防守方从球门区内的任何一点踢球；对方应在罚球区外直至比赛进行；踢球队员在其他队员触球前不得再次触球；当球被直接踢出罚球区时，比赛即为进行。

5. 角球

以下情况判为角球：当球的整体不论在地面或空中越过球门线，而最后触球者为守方队员，且根据规则不是进球得分时。角球可以直接射入对方球门而得分。

角球的程序：将球放在离球出界处最近的角旗杆的角球弧内；决不允许移动角旗杆；对方必须在距角球弧至少 9.15 米以外，直至比赛进行；由攻方队员踢球；当球被踢并移动时比赛即为进行；踢球队员在其他队员触球前不得再次触球。

第三节　排　　球

一、排球运动概述

排球运动于 1895 年起源于美国。最早的比赛场上每队 16 人，分成 4 排，随着技术、战术的发展和提高，逐渐演变为“12 人制”“9 人制”，最后确定为“6 人制”。在许多国家的共同努力下，1947 年在巴黎由 14 个国家发起成立了国际排球联合会。从此，排球成为世界性竞技体育运动。

排球运动于1905年传入中国。1949年以前，中国的排球采用“9人制”比赛。中华人民共和国成立以后，决定采用“6人制”排球，并继承和发展了“9人制”排球的各项技术，如快球和快攻战术为中国首创，成为中国排球技术、战术打法的主要特点。1953年，中国成立了排球协会。1954年，中国加入国际排球联合会。

目前，最高层次的世界性排球比赛有世界锦标赛、奥运会排球赛、世界杯排球赛等。

现代排球运动由于规则的改变、自由防守人登场、比赛时间缩短、对失误判罚加重，使进攻和防守的两重性更加显现。运动员必须全面掌握各项攻防技术，在技术全面的基础上，才能队有特点、人有特长；技术、战术的掌握和运用要准确、熟练、成功率高、失误少；进攻中各种快攻打法的速度和配合节奏更快、变化更多；争取网上优势，不断发展高度，要求运动员身材高、弹跳高，拦网和强攻击球点高。因此，技术全面、特点突出、准确熟练、快速善变、发展高度、不断创新，成为现代排球运动的发展趋势。

排球比赛场地长为18米、宽为9米，以一条中线把球场分为两个半场，在中线上空设长9.50米、宽1米的球网将两个场区分开。正式比赛的男子网高为2.43米、女子为2.24米。比赛前，场上6个队员分别按照场上6个区域站位，由双方队长抽签确定谁先发球。球发出前，双方队员按6个区站好位，不得越位。发球时，由站在1号位的队员发球，如果失误，则对方得分，由对方按顺时针方向轮转一个位置后再进行发球。每一方只允许击球3次（拦网除外）。比赛满25分为一局。如果遇双方比分均为24分时，必须有一方多得2分才算胜局（决胜局第5局除外）。正式比赛一般采用5局3胜制。如果2比2平，第5局打至15分并领先对方2分获胜。

排球运动可以增强人体的神经、呼吸、血液循环等系统的机能，培养学生机智灵活、勇敢顽强、奋发向上的拼搏精神和组织纪律性，增强团结协作、密切配合的集体主义思想，是青少年所喜爱的体育项目之一。

二、排球运动基本技术

排球技术是在规则允许的条件下所采取的各种合理的击球动作。常用的基本技术有准备姿势、移动、发球、垫球、传球、扣球和拦网。

（一）准备姿势

根据腿部的弯曲程度和重心高低，准备姿势可以分为稍蹲、半蹲及低蹲三种。其中半蹲姿势是最基本、最常用的一种。

半蹲准备姿势要求两脚开立，稍宽于肩，两脚尖适当内收，脚跟稍提起，膝关节保持一定的弯曲程度，上体稍前倾，重心在两脚之间稍偏前；两臂自然弯曲，双手放在腹前，身体呈半蹲姿势；全身肌肉适当放松，两眼注视来球，两脚保持微动。

（二）移动

移动是接好来球的重要条件。移动身体与球保持合理位置，是有效地完成垫、传、扣球及拦网等各项技术的关键，常用的移动步法有以下几种。

1. 并步移动

当来球距身体 1 米左右时，可采取并步移动。并步移动时，移动方向的同侧脚先向移动方向跨出一步，当跨出脚落地时，另一只脚迅速并上呈击球前的准备姿势。并步移动可向前、后、左、右各个方向移动，主要用于传球、垫球、拦网等技术。

2. 跨步移动

当来球较低，离身体 1 米左右距离时，可采用跨步移动。跨步移动时，一只脚用力蹬地，另一只脚向来球方向跨出一大步。跨出腿膝部弯曲，上体前倾，臀部下降，身体重心移至跨出腿上，后腿在蹬地后膝部也要微屈。

3. 交叉步移动

当来球在体侧或体前侧距离身体 3 米左右时，可采用交叉步移动去接近球。若向右移动，启动时身体应向右转，同时右脚自然地向右先移动一小步，使脚尖指向右前方；左脚在右脚前面向右交叉迈出一步；然后右脚再向右跨出一步，落在左脚的右侧；身体转动对准来球方向，保持击球前的准备姿势。向左移动时，动作方向相反。

4. 跑步移动

当来球距身体较远，不适宜采取其他步法去接近球时，可采用跑步移动。跑步时，启动的步子要小，然后再逐渐加大步幅、加快步频，两臂要用力摆动；在接近球时再减速制动，逐渐降低重心做好击球前的准备姿势。

5. 准备姿势和移动的练习方法

（1）在慢跑的过程中，听到或看到信号立即做好准备姿势。

（2）做好准备姿势后，看到向前、后、左、右的不同信号做各种步法移动的练习。

（3）看或听不同信号做准备姿势及各种步法移动的练习。

（4）在排球场边线、端线做各种不同步法移动触线练习。

（三）发球

发球是指队员在发球区内将球抛起后，用一只手将球击出，直接从网上两标志杆内进入对方场区内的一种击球方法。发球主要有正面下手发球、侧面下手发球、正面上手发球、勾手发球、正面上手和勾手发飘球等。

1. 正面下手发球

面对球网两脚前后开立，左脚在前（以右手发球为例），两膝微屈，上体稍前倾，左手持球于腹前；左手将球上抛在右肩前约 40 厘米、离左手约 20 厘米的高度；同时右臂伸直后摆，身体重心适当后移；以肩为轴，手臂由后经下方向前摆动；身体重心也随之前移，在右肩的前下方腹前用全掌、掌根或虎口击球的后下部；击球后，随着身体重心前移之势迅速跨步入场，如图 7-114 所示。

图 7-114　正面下手发球动作分解示意图

2. 正面上手发球

面对球网两脚前后开立，左脚在前（以右手发球为例），左手持球于腹前；左手托球上送，将球平稳上抛于右肩前上方约 1.2 米处；同时身体稍右转，右臂抬起，屈肘后引，肘部与肩平齐，手掌自然张开；上体稍向右侧转动，抬头、挺胸、展腹，身体重心移至后脚；击球时，利用蹬地转体和快速收腹的动作，带动手臂迅速而猛烈地向前上方挥动；手臂挥直在右肩前上方最高点，以全手掌击球的后中下部；身体重心随之前移至左脚；手掌触球时，手腕继续有一个向前推压的动作，使球向前旋转飞行；击球后，右脚随着上体前压动作自然前移，并迅速入场，如图 7-115 所示。

图 7-115　正面上手发球动作分解示意图

3. 发球的练习方法

（1）不隔网或对墙发球练习。两人相距 10 米左右，互相发球。

（2）在 3 米线后做发球过网练习。两人一组分别站在 3 米线后互相做对发球练习。

（3）在端线做发球练习。两人一组在各自半场端线后做发球练习，规定区域落点，互相在对方规定的区域中发球。

（4）发球比赛。分组进行发球比赛，看哪一组成功率高、哪一组准确性高。

（四）垫球

垫球是接发球、接扣球和接拦回球的主要方法，有时也可用来组织进攻，因而是排球运动中运用最多的主要技术之一。垫球分为正面双手垫球、体侧双手垫球、单手垫球、鱼跃垫球、滚翻垫球和挡球等。

1. 正面双手垫球

正面双手垫球是各种垫球的基础。它是指在准备姿势的基础上，判断来球的路线与落点，迅速移动取位，把来球保持在腹部的正前方，两臂插入球下并对准来球；垫球时，利用蹬地跟腰和提肩抬臂的协调动作，以两前臂所组成的平面击球的后下方，同时身体重心伴随击球动作向前移，将球向前上方垫出，如图 7-116 所示。

图 7-116　正面双手垫球动作分解示意图

（1）垫球手形。

①叠指法。叠指法是指两手手指上下相叠，两拇指对齐平行相靠压在上面一手的中指第二指节上，掌根紧靠，两臂伸直相夹，注意手掌部分不能相叠。

②抱拳法。抱拳法是指两手抱拳互握，两拇指平行放于上面，两掌根和两小臂外旋紧靠，手腕下压，使前臂形成一个垫击平面。

（2）击球点、击球部位。

正面双手垫球的击球点，一般应尽量保持在腹前约一臂距离的位置，用腕上 10 厘米左右的两小臂桡骨内侧构成的平面击球。为了便于体会正确的动作方法，可以把垫球动作按连贯的顺序概括为插、夹、提三个动作要领。

①插。及时移动取位，降低重心，两臂前伸插至球下，使两前臂的垫击面对准来球，并初步取好手臂的角度。

②夹。夹是指两手掌根紧靠，手臂夹紧，手腕下压，用平整而稳定的击球面去迎击球。

③提。用下肢蹬地、提肩、顶肘、压腕的动作去迎击来球，身体重心要随球前移，两臂在全身协调动作的配合下送球。

2. 挡球

当来球速度快且较高，用垫球、传球动作有困难时，可采用挡球的技术。挡球分为双手挡球和单手挡球两种。

（1）双手挡球的手形有并掌法和抱拳法两种。并掌法是由两肘弯曲，两手虎口交叉，用手掌外侧向前组成勺形的击球面击球；抱拳法是指两肘弯曲，一手半握拳，另一手外包，用两手掌外侧所组成的击球面击球。双手挡球的击球点应保持在额前上方或左、右肩的上方。

（2）单手挡球时手半握拳，手腕放松，触球瞬间后仰并保持一定的紧张度，用拳心和掌根部位击球的后下部。

3. 垫球的练习方法

（1）徒手模仿练习。模仿垫球手形及垫球的完整动作。

（2）垫击固定球。两人一组，一人持球在小腹高度，另一人做垫球动作。

（3）垫抛来的球。两人一组，一人抛球一人垫，可以从一个方向开始至不同方向抛球。

（4）对垫。两人一组或多人一组练习垫球。多人一组成纵队练习垫球，每人垫一次后交换。

（5）接发球、接吊球、接扣球组合在一起练习。

（五）传球

传球是排球运动中的一项重要技术，比赛中由防守到进攻，主要靠二传衔接。因此，传球是组织各种进攻战术的基础。传球的方法主要有正面双手传球、背面传球、侧面传球和跳起传球等。

1. 正面双手传球

传球前及时判断来球方向，迅速移动到球的落点上，对准来球，准备姿势稍蹲。双手自然抬起，放松置于脸前。当来球接近额前时，开始蹬地、伸膝、伸臂，两手微张从脸前向上方迎球；球来到额前上方约一球距离处，利用伸臂和手指、手腕的反弹力，配合蹬地的力量将球击出；当手触球时，两手指自然张开呈半球形，两拇指相对呈“一”字形，两食指呈“八”字形；手腕稍后仰，以拇指、食指和中指托住球的后下部，手指、手腕保持适当的紧张，以承担球的压力；无名指和小指在球两侧辅助控制传球方向；传球时要根据来球力量的大小及传出的远近而适当地控制伸臂速度和手指、手腕的紧张程度，并有意识地运用手指、手腕适度的紧张，缓冲来球的压力。通过这个缓冲过程，加强对球的控制，使之柔和而准确地将球传到所需要的位置，如图 7-117 所示。

图 7-117　正面双手传球动作分解示意图

2. 背面传球

传球前身体背面要对正传球目标，上体保持正直或稍后仰，击球点比正面传球要稍高。迎球时，微微仰头挺胸，在下肢蹬地的同时上体向后上方伸展；击球时，手腕适当后仰，使掌心向后上方，手指击球的底部，利用抬臂、送肘的动作和手指、手腕主动向后上方用力及两拇指主动上挑的力量将球向后上方传出。

3. 传球的练习方法

（1）模仿动作练习。着重学习传球前的准备姿势、协调的伸展动作、传球前的手形。

（2）持球模仿练习。着重学习击球时的手形、击球点的位置、身体协调的迎送动作。

（3）原地传抛来的球。着重练习传球的完整动作和手指、手腕的击球动作。

（4）两人一组对传练习。做各种移动后的传球练习。

（六）扣球

扣球是最积极有效的一种进攻手段，是完成战术配合的最后一击，是得分和得发球权的主要途径，在比赛中有很重要的地位。扣球分为正面扣球、勾手扣球、快球、调整扣球等。

1. 正面扣球

身体放松略前倾，呈稍蹲姿势；左脚先向前迈一步，紧接着跨出右脚（步幅要大些），并以脚跟先着地，左脚迅速并上，落在右脚之前，两脚尖稍向右转；两臂由后下方主动有力地向前上方摆动，抬头挺胸，两臂举起高于肩，上体向击球臂一侧稍转，击球臂屈肘后引，身体呈反弓形；击球时，利用迅速转体收腹动作带动肩、肘、腕等各关节成鞭打动作向前上方挥动，用全掌击球的后中上部，腕跟着用力前推下甩；落地时，脚前掌先着地并屈膝，稍收腹，以缓冲下落的力量，如图 7-118 所示。

图 7-118　正面扣球动作分解示意图

2. 快球

快球是我国的传统打法。快球是指扣球者在二传队员传球前或传球时同时起跳，并迅速把二传队员传来的球击入对方场区。这种扣球速度快、时间短、突然性强、牵制性大。

3. 扣球的练习方法

（1）徒手练习挥臂动作，利用吊球做原地手臂挥摆击球的动作。

（2）利用网前抛球进行助跑起跳接球和扣球的练习。

（3）结合二传，做扣球的练习；结合比赛，做扣球练习；连续扣球练习；在拦网情况下做扣球练习；扣一定区域球的练习；等等。

（七）拦网

拦网是排球运动中的基本技术之一，是进攻和防守的重要手段，在比赛中成功的拦网既可拦住对方的扣球、减轻后排防守的压力，又可直接得分，给对方造成心理压力。拦网水平的高低直接影响到比赛的胜负。拦网技术分为单人拦网和集体（两人或三人）拦网。单人拦网是拦网的基本形式，是集体拦网的基础。

1. 单人拦网

两脚左右开立与肩同宽，两膝微屈，上体稍前倾，重心落在两脚之间和前脚掌上，两臂自然弯曲放于胸前，眼睛注视球；两脚用力蹬地，两臂经体侧向前上方摆动，借助两臂上摆迅速起跳；身体腾空后，两臂从额前平行球网向上缘的前方伸出，两手自然张开，两手距离以不漏球为宜，在拦击球时向上提肩使两臂尽量上伸；触球时手腕用力下压，盖住球的上方；拦击后要含胸制动，手臂不能放松随意下拖；落地时应以前脚掌先着地，顺势屈膝下蹲，及时做好下一动作的准备姿势，如图 7-119 所示。

图 7-119　单人拦网动作分解示意图

2. 集体拦网

集体拦网又分为双人拦网和三人拦网两种。具体应根据对方采用的进攻战术和扣球队员的特点，采取相应的拦网方法。集体拦网时应注重相互配合。

3. 拦网的练习方法

（1）徒手练习，每人一球做自抛自拦练习；利用低网进行练习。

（2）两人一组隔网对面站立，抛球人距网 1 米向网口抛球，另一人原地起跳拦网。

（3）原地起跳拦扣固定球、拦扣抛球、拦扣传球。

三、排球运动基本战术

排球战术是队员在比赛中根据临场竞赛情况的发展变化，以及排球运动规律，采用合理技术，互相之间有意识、有目的、有组织的个人和集体配合行动。

（一）个人战术

个人战术是指运动员根据临场情况有目的地应用技术动作，以达到有效进攻和防守的目标，包括发球、一传、二传、三击、拦网及后排防守等个人战术。

（二）集体战术

集体战术是指运动员为了突破对方防守或抑制对方进攻所采用的有意识、有目的、有组织的集体配合行动。

1. 阵容配备

根据队员的特长及本队的战术思想，安排队员在场上的位置，以便最大限度地发挥该队技术和战术水平。

2. 阵容配备的主要形式

①“四二配备”。场上有两个二传手、两个主攻手、两个副攻手。

②“五一配备”。场上有一个二传手，其余全是主攻手。

③“三三配备”。场上有三个二传手、三个主攻手。

（三）进攻战术

进攻战术由一传、二传和扣球三个环节组成，主要有“中一二”“边一二”“插上”三种进攻阵形。

1.“中一二”进攻阵形

由3号位队员担任二传，将球传给2号、4号位进攻。这种进攻形式简单、便于组织，但战术变化较少，如图7-120所示。

图7-120 “中一二”进攻阵形示意图

2. “边一二”进攻阵形

由 2 号位将球传给 3 号、4 号位进攻，这种阵形战术配合较复杂，除组织 3 号、4 号位定位扣球外，还可组织“快球”“掩护”“拉开”“交叉”等战术变化，如图 7-121 所示。

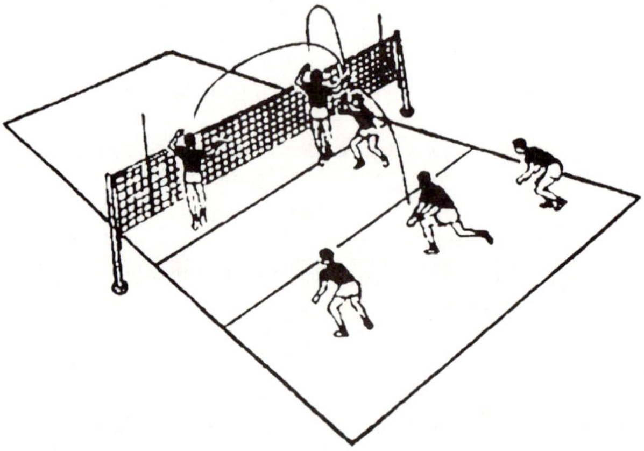

图 7-121　“边一二”进攻阵形示意图

3. “插上”进攻阵形

后排一队员在对方发球后跑到网前做二传，将球传给 2 号、3 号、4 号位进攻，如图 7-122 所示。

图 7-122　“插上”进攻阵形示意图

（四）防守战术

防守战术是指接对方扣、传、垫、拦网或处理过来的球所组织的进攻，包括后排防守、拦网、调整二传、反击扣球和保护等环节。

1. 接发球站位阵形

通常采用五人接发球（图 7-123）和四人接发球（图 7-124）站位阵形。

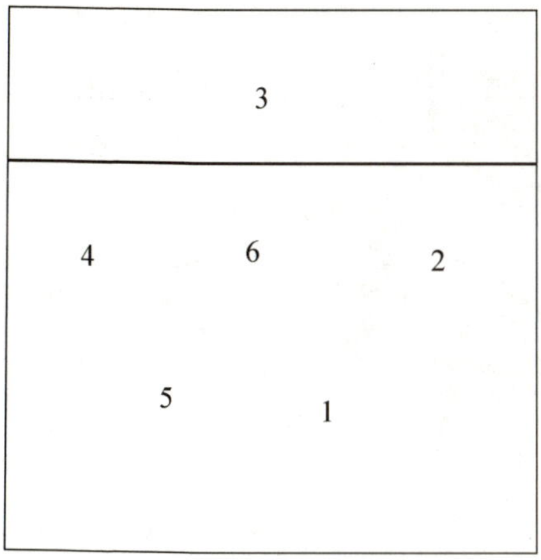

图 7-123 五人接发球示意图

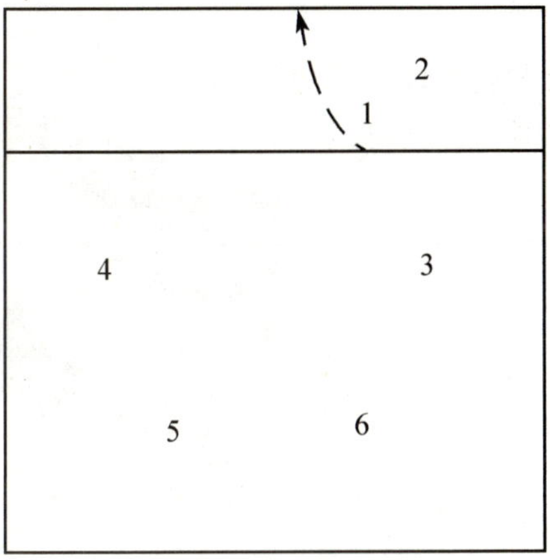

图 7-124 四人接发球示意图

2. 接扣球防守阵形

主要有无人拦网防守阵形（站位方法与五人接发球的站位基本相同）、单人拦网防守阵形（图 7-125），以及双人拦网的“心跟进”（图 7-126）、“边跟进”防守阵形（图 7-127）等。

图 7-125 单人拦网防守阵形示意图

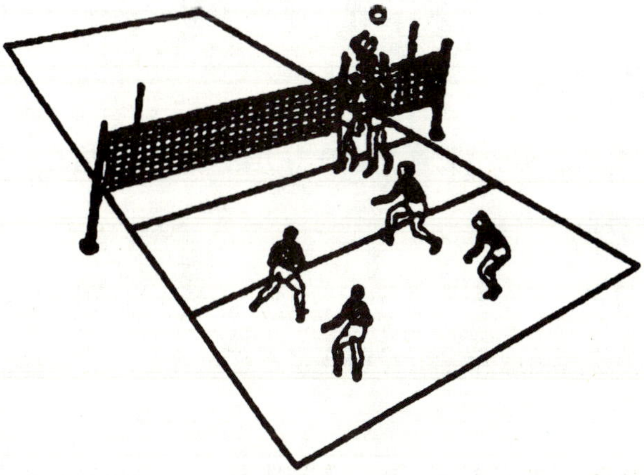

图 7-126 “心跟进”防守阵形示意图

图 7-127 “边跟进”防守阵形示意图

四、排球规则

（一）发球规则

必须在发球区内将球抛起后，在球落地前用一只手或手臂的任何部位将球击出，发球队员不得踏及场区（包括端线和发球区以外地面），鸣哨后在 8 秒内将球发出；发出的球必须由过网区进入对方场区内。

（二）4 次击球犯规

每个队最多击球 3 次（拦网除外），将球从球网上击回对方场区，超过规定次数的击球判为 4 次击球犯规。

（三）持球和连击犯规

没有将球击出，使球产生停滞，为持球犯规，同一人连续击球为连击犯规，但拦网时的连续触球以及全队第一次击球时同一动作击球产生的球连续触及身体部位的情况除外。

（四）过网击球犯规

在对方空间触击球为过网击球犯规，但在对方进攻性击球后拦网触球除外。

（五）过中线犯规

比赛进行中队员的一（两）只脚或一（两）只手部分超过中线触及对方场区，身体的其他任何部位越过中线接触对方场区，为过中线犯规。

（六）触网犯规

比赛进行中，队员触及 9 米以内的球网和标志杆、标志带为触网犯规。但队员未试图进行击球轻微触网和被动触网除外。

（七）拦网犯规

（1）从标志杆外进行拦网并触球。

（2）对方队员击球前或击球的同时，在对方场区空间拦网触球。

（3）后排队员或后排自由防守队员参加拦网并起到拦网作用，包括球触及前排队员。

（4）拦对方发球。

（5）拦网出界。

（八）进攻性击球犯规

（1）后排进攻犯规：后排队员在前场区内或踏及进攻线及其延长线，将整体高于球网上沿的球击入对方场区。

（2）过网击球犯规：在对方场区空间内击球。

（3）扣击发球犯规：在前场扣对方发来的、整体高于球网上沿的发球完成进攻性击球。

（4）自由人进攻性击球犯规：队员在高于球网处对同队自由防守队员在前场区用上手传出的球完成进攻性击球，后排自由防守队员完成对高于球网上沿的球的进攻性击球，均为自由人进攻性击球犯规。

思考题

1. 从大球运动中任选一项，简述其特点和锻炼价值。
2. 篮球基本战术有哪些？
3. 排球运动基本战术有哪些？
4. 简述足球的踢球技术。

第八章

小球运动

学习提要

1. 了解乒乓球、羽毛球、网球的起源与发展；熟悉握拍方法。

2. 学会乒乓球、羽毛球、网球运动的基本技术。

3. 掌握乒乓球、羽毛球、网球运动技能，积极参与乒乓球、羽毛球、网球运动，感受乐趣，体会乒乓精神。

思政目标

激发学生的学习热情，使其创新思维得到提高，团队协作能力加强。

第一节 乒 乓 球

一、乒乓球运动概述

乒乓球运动起源于英国。它是由网球派生而来的，因此也叫“table tennis”（桌上网球）。世界乒乓球发展经历了五个时期：1926—1951 年，欧洲乒乓球运动的全盛时期；1952—1959 年，日本队称雄世界乒坛时期；1961—1969 年，中国乒乓球运动的兴起；1971—1978 年，欧洲乒乓球运动的复兴与欧、亚的争夺时期；1980 年至今，奥运会时代，欧、亚竞争激烈。

乒乓球运动的特点：球小、速度快、变化多、趣味性强，设备比较简单，比较容易开展和普及。乒乓球是我国的国球，参与的人数比较多，“乒乓精神”是一代又一代乒乓人集体智慧的结晶。乒乓球运动具有较高的锻炼价值。

二、乒乓球基本技术

（一）握拍法

1. 直握拍法

（1）近台快攻型握法，简称中钳式。拍前，以食指第二指关节和拇指第一指关节扣拍；拍后，三指弯曲贴于拍的1/3上端，如图8-1所示。

图8-1　近台快攻型握法

（2）弧圈球型握法。拍前，拇指紧贴在拍柄的左侧，食指扣住拍柄，形成一个小环状，紧握拍柄；拍后，三指自然弯曲顶住球拍中部。此握拍法适用于弧圈球的打发，如图8-2所示。

图8-2　弧圈球型握法

（3）直拍削球握法。大拇指弯曲，紧贴拍柄的左侧，用力下压，其余四指自然分开托住拍的后面，如图8-3所示。

图8-3　直拍削球握法

2. 横拍握法

虎口贴拍，食指在拍前，拇指在拍后，又称“八字式”，如图8-4所示。

正手攻球时，食指稍向上移动；反手攻球时，拇指稍向上移动。

图8-4　横拍握法

（1）基本站位。一般站位距球台50~150厘米。进攻型打法的站位距离球台近些，削攻型打法的站位距离球台远些；个高的离球台远些，个矮的离球台近些；擅长正手侧身强攻的偏右站位，擅长打相持球或反手的可站于球台中间略偏反手的位置。

（2）姿势。进攻型打法的基本姿势为（均以右手执拍者为例）：两脚开立比肩稍宽，一脚稍前，另一脚稍后，前脚掌内侧着地，脚后跟略抬起，两膝微屈，重心在两脚之间，含胸收腹，身体略前倾，肩关节放松，两眼注视来球，执拍手位于身前偏右处，拍略高于台面。

（二）发球

1. 发球技术

（1）平击发球。左手托球，右手执拍置于身体右侧。执球手将球向上抛起，同时右臂稍向后引拍，在球略低于网时，执拍手向前挥拍，拍面稍前倾，击球的中上部。

（2）反手发球。右脚在前，将球置于掌心，然后抛起，右手执拍向前挥动，拍面稍前倾，击球中上部。

（3）正（反）手发旋转球、不旋转球。

①发下旋短球时，抛球时将球引至肩高，手腕略向外展，拍面略后仰，球回落时，手腕和前臂迅速向前下方发力，摩擦球的中下部。

②发转球时，触球的瞬间拍面稍躺平，从球的中下部向底部摩擦，手腕的发力要大于前臂的发力。

③发不转球时，触球的瞬间减小拍面后仰角度，并加前推力量，使作用力线接近球心，从而形成不转。

④反手发不转球时，触球的刹那间拍面立起，击球的中下部，手臂迅速向前加推力将球发出，以前臂发力为主。

（4）正手高抛发球。将球平稳地往上抛直，腰和腿顺势向上挺伸，重心在左脚。待球下落到接近腰部偏右处，执拍手臂向左前方挥拍击球，身体重心顺势移到右脚，击球瞬间，手臂和身体其他部位集中发力摩擦球，主要以手腕发力。

2. 发球的练习方法

（1）徒手做发球的准备姿势，模仿抛球、发球的动作。

（2）用多球做发球练习。

（3）练习发斜线球，练习发直线球；练习发不定点球，练习发定点球。

（4）练习发各种旋转的球。

（5）练习用同一手法发不同旋转和落点的球。

3. 接发球

接发球的方法主要包括点、拨、拉、搓、推、削、摆短、撇等方法。要比较全面地掌握接发球技术，并加以灵活运用。

接发球的技术：

（1）根据对方发球的位置来决定自己的站位，观察对方发球摆臂振幅的大小和手腕用力的程度来推断来球落点的远近和旋转的强弱。

（2）接台内短球时，多用手腕手指的突然发力，用点、拨、摆短、撇、搓等方法回接。

（3）接长球、快球时，多用前臂的力量进行快带、借力挡、发力攻、发力拉的方法回接。

4. 挡球和推挡球

挡球是初学者首先应学习的一项技术。推挡球站位距球台近，动作小，球速快，常以速度和落点变化压制对方攻势。

挡球与推挡球技术：

（1）挡球。（以下均以右手为例）身体离球台 50 厘米左右，前臂与台面平行伸向来球，前臂和手腕向前移动，将球挡回。在上升期击球的中上部，拍面与台面接近垂直。击球后，迅速还原，准备下个动作。

（2）减力挡。在触球的刹那，手臂前伸的动作要突然停止，球拍轻轻后移，以减弱来球的反弹力。

（3）快推。击球时，前臂向外推击，同时手腕旋转，食指压拍，拇指放松使拍面前倾。在上升期击球中上部，快推球。

（4）加力推。击球时间比快推稍慢。前臂向后收，球拍稍提高，调整拍面角度，在上升期击球中上部，前臂向前推压发力。

5. 攻球技术

乒乓球的攻球技术分为正手攻球、反手攻球和侧身攻球。

（1）正手快攻。近台站，前臂与地面略平行，主要以前臂发力，手腕控制拍面与台面约成 80°角，触球中上部，将球直接向前下击出。

（2）正手扣杀。根据来球的长短定站位远近。挥拍击球时用腰腿部带动手臂增大击球的力量。用手腕控制球的落点，与整个手臂一起向前向下用力，触球中上部。

（3）直拍反手攻球。两脚分开，略向左后侧转重心，双膝微屈，前臂稍向后摆，举拍稍高。击球时，髋关节略向右转，前臂向右前方用力，肘部内收，左肩稍向后，击球中部偏左，手腕辅助发力，捎带摩擦球，食指掌握拍面，中指决定发力方向。

（4）横拍反手攻球。引拍时，前臂略向后引拍，手腕略后屈。击球时，向右转的同时，前臂手腕向前右方发力，触球中部或中上部，拇指控制拍面和击球弧线。以前臂发力为主，击球上升期，触球中上部反手回击。

6. 摆球

（1）慢搓。击球时，拍面稍后仰，前臂向前发力，配合手腕动作，击球下降期，击球的中下部。

（2）快搓。摆短球时，重心前移，手臂前伸，上升前中期击球，拍面较后仰，触球中下部，动作幅度较小，手腕在摩擦球时带一定的减力动作。劈长球时，击球的上升期后段或高点期，手腕前臂用力向前下方砍去，动作幅度比摆短大。

7. 削球

削球是一种防御性技术，威胁性比不上攻球。

（1）正手削球。双膝微屈，拍面竖立，引拍至肩附近，在来球的下降期击球，前臂在上臂的带动下，向下、向前、向左挥动，触球中下部，手腕控制好拍面并有摩擦球的动作。

（2）反手削球。拍面竖立，前臂在上臂的带动下，向下、向前、向右挥动，在来球的下降期触球中下部，手腕控制好拍面并有摩擦球的动作。

8. 弧圈球技术

（1）正手拉加转弧圈球。引拍时，右脚稍后，两膝微屈，身体向右扭转，右肩略低于左肩，腹微收，手腕略向后拉，球拍低于来球；击球时，右脚蹬地向左转，伸膝，以腰髋的扭转带动手臂向前挥动，击球瞬间，快速收前臂，击球的中部或中上部；击球高点期或下降期，拍面与台面垂直或稍前倾。

（2）反手拉弧圈球。引拍时，两脚平行站立，略大于肩，双膝弯曲，腰髋略向左转，稍收腹，前臂弯曲；击球时，两脚用力蹬地，伸膝、展腹、腰髋略向右转，前臂带动手腕向右前方发力，击球的中部，用拇指调节击球的弧线。

9. 乒乓球基本步法

（1）单步。

动作方法：一脚为轴，另一只脚向前、后、左、右不同方向移动，重心随之跟上。

特点：移步简单、灵活、中心平稳。一般在来球离身体较近时使用。

（2）跨步。

动作方法：一脚蹬地，另一只脚向移动方向跨一大步，蹬地脚随之跟上。

特点：移动范围较大。一般在来球距身体较远时使用。

（3）跳步。

动作方法：以来球近侧方脚蹬地，两足有瞬间的腾空，离来球远的脚先落地，另一只脚后落地。

特点：移动范围较大，一般在来球距身体较远时使用。

（4）并步。

动作方法：一脚先朝另一只脚方向移动一小步，落地后另一只脚向同方向移动。

特点：移动范围较大，但比跳步移动范围小，重心的稳定性比跳步好。

（5）交叉步。

动作方法：以近来球方向的脚为支撑脚，脚尖转向来球方向，远来球方向的脚向来球方向跨一步，在体前瞬间成交叉状态，身体随之向来球方向转动，另一只脚再跟上一步，身体中心随手臂挥动方向略转。前交叉步是在体前交叉，后交叉步是在体后交叉。

特点：移动范围比其他步法大，在来球距身体较远时使用。

（6）小碎步。较高频率的原位小垫步，或小范围的小跑步。

（7）小跳步。两脚掌几乎同时轻跳或垫一下。

三、乒乓球基本战术

（一）快攻型打法的基本战术

近台快攻包括左推右攻和两面攻两种打法。其共同特点是近台站位，以速度为主，攻在前面，先发制人。

1. 发球抢攻

（1）反手发右侧上、下旋球，发至对方中路靠右近网处，伺机攻对方左方。

（2）发追身急球，使对方不能发挥其正反手攻球的威力，然后侧身进攻对方中路或两角。

（3）发急下旋长球至对方左角，配合近网短球，然后侧身抢攻。一般针对对方弱点攻击。

2. 左推右攻

（1）当推挡略占上风时，或在侧身抢攻获得成功后，对方往往会主动变线到正手，此时应以有力的正手攻球予以回击。

（2）主动推变直线，引诱对手回斜线，用正手攻直线反袭对方空当。

（3）佯做侧身，诱使对方变线，给自己创造正手回击的机会。

3. 两面攻战术

（1）反手发右侧上（下）旋球至对方右方近网处，造成正反手抢攻的机会。

（2）反手发底线急球或急下旋球至对方左方，然后伺机用正反手抢攻。

（3）正手发左侧上（下）旋或转与不转球，伺机进行抢攻。

4. 反手攻直线

（1）连续用反手攻对方的反手后，穿插先调右，再攻左方。此战术对左推右攻选手比较有效。

（2）当对方侧身进攻时，用反手攻或推挡变直线反袭对方正手空当，然后用正手扣杀。

5. 正反手连续进攻

（1）以正反手连续攻打对手较弱的一方，然后伺机重扣。

（2）以正反手连续攻对方左右两角，伺机扣杀。

（二）弧圈球型打法的基本战术

1. 发球抢拉

（1）正手（或侧身）发强烈下旋球至对方左侧近网处，迫使对方以搓回击，然后拉加转弧圈球到对方反手或中路。

（2）反手发右侧上、下旋转球至对方中路偏右或偏左的地方，然后拉前冲弧圈球至对方两大角。

（3）反手发急下旋球至对方中路偏右或偏左方大角。当对方以搓球回击时，拉前冲弧圈球至对方正手。

2. 接发球抢拉

对方发侧上旋球和不太转的球时，用前冲弧圈球回击；对方发侧下旋或强烈下旋球时，用加转弧圈球回击。

3. 搓中拉弧圈球

（1）在对搓短球时，突然加力搓左角长球，然后侧身拉加转弧圈球找机会扣杀。

（2）多搓对方正手，使其不能逼左大角，伺机抢拉弧圈球到对方反手或中路，再冲两角。

4. 对攻打法的基本战术

（1）在对付两面攻打法时，应充分利用正手拉弧圈球攻其中路，可压其反手或突击正手。

（2）对付左推右攻打法时，可先以弧圈球抓住对方左角，然后转拉中路靠右或正手。

5. 弧圈球结合扣杀

（1）拉加转弧圈球结合扣杀。

（2）拉前冲弧圈球迫使对方远台回击。然后放短球，再扣杀。

（3）拉加转弧圈球与不转弧圈球相结合，伺机扣杀。

6. 拉搓结合

以拉攻为主，配合搓攻。在拉球中利用突然性的搓球，把对方引到近台再伺机进行突击。

7. 搓攻

（1）搓转与不转球迷惑对方，伺机进攻。先加转再不转，或先搓不转，突然加转。

（2）用搓球控制落点，调动对方，伺机进攻。交叉搓两角，突击两角或中路，连续搓一角，突击另一角，先搓短球，再突然搓底线长球，伺机突击或拉弧圈球。

四、双打

双打是乒乓球运动中由两个人共同合作进行比赛的项目。两人团结合作，互相配合，互相鼓励，互相谅解，互相信任。

比赛一般以同类别打法的搭配为多，利于互相发挥特长。但也出现了多样的配对形式，取得了良好的成绩。

（一）双打的竞赛方法

乒乓球台中间一条线叫“中线”，这条线将球台分为左右两个半区，其中右半区是发球区。发球必须从本方的发球区发入对方的发球区。

发球和接发球的秩序如下：

甲 1 发球，乙 1 接发球；乙 1 发球，甲 2 接发球；甲 2 发球，乙 2 接发球；乙 2 发球，甲 1 接发球。这样周而复始，直到一局比赛结束。

（二）双打的练习

（1）以一方发球和发球抢攻为主的练习。
（2）以一人接发球为主的练习。
（3）以发球区为限的近台或远台对攻。不同落点定点打。
（4）限左半台练习。
（5）一人对两人的练习。
（6）在移动中控制击球路线，使同伴缩小移动范围。
（7）移动中配合与控制回球落点的专门练习。
（8）提高发球抢攻质量的练习。

第二节　羽　毛　球

一、羽毛球运动概述

现代羽毛球运动诞生于英国，大约在 1800 年，由网球派生而来。1870 年，出现了用羽毛、软木做的球和穿弦的球拍。1873 年，英国公爵鲍弗特在格拉斯哥郡伯明顿镇的庄园里进行了一次羽毛球游戏。从此，羽毛球运动便逐渐开展起来，“伯明顿”即成了羽毛球的名字，英文的写法是“Badminton”。

1901 年，将比赛场地改作长方形。1877 年，第一次成文的羽毛球规则在英国出版。1934 年，国际羽毛球联合会在英国成立。1978 年，世界羽毛球联合会成立。目前由国际羽毛球联合会组织的世界性比赛有汤姆斯杯赛、尤伯杯赛、世界羽毛球锦标赛三项。

现代羽毛球运动于 1910 年前后传入我国。20 世纪 80 年代，中国羽毛球运动蒸蒸日上，在世界各大比赛的赛场上连续取得了优异的成绩，男、女羽毛球队先后进入了世界最强者的行列。羽毛球运动是一项适合全民健身的运动项目。

二、羽毛球基本技术

（一）握拍

1. 正手握拍

用左手拿住球拍，使拍面与地面垂直，张开右手，使手掌下部靠在球拍的握柄底托部位，虎口对着球拍框。小指、无名指、中指并拢，食指与中指稍稍分开，自然弯曲并贴在球拍上。握拍不要过于用劲，手部肌肉要放松，在击球的一刹那，手指紧握拍把发力。

2. 反手握拍法

拇指前内侧部位贴在球拍把的窄面部位，食指往中指、无名指、小指方向稍收回。

（二）发球

发球主要包括正手发高远球、正手发平球、正手发网前球、反手发平球、反手发网前球。下面分别介绍正手发高远球、正手发平球、正手发网前球、反手发网前球。

1. 正手发高远球

面对球网，左脚在前，右脚在后，身体重心在右脚，身体微微向后仰，右手向右后侧举起，左手拿球并自然地抬至胸前。发球时，左手放球，使球下落，右手由上臂带动前臂，以前臂加速球拍的从右后方向前方挥动。当球落到击球人腰部稍下的一刹那，紧握球拍，手腕向前上方鞭打击球（图 8-5）。

图 8-5　正手发高远球

2. 正手发平球

发球动作同正手发高远球，但击球动作小，如图 8-6 所示。

图 8-6　正手发平球

3. 正手发网前球

正手发网前球时，站位稍前，球拍触球时，拍面从右向左斜切击球，使球刚好越网而过，落在对方前发球线附近。

4. 反手发网前球

站位靠近前发球线，身体重心在前脚，上体前倾，后脚跟提起。右手反握，肘部关节提起，手腕稍前屈，球拍低于腰部，斜放在小腹前。左手持球在球拍面前方。发球时，球拍推送击球，球的最高弧线略高于网顶，通过拍面的切削动作使球落到对方场区的前发球线附近。

（三）击球法

羽毛球运动的各种回击球技术，统称为击球法（也称手法）。

1. 高手击球

（1）正手击高远球。判断好来球的方向和落点，身体侧对球网，左脚在前，重心在后脚前脚掌上，屈肘将拍举到肩上，拍面对网，当球下落时，引拍至头后，后脚蹬地，腰腹协调用力，上臂带动前臂向上，肘关节向上，前臂向前甩腕，触球时手臂伸直，将球击出，如图 8-7 所示。

图 8-7 正手击高远球

（2）反手击高远球。判断来球，向左跨步并且向左后方转体，移动到适合的击球位置，背对球网，反手握拍，球拍由身前举到左肩附近，以上臂带动前臂转动，击球时前臂内旋，手腕伸直闪动，手指紧握球拍，手腕往右后上方使劲，鞭打击球。击球后回中心位置。

（3）击平高球。击平高球与击高远球一样，平高球也可以分别用正手、头顶或反手技术去击打。动作相似，只是在击球的一刹那，手腕是向前使劲而不是向前上方使劲。

（4）跳起正手击直线高球和对角高球。一脚在前，另一脚在后，稍屈膝，侧身对网，重心在右脚，左手上举，头抬起注视来球，右手持拍于身体右侧。击球前，重心下降准备起跳。起跳的同时右臂后引，舒展胸。当球落至额前上方击球点时，上臂往右上方抬起，肘部领先，前臂后摆，手腕后伸，前臂急速内旋往前上方挥动，手腕向前鞭打发力击球托的后部，球即朝直线方向飞去，若手腕控制拍面击球托的右侧下部，球则向对角线方向飞行，如图 8-8 所示。

图 8-8　跳起正手击直线高球和对角高球

2. 吊球

（1）拦吊（也叫拦截吊）。击球时拍面正对来球，当拍面和球接触时，只要轻轻拦切或点击，球即以较平的弧线、较慢的速度越过球网垂直下落。

（2）轻吊。击球前动作和打高球相似。击球时，拍面正对来球，在接触球的刹那，突然减速轻点或轻切来球，使球刚一过网就下落。

3. 扣杀球

（1）反手接杀挑后场高球。前臂内旋，手腕外展，引拍至左侧肩前，击球时，前臂急速往右前方挥摆，手腕由外展至后伸闪动，握紧球拍，全速挥拍击球，使球向直线方向飞行。若向对角线方向挥拍，则球向对角线方向飞行。

（2）正手接杀挑直线后场高球。一脚侧跨一大步到位，随步法移动引拍，手臂后摆的同时稍带有外旋，手腕后伸，球拍迅速后摆，手臂快速向前挥动略有外旋，手腕从后伸到伸直闪腕，拍面对准来球，击球托的下部，使球向直线高远方向飞行。

（3）头顶扣杀直线球。准备姿势同头顶击高球，不同之处是挥拍击球时，靠腰腹带动大臂、前臂、腕的鞭打动作，全力往直线下方击球，拍面和击球用力方向水平面的夹角小于 90°。

4. 网前击球

要求握拍活，击球点高，步伐快，搓、推、钩击球动作一致。

5. 低手击球

常用于抽球、网前接杀球。

6. 步法

运动员在场上为了跑到适当的位置击球常采用蹬步、垫步、交叉步、跨步等快速准确移动的方法，称为步法。

（1）蹬步。左（右）脚用力蹬地，右（左）脚向来球方向跨出一大步，身体迅速向来球方向移动，击完球后，右（左）脚先着地，左（右）脚紧跟着着地，并迅速制动，返回球场中心位置，准备下一次击球。网前球用得比较多。

（2）垫步。左（右）脚迅速向来球方向迈出一步，右（左）脚迅速跟上，右（左）脚蹬地使右（左）脚向前迈出一大步。脚跟、脚掌外侧先着地，然后全脚着地立即缓冲，右腿成弓箭步，制动身体，保持下一次击球的正确姿势。网前球用得比较多。

（3）交叉步。一脚蹬地，身体转向蹬地方向，向来球方向迈出一步，另一脚经体前叉移，然后一脚快速再移动一步，经脚前面超越的为前交叉步，经脚后面超越的为后交叉步。当击球完成时，脚着地时要缓冲、制动、回蹬连接紧凑，使身体迅速返回球场中心位置。后退打后场时用得比较多。

（4）跨步。左（右）脚迅速蹬地向前迈出一步，当左（右）脚刚着地时，右（左）脚加速蹬地向前跨出，右（左）脚向前大跨一步，着地时，以右（左）脚跟、脚掌外侧的顺序着地。上体前倾，右（左）腿成弓箭步，前腿用力缓冲，制动身体，保持正确的击球姿势。网前球用得比较多。

三、羽毛球基本战术

在实战中，战术是根据双方的打法和场上的具体情况而定的。“以己之长，攻彼之短”是一大原则，下面介绍一些常用的战术。

（一）发球抢攻战术

从发球的第一拍起，争取控制对方，以攻杀得分。这种战术，一般为发网前低球结合平快球、平高球，争取第三拍的主动进攻。用这种战术对付应变能力较差的对手，或用于比赛的关键时刻，效果往往很好。

（二）攻后场战术

此战术通过击高球、重复压对方的底线两角，造成对方被动，然后寻找机会进攻。用它来对付初学者、后场还击能力较差、后退步子较慢以及急于上网的对手都很有效。

（三）攻前场战术

对于网前技术较差的对手，可运用此战术。先将对手吸引到网前，然后再攻击其后场。采用此战术，自己首先要有较好的网前击球技术。

（四）打四方球战术

若对手步子较慢、体力较差、技术不全面，可以快速、准确地落点攻击对方场区的四个角落，寻找机会向空当进攻。

（五）杀、吊上网战术

对手打来的后场高球，本方以杀球配合吊球把球下压，落点选在场区的两条边线附近，致使对手被动回球。若对手回网前球时，本方迅速上网搓球、勾对角球或平推球，创造在中场大力扣杀的机会。

（六）打对角线战术

对付身体灵活性差、转体较慢的对手，不论是进攻还是防守，均应以打对角线为主。对方会因移动困难而处于被动，为我方创造进攻机会。

（七）防守反击战术

在对方主动进攻，我方被动防守时，我方可高质量地接杀挡网；或抓住对方攻杀力量减弱，或落点不好的机会，以平抽底线球还击对方后场，扭转被动局面，并进行反击。

（八）攻人战术

双打比赛中，应集中攻击对方有明显弱点的队员，并伺机攻击另一队员因疏忽而露出的空当，或偷袭此队员。

（九）后攻前封战术

双打比赛中，当本方处于主动进攻前后站位时，站在后场的队员见高球就杀或吊网前球，迫使对方接球挡网前，为本方前场队员创造封网扣杀的机会。

第三节　网　　球

一、网球运动概述

现代网球起源于19世纪，孕育在法国，诞生在英国。1873年，英国人温菲尔德少校最先对草地网球的玩法做了几条简单的规定，成为网球运动最早的规则。1881年，英国草地网球协会宣告成立，并制定了一系列规则，使网球成为一项正式的比赛项目。

现代网球比赛的场地有草地、沙地和硬地三种，球场长23.77米，宽8.23米。网球比赛分为男女团体、男女单打、男女双打、混合双打7个项目，除男子单打采用5盘3胜制外，其余项目都采用3盘2胜制。

1885年前后，网球运动传入中国。1898年，上海圣约翰书院举办了中国最早的校内网球比赛。20世纪80年代，中国首次举办了“万宝路广州网球精英赛”和国际性网球比赛。20世纪90年代起，中央电视台增加了国际网球大赛实况录像的播放，各地相继修建了网球场地，并成立了许多群众性网球组织，群众性网球活动越来越普及。

二、网球基本技术

（一）握拍的方法

握拍的方法分为东方式握拍法、大陆式握拍法、西方式握拍法、双手握拍法（以右手为例）。

1. 东方式握拍法

（1）东方式正手握拍法。大拇指与食指形成“V”字形虎口，对准拍柄右上斜面，五指紧握拍柄，手掌与食指下关节压住拍柄垂直面，拍柄底部与手掌根部齐。

（2）东方式反手握拍法。在正手握拍法基础上向左转动 1/4，使“V”字形虎口对准拍柄左上斜面上，拇指末节贴住左下斜面，食指下关节压在右上斜面上。

2. 大陆式握拍法

“V”字形虎口对准拍柄上平面与左上斜面的交界线，手掌根部贴住上平面，拇指直伸围住拍柄，食指下关节紧贴在右上斜面上。

3. 西方式握拍法

将“V”字形虎口对准拍柄的上面和左上斜面之间，正反手用同一拍面击球。

4. 双手握拍法

右手是东方式反手握拍法，握在拍柄的后方；左手是东方式正手握拍法，握在拍柄的前方。

（二）发球与接发球

1. 发球

发球包括握拍法、准备姿势、抛球与后摆动作、前挥击球和随挥跟进等动作。主要的发球技术一般分为平击发球、切削发球和旋转发球三种。发球时，两脚开立与肩同宽，前脚与端线成 45°角，重心在后脚。左手抛球到位，右手将球拍后引呈击打姿势，抬头看球。击球时，在身体前击球做扣腕动作，并使重心跟进，球拍横挥至身体的另一侧，完成随挥动作（图 8-9）。后摆是缓慢的，但击打动作是快速的，击球点在抛球至最高点球开始下落的瞬间。

图 8-9 发球

2. 接发球

接发球由握拍法、准备姿势、站位击球和随挥跟进四个环节组成。从球离开发球员的手开始，眼睛始终不能离开球，站位要正确，两脚要提起脚跟，重心偏前，在身前击球。

3. 击球的方法

（1）正手击球。正手击球是网球技术中最基本的击球方法，该击球方法由准备姿势、后摆引拍、挥拍击球和随挥跟进四个动作技术环节组成。正手击球分为正手上旋球、正手平击球、正手削球（下旋球）。击球全过程眼睛要始终盯住球，尽早、尽快地后摆引拍，击球点正对着前额，击球时，握紧球拍，绷紧手腕，球拍随球送出，充分随挥至左前上方，如图 8-10 所示。

图 8-10　正手击球

（2）反手击球。反手击球是网球基本技术中最常见的击球方法，该击球方法由准备姿势、后摆引拍、挥拍击球和随挥跟进四个动作技术环节组成。反手击球分为反手上旋球、反手平击球、反手削球（下旋球）。击球前迅速转体、转肩，球拍要早后摆，眼睛自始至终盯球，握紧球拍，绷紧手腕，向上挥拍，球拍随球送出（反拍下旋球是向下向前挥拍），随挥动作在旁侧的高处结束，如图 8-11 所示。

图 8-11　反手击球

（3）双手握拍打反手。根据来球，迅速移动到击球位置，并正确做好后摆，击球时前臂保持伸直，绷紧手腕，在身体另一侧的高处结束随挥动作，如图 8-12 所示。

图 8-12　双手握拍打反手

（4）截击球。截击技术包括握拍法、准备姿势和击球动作。击球动作又包括正手截击球、反手截击球、截击高球、截击低球、截击近身球、中场截击球等多种截击球法。截击球时眼睛始终盯球，握紧球拍，绷紧手腕，在身体前面击球，保持拍头向上。用较短的推击动作击球。

（5）高压球。高压球是指在头上用扣压的动作完成的一种击球方法。高压球可分为落地高压球和凌空高压球。打高压球时眼睛自始至终盯住球，当对方挑高球时，就马上后退侧身对网，调整好步法，跟进重心，在身体前面击球，用力扣腕，充分完成随挥动作。

（6）挑高球。挑高球技术分为防守性挑高球和进攻性挑高球，握拍法同打落地球。打防守性挑高球时眼睛盯住球，边移动边向后引拍，击球时，手腕固定，加长击球时间，跟着球击出去的方向，向高处做随挥动作。打进攻性挑高球时眼睛盯住球，击球前拍头低于来球，击球时抖动手腕，产生摩擦力，使球剧烈向前旋转。

（7）放小球。放小球是指把球轻轻击到对方网前的打法。打放小球时眼睛始终盯住球，准备动作要尽量隐蔽，球拍触摸球，使球速下降，随挥动作较小。

（8）反弹球。反弹球是在来球落地后刚弹起的一刹那进行击球的一项技术。打反弹球时，眼睛盯住球，后摆引拍幅度小，降低身体重心击球；击球时，绷紧手腕，拍面靠近地面并稍向前倾，随挥动作适度。

（三）基本步法

1. 关闭式步法

向前迈一步，成左侧身或右侧身站位，准备击球时重心移至前支撑腿上，可运用于正、反拍技术上。

2. 开放式步法

以右手执拍为例，右脚向右迈出一步，重心在右脚掌前部，上体侧身后与下身成“十”字，击球时，重心在蹬地时向前移。

3. 其他辅助性步法

其他辅助性步法主要有并步、滑步、交叉步、跑步、后退步、左右前上步、跨步、垫步等。

思考题

1. 从小球运动中任选一项，简述其特点和锻炼价值。
2. 羽毛球的常用发球技术有哪些？
3. 简述网球的正手击球技术。
4. 乒乓球的旋转技术有哪几种？实战中如何运用？

第九章

时尚健身运动

学习提要

1. 了解健美操、啦啦操、体育舞蹈、瑜伽、飞盘运动的起源与发展。

2. 学会健美操、啦啦操、体育舞蹈、瑜伽、飞盘运动的基本技术。

3. 掌握健美操、啦啦操、体育舞蹈、瑜伽、飞盘运动技能，积极参与健美操、啦啦操、体育舞蹈、瑜伽、飞盘运动，体验时尚健身运动的乐趣。

思政目标

通过学习培养学生健康的思想作风，营造健康校园文化，强化爱校、爱国的理念。

第一节 健 美 操

健美操源于英文原名“Aerobics”，意为“有氧运动”“有氧健美操”，最早是美国太空总署为太空人在室内所设计的体能训练内容。“Aerobics”真正形成健美操的形式是在20世纪70年代末和80年代初，当时美国健身、影视明星简·方达根据自己的健身经验和体会大力推广有氧健美操运动，并成功减肥。1981年，她编写出版了《简·方达健美术》及录像带，一直畅销不衰，并被翻译成20多种文字，在30多个国家出售，引起了世界的轰动，也使简·方达成为20世纪80年代闻名世界的健美操代表人物。

世界性的健美操热传到我国，是在20世纪70年代末80年代初。那时，随着我国教育制度改革的不断深入，“美育”教育逐渐在学校教育中占有一席之地。

一、健美操课程标准

健美操是有氧运动的一种，是人体在有氧供能情况下的运动项目，其特点是活动时间长、强度低，身体能够得到全面锻炼。

（一）教学目标

（1）通过教学使学生掌握健美操的基本动作，掌握 2~3 套健美操，提高学生的节奏感、韵律感、表现力及身体的灵活性、协调性，培养良好的气质，全面发展身体素质，塑造健美体形，增强体质，树立终身体育思想，养成终身锻炼的习惯。

（2）通过教学发展学生健美操的综合素质，形成正确的身体姿态，掌握锻炼方法，培养学生不怕苦、持之以恒的精神，使学生具有参与意识和指导健身运动的能力，培养正确的审美观，陶冶美的情操。

（3）通过教学使学生具有创编简单的健美操组合的能力，提高学生的创编及艺术欣赏能力。

（二）教学内容

1. 理论部分

（1）健美操的基本理论知识，包括健美操的概述、特点、锻炼价值及竞赛规则，使学生对健美操有一个基本全面的了解。

（2）讲授乐理常识，包括节奏、韵律、风格及对音乐的欣赏等。

（3）介绍健美操运动时的生理卫生和保健卫生知识及运动常识。

2. 技术部分

（1）7 个基本步伐：踏步、开合跳、弓步跳、吸腿跳、踢腿跳、后踢腿跑、大踢腿跳。

（2）第二套锻炼标准三级（全套动作）。

（3）第二套锻炼标准四级（全套动作）。

3. 创编健美操

以小组为单位，结合健美操 7 个基本步伐及基本手形，创编 8 个八拍配乐健美操组合动作。要求动作齐备、音乐配套；组合中有空间层次的变化、点和面的变化、队形的变化；表演全套动作整齐到位。

4. 健康素质教材

5. 竞赛规则教材

国家体育总局颁发的最新健美操竞赛规则。

（三）学习网站与书目

（1）学习网站：中国健美操协会官方网站、CSARA 中国健美操学生网、湖南体操网。

（2）学习书目：《中国健美操大众锻炼标准第三套》《健美操教程》。

（3）视频与图解：全国健美操大众锻炼标准第三套视频、全国健美操大众锻炼标准第三套图解。

（四）考核内容、方法及标准

1. 第一学期

（1）第三套锻炼标准二级成套动作（90 分）。

1）考试方法。成套动作配音乐，按学号进行，室内考试，其他学生在场外练习。

2）考试规则。在规定的时间及音乐的伴奏下完成成套动作，教师根据健美操评分标准记录成绩。

3）考试标准（熟练性占 50%，规范性占 30%，表现力占 20%）。

① 动作规范：很熟练完成全套动作，极具表现力，90~80 分。

② 动作较规范：较熟练完成全套动作，具有较强表现力，80~70 分。

③ 基本完成全套动作，70~50 分。

④ 不能完成全套动作，0~50 分。

（2）柔韧性（10 分）。

1）考试规则。两腿前后劈叉，姿势正确，教师根据健美操评分标准记录技术质量。

2）考试标准。直观每离地高于 2 厘米扣 1 分。

（3）长跑：男生 1 000 米，女生 800 米。

2. 第二学期

（1）第三套锻炼标准三级成套动作（ 80 分）。

1）考试方法。成套动作配音乐，按学号进行，室内考试，其他学生在场外练习。

2）考试规则。在规定的时间及音乐的伴奏下完成成套动作，教师根据健美操评分标准记录成绩。

3）考试标准（熟练性占 50%，规范性占 30%，表现力占 20%）。

① 动作规范。很熟练完成全套动作，极具表现力，80~70 分。

② 动作较规范。较熟练完成全套动作，具有较强表现力，70~60 分。

③ 基本完成全套动作，60~30 分。

④ 不能完成全套动作，0~30 分。

（2）创编健美操（20 分，艺术分 10 分，完成分 10 分）。

1）考试要求。4~8 人一组，结合健美操 7 个基本步伐及基本手形进行创编，注意空间层次的变化、点和面的变化、队形的变化。

2）考试方法。学生 4~8 人一组，自由组合，室内考试，其他学生在场外练习。

3）考试规则。在规定的时间及音乐的伴奏下完成动作，套路基本步伐及基本手形齐全，空间、点面和队形有变化，全组动作整齐到位。

4）考试标准。根据大众健身健美操评分细则给予评分。

艺术分的评分因素为：动作设计、音乐、队形与空间、表演。

完成分的评分因素为：技术技巧、一致性。

（3）短跑：50 米。

3. 教学日历

教学日历见表 9-1、表 9-2。

表 9-1 第一学期

周次	教学内容	备注
1~3	军训、入学教育	
4	理论	
5	健美操的基本步伐、手形练习	
6	第二套锻炼标准三级动作	
7	第二套锻炼标准三级动作	
8	第二套锻炼标准三级动作	
9	室外体能素质训练	
10	第二套锻炼标准三级动作	
11	第二套锻炼标准三级动作	
12	第二套锻炼标准三级动作	
13	第二套锻炼标准三级动作	
14	第二套锻炼标准三级动作	
15	素质测试	
16	健康活力水晶级成套操测试	
17	机动	节假日
18	第二节体育运动、第四节身体健康、第六节体育卫生保健、第五节心理健康、羽毛球竞赛规则简介（分布在各专项章节，实践课上贯彻）	

表 9-2 第二学期

周次	教学内容	备注
1	理论	
2	1. 大众健身形体训练 2. 健美操基本步伐与手形的学习	
3	1. 大众健身形体训练 2. 分组创编健美操组合动作	
4	第二套锻炼标准四级动作	
5	第二套锻炼标准四级动作	
6	第二套锻炼标准四级动作	
7	室外体能素质训练	

续表 9-2

周次	教学内容	备注
8	第二套锻炼标准四级动作	
9	1. 第二套锻炼标准四级动作 2. 创编动作	
10	1. 第二套锻炼标准四级动作 2. 创编动作	
11	1. 第二套锻炼标准四级动作 2. 创编动作	
12	1. 第二套锻炼标准四级动作 2. 创编动作	
13	1. 第二套锻炼标准四级动作 2. 创编动作测试	
14	第二套锻炼标准四级动作测试	
15	第二套锻炼标准四级动作测试	
16~17	机动	
18	第三节体育运动竞赛与组织编排、第七节科学锻炼方法、第八节减肥、第九节体育运动欣赏	

健美操基本动作练习是建立良好基本姿态的有效方法，只有正确的动作才会给人美的感受。良好的基本姿态能反映练习者的精神面貌、艺术造诣和美的意识。通过基本动作的学习，可以掌握正确的动作规格，使练习者尽快建立正确的技术动作概念。正确的身体姿态，健康与美的精神面貌，会让练习者拥有与众不同的公众形象，而健美操给练习者带来的那份自信，将会成为其求职、开拓事业的资本。

二、健美操基本动作分类

健美操基本运动作分类如图 9-1 所示。

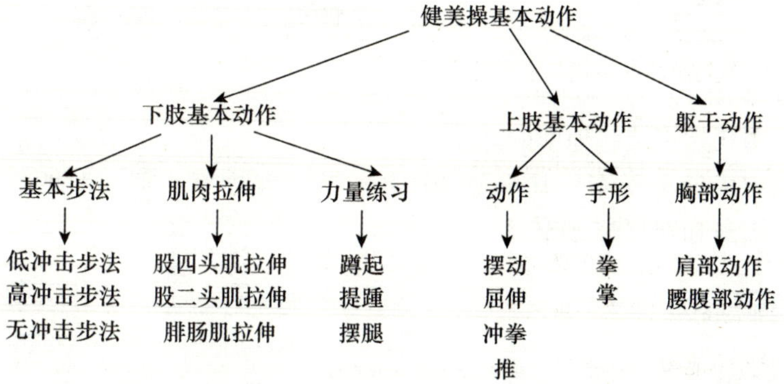

图 9-1　健美操基本动作分类

（一）下肢基本动作

健美操下肢基本动作包括基本步法、肌肉拉伸和力量练习。

健美操基本步法，根据人体运动时对地面的冲击力大小，可分为低冲击步法、高冲击步法和无冲击步法三大类。

（1）低冲击步法（表 9-3）

表 9-3　低冲击步法

类别	踏步类	点地类	迈步类	单脚抬起类
动作描述	两脚依次抬起，踝关节有弹性地着地	两脚有弹性地屈伸，点地时，支撑腿稍屈，另一腿伸直（脚尖或脚跟点地）	一脚先迈出一步，同时移动身体重心，另一脚点地、并步或抬起	支撑腿有控制地屈膝弹动，另一腿以各种姿势抬起，同时收腹、立腰
动作及其变化	踏步 走部 “一”字步 “V”字步 漫步	脚尖前点地 脚跟前点地 脚尖侧点地 脚尖后点地	并步 迈步点地 迈步屈腿 迈步吸腿 迈步弹腿侧交叉步	吸腿 踢腿 弹腿 后屈腿

（2）高冲击步法（表 9-4）。

表 9-4　高冲击步法

类别	迈步起跳类	双脚起跳类	单腿起跳类	后踢腿跑类
动作描述	一脚迈出，同时跳起，单脚或双脚落地	双脚起跳、双脚落地	抬起一腿，同时另一腿跳起	两腿依次蹬离地面，向后踢小腿
动作及其变化	并步跳 迈步吸腿跳 迈步后屈腿跳	并腿纵跳 分腿半蹲跳 开合跳 弓步跳	吸腿跳 后屈腿跳 弹踢腿跳 摆腿跳	后踢腿跑 侧并步小跳（小马跳）

（3）无冲击步法。

动作描述：两腿始终接触地面的动作。

下肢力量对完成健美操有极其重要的作用，为了发展臀大肌、股四头肌、股二头肌等，可做蹲起、提踵和摆腿等动作。

（二）上肢基本动作

（1）上肢基本动作有摆动、屈伸、冲拳、推等。

（2）基本手形（图 9-2）。

①拳：立拳、平拳。
②掌：并掌、开掌、立掌、花掌、屈指掌等。
③指：一指、二指、三指等。

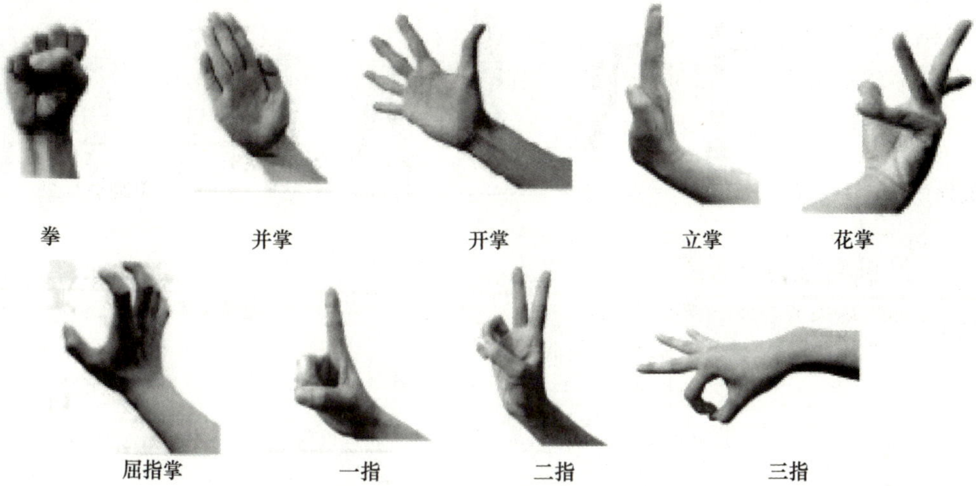

图 9–2　基本手形

（三）躯干动作

（1）胸部动作：含胸、扩胸等。
（2）肩部动作：展肩、提肩、沉肩等。
（3）腰腹部动作：体转、侧屈、提髋、顶髋等。

三、《全国健美操大众锻炼标准》

《全国健美操大众锻炼标准》是为积极贯彻落实《全民健身计划纲要》，推动健美操运动在全国的进一步推广和普及，充分发挥健美操在全民健身运动中的作用，以适应广大群众健身的需求，为大众提供更多更好的科学健身方法的前提下，由国家体育总局于 1998 年颁布并在全国范围内实施的。

为适应我国大众健身发展的需要，中国健美操协会对《全国健美操大众锻炼标准》一至六级动作从 1998 年起进行了三次创编。从 2009 年 8 月起，在全国执行的是《全国健美操大众锻炼标准》第三套动作，本书介绍的是二级和三级动作。

（一）《全国健美操大众锻炼标准》第三套：二级动作

二级动作是《全国健美操大众锻炼标准》的初级套路动作。二级动作的练习目的是进行中低强度的有氧练习、简单的腰腹和身体核心部位的稳固性练习。每个组合均由 4～5 个基本步伐组成，并出现了 45°～90°的方向变化，路线以简单的前后和左右动作为主。大部分的手臂动作为对称性的，个别动作出现了依次的手臂动作。

1. 组合一（表 9–5）

表 9–5　组合一

动作			
节拍		下肢步伐	上肢动作
预备姿势		站立	手臂自然放体侧
一	1~4	1 右脚十字步，2 左脚十字步，3、4 开腿站立	1 右臂侧举，2 左臂侧举，3 双臂上举，4 下举
	5~8	向后走 4 步	屈臂自然摆动，7~8 同 5~6 动作
二	1~8	动作同第一个八拍，但向前走 4 步	
动作			
节拍		下肢步伐	上肢动作
三	1~6	右脚开始 6 拍漫步	1~2 右手前举，3 双手叉腰，4~5 左手前举，6 双手胸前交叉
	7~8	右脚向后 1/2 后漫步	双臂侧后下举
动作	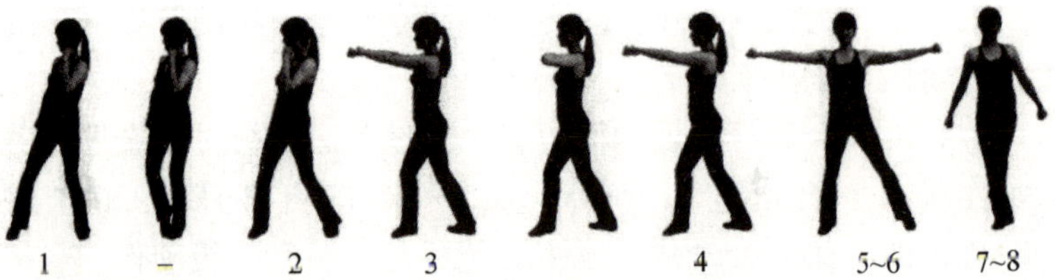		
节拍		下肢步伐	上肢动作
四	1~2	右脚向右并步跳	屈左臂自然摆动
	3~8	左脚向右前方做前、侧、后 6 拍漫步	3、4 前平举弹动 2 次，7、8 后斜下举
第五到八拍：动作相同，但方向相反			

2. 组合二（表 9-6）

表 9-6　组合二

动作		 1~2　3~4　5　6　7　8	
节拍		下肢步伐	上肢动作
一	1~2	右脚向右侧滑步	右臂侧上举，左臂侧平举
	3~4	1/2 后漫步	双臂屈臂后摆
	5~6	左脚向左前方做并步	击掌 3 次
	7~8	右脚向右后方做并步	双手叉腰
动作		 1　2　3　4　5~6　7~8	
节拍		下肢步伐	上肢动作
二	1~2	左脚向左后方做并步	击掌 3 次
	3~4	右脚向右前方做并步	双手叉腰
	5~6	右脚向左侧滑步	左臂侧上举，右臂侧平举
	7~8	1/2 后漫步	双臂屈臂后摆
动作		 1　2　3　4　5　6　7　8	
节拍		下肢步伐	上肢动作
三	1~4	右转 90°，右脚上步吸腿 2 次	双臂向前、向后下冲拳 2 次
	5~8	左脚“V”字步左转 90°	双臂由右向左水平摆动

续表 9-6

<table>
<tr><td colspan="2">动作</td><td colspan="2"></td></tr>
<tr><td colspan="2">节拍</td><td>下肢步伐</td><td>上肢动作</td></tr>
<tr><td rowspan="2">四</td><td>1~4</td><td>左腿吸腿（侧点地）2 次</td><td>1 双臂胸前平屈，2 左臂上举，
3 同 1 动作，4 还原</td></tr>
<tr><td>5~8</td><td colspan="2">5~8 同 1~4 动作，但方向相反</td></tr>
</table>

3. 组合三（表 9-7）

表 9-7　组合三

<table>
<tr><td colspan="2">动作</td><td colspan="2">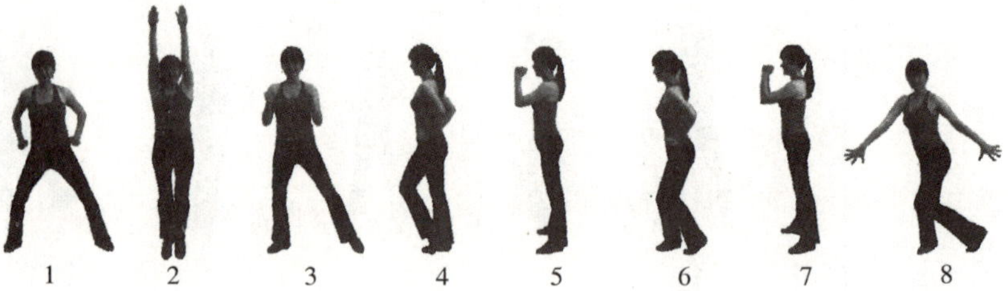</td></tr>
<tr><td colspan="2">节拍</td><td>下肢步伐</td><td>上肢动作</td></tr>
<tr><td rowspan="2">一</td><td>1~4</td><td>右脚侧并步跳，4 拍时右转 90°</td><td>双臂上举、下拉</td></tr>
<tr><td>5~8</td><td>左脚侧交叉步</td><td>双臂屈臂前后摆动，8 拍时，上体向左扭转 90°，
朝正前方，双臂侧下举</td></tr>
<tr><td colspan="2">动作</td><td colspan="2"></td></tr>
<tr><td colspan="2">节拍</td><td>下肢步伐</td><td>上肢动作</td></tr>
<tr><td rowspan="2">二</td><td>1~4</td><td>同（一）1~4 拍动作，但方向相反
向右侧并步跳，4 拍时左转 90°</td><td>双臂上举、下拉</td></tr>
<tr><td>5~8</td><td>左脚开始侧并步 2 次</td><td>5~6 右臂前下举，7~8 左臂前下举</td></tr>
</table>

续表 9-7

动作		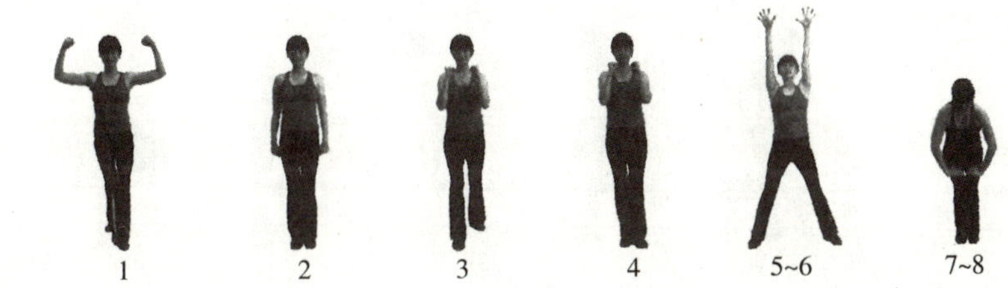	
节拍		下肢步伐	上肢动作
三	1～4	左脚向前一字步	1 双臂肩上屈，2 双臂下举，3～4 双臂肩前屈
	5～8	左、右依次分并腿	5～6 双臂上举掌心朝前，7～8 双手放膝上
动作			
节拍		下肢步伐	上肢动作
四	1～4	左脚向后一字步	1～2 手侧下举，3～4 胸前交叉
	5～8	左、右依次分并腿 2 次	双臂经胸前交叉侧上举 1 次，侧下举 1 次

4. 组合四（表 9-8）

表 9-8　组合四

动作			
节拍		下肢步伐	上肢动作
一	1～4	右脚开始小马跳 4 次，向侧前成梯形	1～2 右臂体侧向内绕环，3～4 换左臂
	5～8	同 1～4 动作	

续表 9-8

动作			
节拍		下肢步伐	上肢动作
二	1~4	右脚开始弧形跑 4 步，右转 270°	屈臂自然摆动
	5~8	开合跳 1 次	5~6 双手放腿上，7 击掌，8 放于体侧
动作			
节拍		下肢步伐	上肢动作
三	1~4	右脚向右前上步后屈腿	1 双臂胸前交叉，2 右臂侧举、左臂上举，3 同 1 动作，4 双手叉腰
	5~8	右转 90°，左脚向前上步后屈腿	动作同 1~4，但方向相反
动作			
节拍		下肢步伐	上肢动作
四	1~4	右、左侧点地各一次	1 右手左前下举，2 双手叉腰，3~4 动作相同，但方向相反
	5~8	右脚上步向前转脚跳，还原	5 双臂胸前平屈，6 前推，7 同 5 动作，8 放于体侧

5. 组合五（表 9–9）

表 9–9　组合五

<table>
<tr><td>开始动作
1×4</td><td>
1~2　3~4</td><td>过渡动作
一
1×8</td><td>
1　2　3~4　5~8</td></tr>
</table>

<table>
<tr><td colspan="3">节拍分段</td><td>动作描述</td></tr>
<tr><td rowspan="2">开始动作</td><td rowspan="2">4 拍</td><td>1~2</td><td>右脚向右迈步，左臂前平举，右臂上举</td></tr>
<tr><td>3~4</td><td>右脚右后交叉迈步，双臂胸前交叉</td></tr>
<tr><td rowspan="3">过渡动作</td><td rowspan="3">一</td><td>1~2</td><td>右脚向侧迈步，同时屈膝内扣，再打开成分腿半蹲，
同时 1 右手左下冲拳，2 右手侧下冲拳</td></tr>
<tr><td>3~4</td><td>身体右转 90°成弓步，双手撑地</td></tr>
<tr><td>5~8</td><td>成俯撑</td></tr>
</table>

<table>
<tr><td>核心力量练习
二
1×8</td><td>
1　2　3~8</td><td>核心力量练习
三
1×8</td><td>
1　2~8</td></tr>
<tr><td>核心力量练习
四
1×8</td><td>
1　2~8</td><td>核心力量练习
五
1×8</td><td>
1　2~8</td></tr>
</table>

<table>
<tr><td rowspan="4">核心力量练习</td><td>二</td><td>1~8</td><td>1~2 左、右脚依次点地，3~8 保持俯撑</td></tr>
<tr><td>三</td><td>1~8</td><td>1~2 左、右腿依次屈膝着地，3~8 保持跪撑</td></tr>
<tr><td>四</td><td>1~8</td><td>1~2 屈肘依次撑地，3~8 保持肘撑</td></tr>
<tr><td>五</td><td>1~8</td><td>1~2 左、右腿依次伸直，3~8 保持肘撑</td></tr>
</table>

续表 9-9

过渡动作 六 1×8

腹肌练习 七至十 1×8

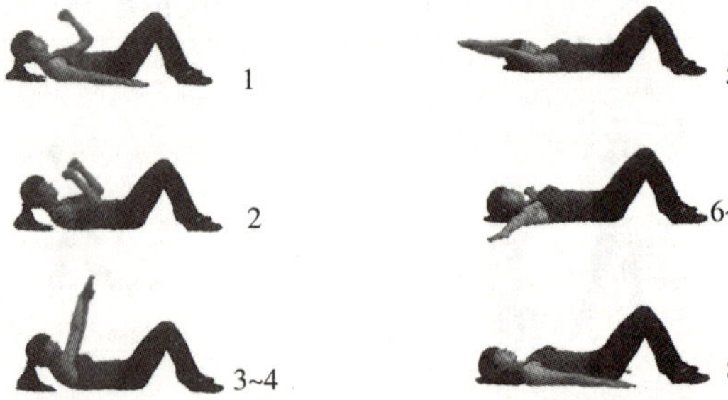

节拍分段			动作描述
过渡动作	六	1~8	向左转体 180°成仰卧，分腿屈膝，双臂放于体侧
腹肌练习	七至十	1~4	收腹抬上体，1 屈左臂，2 屈右臂，3~4 双臂伸直，手重叠
		5~8	还原，双臂经上举至体侧

过渡动作 十一 1×8

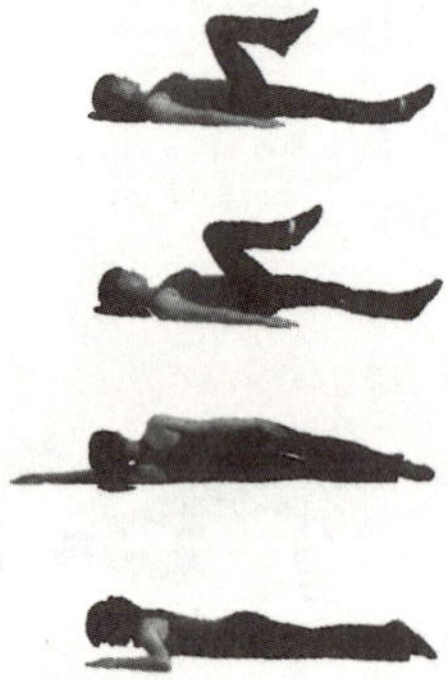

背肌练习 十二至十五 1×8

节拍分段			动作描述
过渡动作	十一	1~8	依次吸左、右腿，向左转体 180°成俯卧，双臂屈臂放于肩侧
背肌练习	十二	1~8	1~2 抬起上体和手臂，3~4 伸直右臂，转头向左看，5~8 还原
	十三	1~8	动作同上，但方向相反
	十四至十五	1~8	同第十二至十三个八拍

过渡动作 十六 1×8

过渡动作 十七 1×8

结束动作

续表 9-9

节拍分段			动作描述
过渡动作	十六	1~4	撑起成俯卧撑
		5~8	左转 90°，左脚放到右脚后，右手支撑，保持身体平衡
	十七	1~2	双手撑地，左腿屈膝撑地
		3~8	向右转体 270°，左脚向前迈步站起
结束动作	一拍	1	右脚向侧迈步，左脚屈膝侧点地，同时，右臂侧上举，左臂扶右髋

（二）《全国健美操大众锻炼标准》第三套：三级动作

三级动作为《全国健美操大众锻炼标准》的初级套路动作，练习目的是进行中等强度的有氧练习和低难度的腰腹及上肢力量练习。每一个组合均由 4~5 个基本步法组成，所有的动作和变化都是有氧练习中的常见动作和典型动作，配合以对称性为主的上肢动作，并增加了 90°~180°的方向变化和简单的图形变化。

1. 组合一（表 9-10）

表 9-10　组合一

动作		 1 2 3 4 5 6 7 8	
节拍		下肢步伐	上肢动作
预备姿势		站立	双手自然放于体侧
一	1~2	右脚开始向侧迈步后屈腿 2 次，2 右转 90°	1、2 右臂摆至侧上举，左臂摆至胸前平屈
	3~4	同 1、2，但方向相反	
	5~8	向右迈步后屈腿 2 次，6 右转 180°	双手叉腰
动作		 1 2 3~4 5 6~7 8	
节拍		下肢步伐	上肢动作
二	1~2	1/2 “V” 字步	1 右臂侧上举，2 左臂侧上举
	3~8	6 拍漫步，8 右转 90°	随脚的动作自然前后摆臂

续表 9-10

动作		 1 2 3 4 5 6 7 8	
节拍		下肢步伐	上肢动作
三	1~8	右脚开始交叉步 2 次，左转 90°呈 L 形	1 双臂前平举，2 胸屈臂前平举，3 同 1，4 击掌，5、8 同 1、4
动作		 1 - 2 3~4 5~6 7~8	
节拍		下肢动作	上肢动作
四	1~4	右脚侧并步跳，1/2 后漫步	1、2 双臂侧上举，3、4 左臂摆至体后，右臂摆至体前
	5~8	左转 90°左脚开始小马跳 2 次	5、6 右臂上举，7、8 左臂上举
5~8 动作相同，但方向相反			

2. 组合二（表 9-11）

表 9-11　组合二

动作		 1 2 3 4 5 - 6 7 8	
节拍		下肢步伐	上肢动作
一	1~4	左脚向左前上步吸腿 2 次	双臂自然摆动
	5~6	左脚向后交换步	双臂随下肢动作自然摆动
	7~8	左脚上步吸腿	双臂自然摆动

续表 9-11

动作		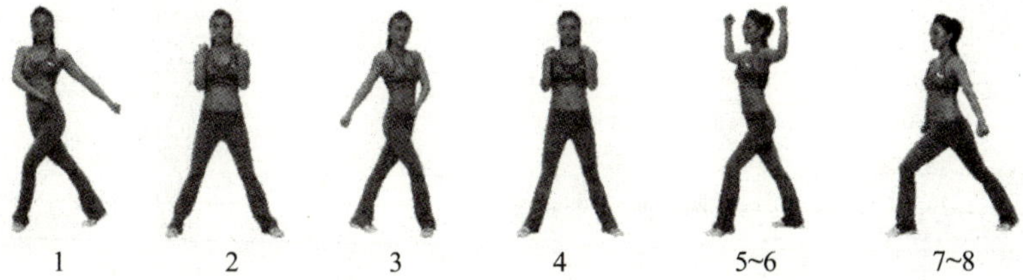	
节拍		下肢步伐	上肢动作
二	1~4	左脚开始向右侧交叉步	双臂随步伐向反方向臂屈伸
	5~8	右转 45°，左脚做漫步	5~6 双臂肩侧屈外展，7~8 经体前交叉摆至侧下举
动作		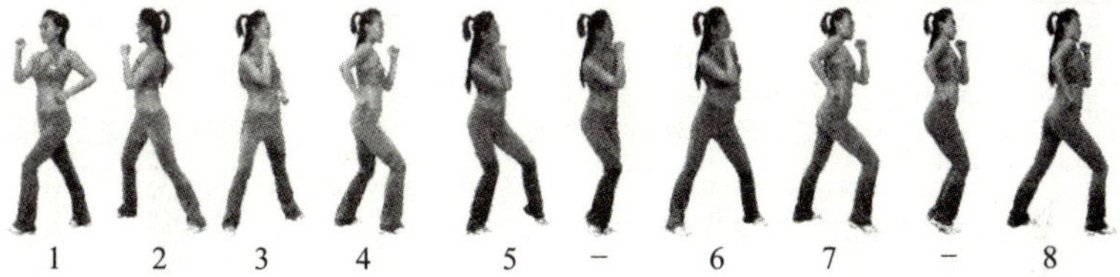	
节拍		下肢步伐	上肢动作
三	1~4	左脚开始“十”字步，同时左转 90°	双臂自然摆动
	5~8	左脚开始向侧并步跳 2 次	双臂自然摆动
动作			
节拍		下肢步伐	上肢动作
四	1~4	左脚漫步 2 次，右转 90°	双手自然摆动
	5~8	与 1~4 动作相同，但方向相反	

3. 组合三（表 9-12）

表 9-12　组合三

动作	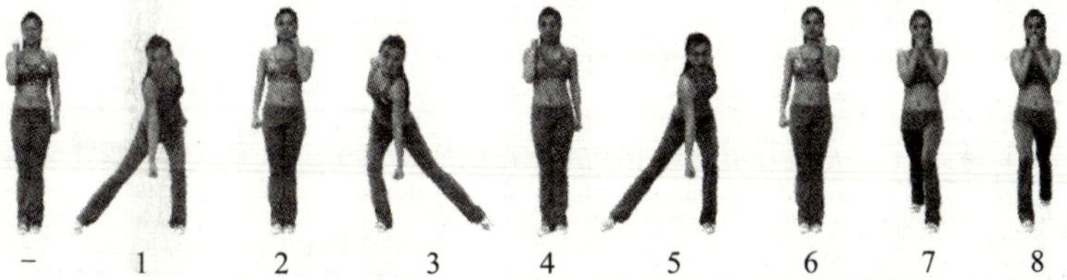

续表 9-12

节拍		下肢步伐	上肢动作
一	1~6	右脚开始做侧点地 3 次	1~2 右臂向下臂屈伸，3~4 左臂向下臂屈伸，5~6 同 1~2
	7~8	左脚开始向前走 2 步	击掌 2 次
动作		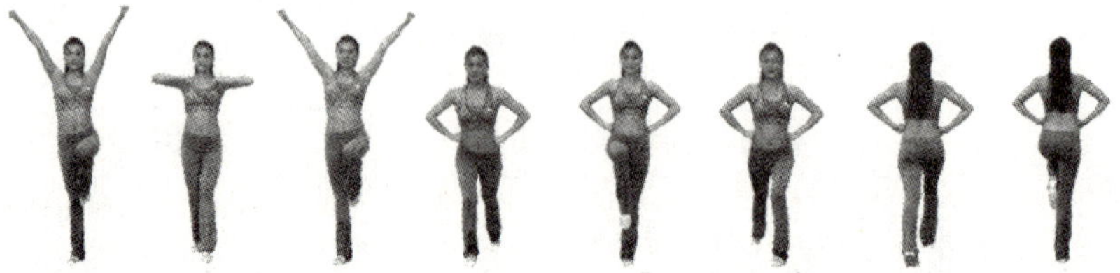 1 2 3 4 5 6 7 8	
节拍		下肢步伐	上肢动作
二	1~4	左脚开始吸腿跳 2 次	1 侧上举，2 双臂胸前平屈，3 同 1，4 叉腰
	5~8	吸右腿跳，后向落地，转体 180°，吸左腿	双手叉腰
动作		 1 2 3 4 5 6 7 8	
节拍		下肢步伐	上肢动作
三	1~4	左脚开始向前走 3 步吸腿跳，同时左转体 180°	1~3 叉腰，4 击掌
	5~8	右脚开始向前走 3 步吸腿	5~6 手臂同时经前向下摆，7~8 经肩侧屈外展至体前击掌
动作		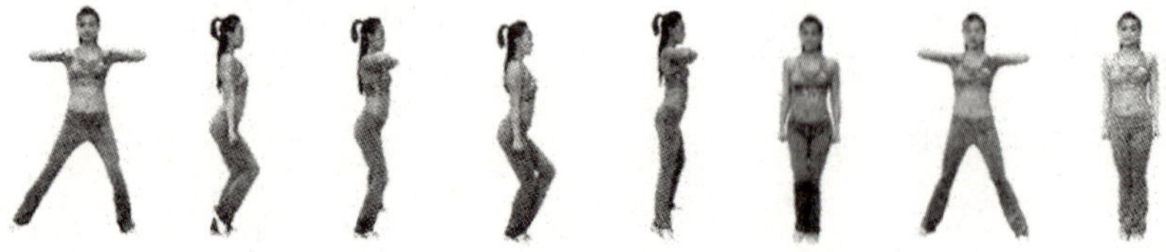 1 2 3 4 5 6 7 8	
节拍		下肢步伐	上肢动作
四	1~4	左脚开始侧并步 4 次，呈 L 形	双臂做屈臂提拉 4 次
	5~8	与 1~4 动作相同，但方向相反	

4. 组合四（表 9-13）

表 9-13 组合四

动作		 1 2 3 4 5 6 7 8	
节拍		下肢步伐	上肢动作
一	1~4	左腿上步吸腿	双臂做向前冲拳、后拉 2 次
	5~8	左脚向前走 3 步，右腿吸腿	手臂同时经前向下摆，8 击掌
动作		 1 2~3 4 5~6 7~8	
节拍		下肢步伐	上肢动作
二	1~4	1 右脚向侧迈步，2~3 向左前 1/2 前漫步，4 左脚向侧迈步	1 侧上举，2~3 随脚的动作自然摆动，4 同 1 动作
	5~8	右脚向左前方做漫步	双臂自然摆动
动作		 1 2 3 4 5 6 7 8	
节拍		下肢步伐	上肢动作
三	1~6	右脚开始上步吸腿 3 次	1 肩侧屈外展，2 击掌，3~6 同 1~2 动作
	7~8	左脚前 1/2 漫步	双臂自然摆动
动作		 1 2 3 4 5 6 7 8	

续表 9-13

节拍		下肢步伐	上肢动作
四	1～4	左转 90°向左做侧交叉步 转体 180°接侧交叉步	1～4 双臂做外展、内收、外展、击掌
	5～8	与 1～4 动作相同，但方向相反	

5. 组合五：力量部分练习（表 9-14）

表 9-14　组合五：力量部分练习

开始动作	 1　2　3~4		过渡动作	 1~2　3~4　5~6　7~8	
节拍			动作描述		
开始动作	4 拍	1～2	右腿向右一步成开立，右臂侧下举，左臂侧下举，掌心向前		
		3～4	击掌 2 次		
过渡动作	一	1～2	向右转体 90°，右脚后伸成大弓步，右手撑地，左臂侧举向上		
		3～8	3～4 左转 180°成屈膝坐，5～6 双手前上举，后倒成仰卧， 7～8 双臂经体侧至头后		
腹肌练习	 1~4 5~8		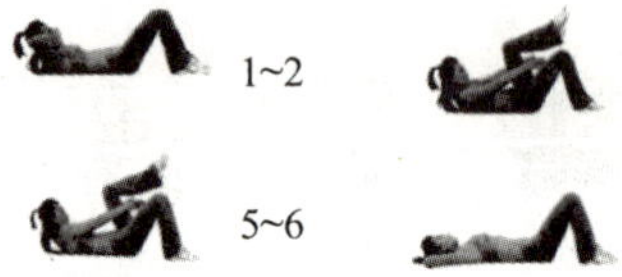 1~2　3~4 5~6　7~8		
节拍			动作描述		
腹肌练习	二	1～8	1～4 收腹抬起上体，5～8 还原		
	三	1～8	1～2 抬起上体，3～4 双手右腿后击掌，5～6 双手左腿后击掌，7～8 还原		
	四至五	1～8	动作同第二至第三个八拍		
过渡动作	 1~2　3~4　5~8 1~4　5~8				

续表 9-14

节拍			动作描述
过渡动作	六	1~2	抬起上体，双手抱右腿膝
		3~4	同 1~2 动作，抱左膝
	七	5~8	右转 90°成侧卧，右腿后屈，左小臂撑地
		1~8	1~4 搬左侧腿，5~8 左转 90°成屈腿坐，双手体后撑地，指尖向前
节拍			动作描述
腹背练习	八	1~8	1~2 抬起髋部，右腿水平伸直，3~4 还原，5~8 换另一腿
过渡动作	九	1~8	1~4 左转 90°成左腿后屈侧卧，小臂撑地，扳右侧腿，5~8 还原成屈腿坐
腹背练习	十	1~8	动作同八，但方向相反
动作			
节拍			动作描述
过渡动作	十一	1~8	1~2 双腿伸直，3~4 右转 180°成俯撑，双手体侧撑地，5~6 屈腿，7~8 双手伸直撑起跪撑
俯卧撑练习	十二至十五	1~8	1~4 屈臂，身体保持稳定，5~8 还原。4 同 3 相反，5~8 还原
动作	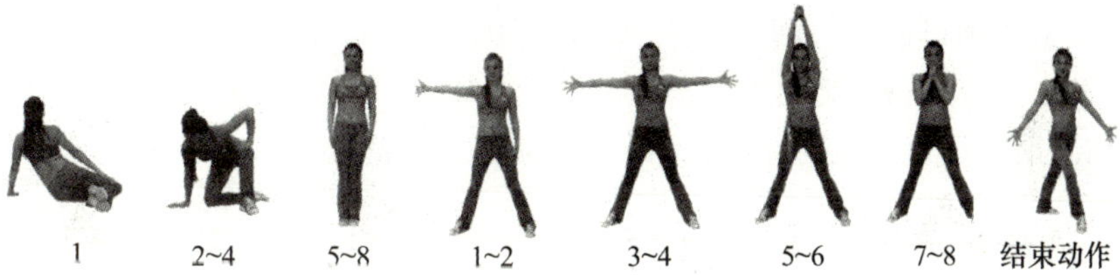		
节拍			动作描述
过渡动作	十六	1~8	左转 180°，左脚向前迈步左手撑膝站起
	十七	1~8	右脚向侧迈步成开立，1~2 右臂经肩侧屈至侧平举，3~4 左臂经肩侧平举，5~6 双臂上举，双手互握，7~8 双手握拳至胸前
结束动作	一拍	1	右脚向左前方迈步，屈膝，上体右转，双臂侧下举

四、健身性健美操创编教材

健美操的创编以人为对象，以增强体质，培养人外在形体美和内在气质、精神、情操为目的。它必须以人体结构特点、人体活动规律和活动对身体影响的效果，以及创编者对美的认识、对现代艺术的理解为基础。人体解剖学、运动心理学、现代艺术造型学、人体美学、音乐、舞蹈、体操、绘画等，都是创编健身性健美操的必备知识。

（一）熟悉创编元素

创编健身性健美操要从认识创编元素开始。健身性健美操创编元素主要是指创编过程中需要考虑的元素，重点是动作元素与音乐元素。动作是指肢体在空间的行为，音乐是声音的艺术。音乐是成套动作的灵魂，它作为完整的艺术形式，有着自己独特、系统的表达方式与方法。健美操优美的动作在音乐衬托下，更具有艺术感和生命力。

（二）收集动作素材

健身性健美操动作素材的收集是健身性健美操创编的前提之一。只有拥有了大量的动作素材，才能创编出丰富多样的健身性健美操。健身性健美操素材来源于身体各部位，再形成不同形式、不同类型、不同组合的系列动作。身体动作只要不违背解剖结构，都可以纳入健身性健美操素材。健身性健美操动作素材的收集法主要有：①录像法；②观察法；③实践法；④记录法。

（三）创编基本动作

（1）肢体动作创编。肢体动作创编包括：幅度变化、轨迹变化、方向变化、节奏变化、路线变化、对称等。

（2）全身协调配合创编。在健身性健美操创编过程中，肢体动作的协调配合是创编中需要重点考虑的问题，只有全身各个部位协调配合，才能使创编的套路动作更加优美、流畅、安全，达到全面健身的目的。

（3）集体项目创编。创编集体项目需考虑：造型、配合、过渡、连接、队形变化、空间层次变化、动作依次变化等因素。集体项目中队员与队员之间的协调配合、动作的表演和对音乐的理解，需要通过两名或更多参与者共同完成。

五、健美操竞赛规则简介

健美操分为竞技健美操、健身健美操、表演健美操。

1. 竞技健美操比赛

竞技健美操比赛设男子单人操、女子单人操、混合双人操、三人操、集体六人操五个项目。竞赛时裁判组采用由国家体育总局体操运动管理中心中国健美操协会审定的《竞技健美操竞赛规则》，成套动作评分：①艺术编排；②完成情况；③难度得分；④裁判长减分。

2. 健身健美操比赛

正式的健身健美操比赛分为规定套路、徒手自编套路和轻器械自编套路（如花球操、踏板操、哑铃操、扇子操等）。自编套路成套动作时间为 2 分 30 秒±10 秒。每队参赛人数为 6~12 人，性别不限。竞赛时裁判组采用教育部中国大学生健美操艺术体操协会审定的《中国学生健身健美操竞赛评分规则》，成套动作评分：①艺术编排；②完成情况；③裁判长减分。

3.《全国健美操大众锻炼标准》评定标准（表 9–15）

表 9–15《全国健美操大众锻炼标准》评定标准

通过（基本符合即为“通过”）	未通过
一、动作的正确性 1. 身体姿态舒展 2. 动作技术正确 3. 动作规范恰当	动作不正确 1. 落地技术不正确，身体没有控制 2. 改变动作性质（四拍以上）超过 4 次
二、连接动作的流畅性 1. 动作之间的连接自然、流畅 2. 动作的转换及方向变化干净利落、无多余动作	动作停顿 1. 停顿超过 4 次，每次超过四拍 2. 停顿超过 2 次，每次超过八拍
三、表现力 动作能展示内心的激情，体现一种健康、向上的情绪	表现力 毫无表情，出现负面情绪
四、身体协调性 1. 全身协调运动 2. 动作轻松、有弹性 3. 动作清晰、无多余动作 4. 动作避免过分松弛或过分紧张	身体协调性 身体协调性差，动作十分僵硬
五、节奏感 1. 动作能充分表现音乐的情绪 2. 动作和音乐节奏配合协调 3. 一连串动作的节奏准确	节奏感差 1/3 的成套动作未配合音乐节奏

第二节　啦　啦　操

啦啦操是一项新兴的运动项目，是指在音乐伴奏下，通过运动员集体完成复杂、高难度的基本手位与舞蹈动作、项目特有的难度、过渡配合等动作内容，充分展示团队高超的运动技能技巧，体现青春活力、积极向上的团队精神，并努力追求最高团队荣誉感的一项体育运动。啦啦操（cheerleading）起源于美国，至今已经有 100 多年的历史，其中“cheer”有振奋精神、提振士气的意思。啦啦操来源于早期部落社会的仪式，为激励外出打仗或打猎的战士们，人们通常会举行一种仪式，仪式中用族人欢呼、手舞足蹈的表演来鼓励战士，希望他们凯旋。现代啦啦操运动由为美式足球呐喊助威的活动发展而来，后来遍布美国的 NBA（美国职业篮球联赛）、橄榄球、棒球、游泳、田径、摔跤等比赛现场。

啦啦操普及性强，目前成为世界范围内的一项体育运动，深受全世界人民的喜爱。

一、啦啦操分类

啦啦操分为技巧啦啦操和舞蹈啦啦操。

（一）技巧啦啦操

技巧啦啦操是指在音乐的伴奏下，以跳跃、翻腾、托举、抛接、金字塔组合等技巧性难度动作为主要内容，配合口号、啦啦操基本手位及舞蹈动作，充分展示运动员高超的技能技巧的团队竞赛项目。

（二）舞蹈啦啦操

舞蹈啦啦操是指在音乐伴奏下，运用多种舞蹈元素的动作组合，结合转体、跳步、平衡与柔韧等难度动作以及舞蹈的过渡连接技巧，通过空间、方向与队形的变化表现出不同舞蹈风格特点，强调速度、力度与运动负荷，展示运动舞蹈技能及团队风采的体育项目。舞蹈啦啦操分为花球舞蹈啦啦操、爵士舞蹈啦啦操、街舞舞蹈啦啦操。

（1）花球舞蹈啦啦操。成套动作手持花球（团队手持花球动作应占成套动作的80%以上），结合啦啦操基本手位、个性舞蹈、难度动作、舞蹈技巧等动作元素，展现干净、精准的运动舞蹈特征以及良好的花球运用技术、整齐一致、层次、队形不断变换等集体动作视觉效果。

（2）爵士舞蹈啦啦操。成套动作由爵士风格的舞蹈动作、难度动作以及过渡连接动作等内容组成，通过队形、空间、方向的变换，同时附加一定的运动负荷，表现参赛运动员的激情及团队良好运动舞蹈能力的体育项目。

（3）街舞舞蹈啦啦操。融合了受街头风格影响的动作和节奏，强调舞蹈的风格、创意、身体控制、节奏、统一性和对音乐的节奏诠释。它也注重融合体育动作，如跳跃、停顿、加速及其他技巧。

二、啦啦操项目特征

（一）团队精神

团队精神是啦啦操运动有别于其他运动项目最显著的特征。它通过口号、各种动作的配合、难度的展现、不同队形的转换、运动员之间的相互协调配合来共同完成团队目标，营造相互信任的组织氛围，激励运动员高昂的斗志，提高团队整体的凝聚力。包括：团队整体的运动能力、表演的激情、自信心、感染力、号召力、表演能力、默契配合等因素。

（二）技术特征

啦啦操的技术特征主要体现为肢体动作的发力方式，即通过短暂加速、制动定位来实现啦啦操特有的力度感，动作完成干净利落，具有清晰的开始和结束；在运动过程中重心稳定、移动平稳，身体控制精确、位置准确。

三、舞蹈啦啦操成套动作创编

（一）成套总体设计

成套创编主题鲜明，新颖独特；表演者展现动感与激情、青春与活力。动作素材内容丰富，大量不同风格、类型的舞蹈动作与舞蹈技巧：队形变化新颖流畅，流动队形移动速度以及变换的整体感淋漓尽致表现团体的舞蹈魅力；对比、层次变化的突然性、创新性和立体空间感；过渡与连接创编的新颖性、多样性、独创性、流畅性和合理性。

（二）音乐的运用

音乐的选择必须主题突出，有利于表现队伍的个性特点、技术特征和舞蹈风格；音乐风格与结构能够反映和表现项目的主要特征以及不同舞蹈的风格特点。成套编排与音乐要统一，舞蹈动作与节拍吻合，注重配合技巧、过渡的变换的新颖性、创造性以及视觉的观赏性与音乐特殊效果音完美融合。

（三）表演与包装

成套动作通过各种不同的方式表现出自信、健康、积极向上及青春活力；表演者通过音乐风格、动作特色、表演形式、服饰的设计、道具的运用等方式打造团队鲜明的个性和独特的风格，从而达到最佳表演效果。

四、花球啦啦操自编组合动作

1×8 拍组合动作如图 9-4 所示。

图 9-4　1×8 拍组合动作

1—基本手位小 H，前后站立；2—基本手位加油，并腿站立；3—基本手位 T，两脚开立屈膝；4—基本手位，并腿站立；5—基本手位侧 K，两脚小弓步站立；6—基本手位加油，并腿站立；7—基本手位 X，两脚开立屈膝；8—基本手位加油，并腿站立。

2×8 拍组合动作如图 9-5 所示。

1 2 3 4 5 6 7 8

图 9-5 2×8 拍组合动作

1—基本手位前 X，双脚弓步站立；2—基本手位左手侧上冲拳，两脚开立；3—基本手位加油，上体向右转体 45°，右脚直立，左脚侧点地；4—基本手位左手侧下冲拳，双脚并立；5—基本手位倒 L，双脚弓步站立；6—基本手位上 H，并腿站立；7—基本手位倒 L，右侧腿踢 90°；8—基本手位下 H，并腿站立。

3×8 拍组合动作如图 9-6 所示。

1 2 3 4 5 6 7 8

图 9-6 3×8 拍组合动作

1—基本手位侧 K，双脚小弓步站立；2—基本手位加油，并腿站立；3—基本手位小 H，右脚斜前 45° 迈步；4—基本手位高 V，左脚斜前 45°迈步；5—体前绕环一周，双脚开立；6—基本手位加油，双脚开立；7—基本手位上 H，上体左转 45°，双脚开立；8—基本手位加油，并腿站立。

4×8 拍组合动作如图 9-7 所示。

1 2 3 4 5 6 7 8

图 9-7 4×8 拍组合动作

1—基本手位侧 K，双脚小弓步站立；2—基本手位加油，并腿站立；3—基本手位小 H，双脚开立；4—基本手位加油，并腿站立；5—基本手位高 V，两脚开立；6—基本手位加油，并腿站立；7—基本手位斜下冲拳，两脚开立；8—基本手位加油，并腿站立。

5×8 拍组合动作如图 9-8 所示。

1　2　3　4　5　6　7　8

图 9-8　5×8 拍组合动作

1—基本手位侧 K，双脚小弓步站立；2—基本手位加油，并腿站立；3—基本手位小 H，前后弓步；4—基本手位高 V，并腿站立；5—基本手位侧上冲拳，并腿站立；6—基本手位斜下冲拳，开腿站立；7—基本手位上 H，上体左转 45°，左脚直立，右脚侧点地；8—基本手位加油，并腿站立。

6×8 拍组合动作如图 9-9 所示。

1　2　3　4　5　6　7　8

图 9-9　6×8 拍组合动作

1—基本手位高 V，前后弓步；2—基本手位加油，并腿站立；3—基本手位倒 V，前后弓步；4—基本手位高冲拳，并腿站立；5—左手叉腰，右手屈臂侧举，左脚自然站立，右脚侧点地，膝盖自然弯曲；6—基本手位侧下冲拳，右脚自然站立，左脚侧点地，膝盖自然弯曲；7—双手叉腰，左脚自然站立，右脚侧点地，膝盖自然弯曲；8—基本手位加油，并腿站立。

7×8 拍组合动作如图 9-10 所示。

1　2　3　4　5　6　7　8

图 9-10　7×8 拍组合动作

1—基本手位前 X，前后弓步；2—基本手位加油，并腿站立；3—双手叉腰，并腿站立；4—基本手位 X，并腿站立；5—基本手位侧上冲拳，两脚开立；6—基本手位斜下冲拳，并腿站立；7—基本手位上 H，上体侧转 45°，弓步站立；8—基本手位加油，并腿站立。

8×8 拍组合动作如图 9-11 所示。

1　　2　　3　　4　　5　　6　　7　　8

图 9-11　8×8 拍组合动作

1—基本手位侧 K，弓步站立；2—基本手位加油，并腿站立；3—基本手位侧上冲拳，并腿站立；4—基本手位斜下冲拳，并腿站立；5—基本手位 X，并腿站立；6—基本手位加油，并腿站立；7—基本手位上 H，右脚侧点地；8—基本手位加油，并腿站立。

第三节　体育舞蹈

一、体育舞蹈概述

当我们第一次接触（听说、观看、阅读或参与）体育舞蹈这项运动时，一定会被其激昂的情绪、奋进的精神所感染。不错，体育舞蹈的确有这种魅力和感染力，这是因为它不仅有体育的属性，而且有艺术的属性，更具有与时俱进的社会开放性和人文性，它是大学生终身体育锻炼的有效方式之一。舞蹈产生于人类的生活、劳动和情感，是一种人体文化。舞蹈艺术居艺术之首，它随着人类社会演变和文化进程而发展。研究表明，各种舞蹈都起源于原始舞蹈，体育舞蹈也不例外。体育舞蹈的前身就近来说是社交舞，也称交际舞、交谊舞。凡是以健身、娱乐、消遣或竞技为主及大众能直接参与活动的舞蹈，均可称为体育舞蹈。因此，体育舞蹈可分为群众体育舞蹈和竞技体育舞蹈两大类。竞技体育舞蹈是指以竞技（或表演）为主和兼有健身娱乐的一类舞蹈，即国际标准交谊舞，它包括摩登舞（华尔兹、探戈、狐步舞、快步舞、维也纳华尔兹）、拉丁舞（伦巴、恰恰舞、桑巴、斗牛舞、牛仔舞）和团体舞，其中摩登舞和拉丁舞是全球性的竞技体育舞蹈，团体舞在部分国家（如德国、英国）有竞技性比赛，但主要作为表演项目。群众体育舞蹈是指以健身、娱乐、消遣为主及大众能直接参与活动的舞蹈，包括传统集体舞蹈、现代集体舞蹈、迪斯科健身舞和交谊舞（舞厅舞、社交舞）等。

二、体育舞蹈的基本知识

体育舞蹈在世界各国流行数百年而不衰，与它长期以来形成的一套良好的礼仪与习惯有很大关系。

（一）基本舞步

所有的交谊舞都由不同的舞步、不同的方式和节奏组成。通过改变舞步的速度、方向、性质，产生了不同的交谊舞。为了让初学者便于掌握，以下介绍几种常见的基本舞步。

1. 常步

常步也称为散步、走步，可分为前进步和后退步两种。前进时先用脚掌触地，过渡到脚跟擦地向前，着地后过渡到脚趾，身体重心随之移到前腿上。后退时动作相反，先用脚掌触地，然后用脚尖原地向后，脚趾着地后再过渡到脚跟，重心随之移向后腿。

2. 横步

横步分左横步和右横步两种。左横步时，左脚用全脚掌向左旁迈一步，距离约同肩宽，右脚用前脚掌向左脚并拢，重心由左腿移到刚刚并拢的右腿上。右横步动作相反。

3. 并步

并步可分为向前、后、侧三种并步。以前并步为例，左脚向前迈一步，右脚用脚前掌在左脚侧点地，身体重心仍在左腿上。

4. 摇摆步

摇摆步有左右摇摆和前后摇摆两种。左脚向前一步，重心前移，然后重心移向后再向前移，再向后移是前后摇摆；向左再向右，再左移再右移是左右摇摆。

（二）舞步与音乐

音乐是舞蹈的灵魂，舞蹈是音乐的再现，感受音乐在跳体育舞蹈中占有很重要的地位，舞步要体现舞者对音乐内涵的理解，舞步的变换原则也应以音乐为指导。所以学舞者要养成听音乐的习惯，在舞曲开始的前两小节，从鼓点声与低音贝斯声中找到拍子后再起步。通过反复听、反复练才能使脚步踩在拍子上，才能体会到旋律流动在身体中的那种出神入化的感觉。

（三）站立与持握姿势

正确的舞姿与持握姿势是跳好交谊舞的重要因素，它不仅与动作优美有关，还直接影响双方的协调、稳定和平衡。站立姿态：男女舞伴双足并拢，脚尖正对前方，相对平衡而立。双方将自己的右脚尖对准对方的双脚中线，间距 15 厘米，女伴偏向男伴左旁 1/3，做到肩平、背直、脚挺、膝松弛，上体略向后倾。持握姿势（以闭式姿势为例）：男伴先将左手伸出，四指并拢，拇指分开，待女伴右手放在拇指和四指之间后，手指弯曲将女伴的手轻轻握住，握手的高度一般与女伴右耳峰的高度一致为宜。男伴右手放在女伴左肩胛骨下部，手背向外，五指并拢，其右臂形成一个自然的弧度。女伴左手拇指张开，放在男伴上臂三角肌的部位，拇指在内侧，腕部和小臂放平，并把左手臂自然地放在男伴右手臂上。

（四）正确的舞姿

舞姿是舞蹈的姿态，是跳体育舞蹈时身体各部位规定的姿势，它给人以直观、一目了然的印象，也是一个人内在气质、修养的外在表现。初学者和提高者都应重视正确的舞姿训练，以形成良好的舞姿。舞姿包括预备姿势和舞中姿势，预备姿势有“闭式”“半闭式”“开式”三种，舞中姿势主要包括整个动作过程中的“行步”“花步变化”“视觉方向”“移动中心”“上下肢动作协调”等。

（五）伴带技巧

长期以来，在体育舞蹈中形成了男伴始终处于主导地位，女伴在男伴的引导下，随男伴的舞步变化而变化的习惯，这种男女舞伴之间的伴带关系具有广泛的国际性。男伴的伴带技巧主要通过右手、左手和右肩随身体移动的意识，向女伴传递信息，以有效地控制女伴的身体重心，使舞步和舞姿沿着引带的方向进行与变化。例如，在前进时右手松弛，右臂和身体稍推向前；后退时右手轻压女伴身体，左手和右肩随着整个躯干向后移动，向女伴传递微小的拉力；等等。

三、主要舞蹈介绍

（一）华尔兹

华尔兹（Waltz）源于德国，也称“慢三步”，是摩登舞项目之一。舞曲旋律优美抒情，节奏为3/4的中慢板，每分钟28~30小节，每小节三拍为一组舞步，每拍一步，第一拍为重拍，三步一起伏循环。通过膝、踝、足底、掌趾的动作，结合身体的升降、倾斜、摆荡，带动舞步移动，使舞步起伏连绵，舞姿华丽典雅。它是维也纳华尔兹的变化舞种。19世纪中叶，维也纳华尔兹传到美国，当时美国崇尚舒缓、优美的舞蹈和音乐，于是将快节奏的维也纳华尔兹舞曲逐渐改变成悠扬而缓慢、有抒发性旋律的慢华尔兹舞曲，舞蹈也改变成连贯滑动的慢速步型，即今天的华尔兹舞。

维也纳华尔兹（Viennese Waltz），用V表示，也称“快三步”，是摩登舞项目之一。舞曲旋律流畅华丽，节奏轻松明快，为3/4拍节奏，每分钟56~60小节，每小节为三拍，第一拍为重拍，第四拍为次重拍。基本步法是六拍走六步，二小节为一循环，第一小节为一次起伏。基本动作是左右快速旋转步，完成反身、倾斜、摆荡、升降等技巧。舞步平稳轻快、翩跹回旋、热烈奔放，舞姿高雅庄重。它是源于奥地利的一种农民舞蹈，由男女成对扶腰搭肩共同围成一个圆圈而舞，故被称为“圆舞”。著名的约翰·施特劳斯为华尔兹谱写了许多著名的圆舞曲。

在跳华尔兹时，能够掌握住升降动作、摆荡动作、反身动作和倾斜动作的技术，再跳狐步、快步、维也纳华尔兹就容易多了，而且会感受到舞蹈的情趣。

华尔兹步法组合如图9-12所示。

图 9-12　华尔兹步法组合

续图 9-12

（二）探戈

探戈（Tango）源于阿根廷，用 T 表示，是摩登舞项目之一。舞曲节奏为 2/4 拍，每分钟 30~34 小节，每小节二拍，第一拍为重拍。舞步有快步和慢步，快步（Quickstep）占半拍，用 Q 表示，慢步（Slowstep）占一拍，用 S 表示。基本节奏是慢、慢、快、快、慢（S，S，Q，Q，S）。舞曲节奏带有停顿并强调切分音，舞步顿挫有力、潇洒豪放，身体无起伏、升降、旋转，表情严肃，有左顾右盼的头部闪动动作。它源于阿根廷民间，20 世纪传入欧洲上层社会，后流行于世界各国。在跳探戈舞时要注意以下几个要领。

（1）基本节奏口诀是 S—S—Q—Q—S。

（2）身体重心垂直在脚上，舞动中不要摆荡和起伏。

（3）行进中注意运用脚内侧和脚外侧。

（4）巧妙地运用上体的转动，在完成各种反身动作时，做好分身动作和闭位动作。

（5）头的闪动规律是欲左先右，同时要与上身的转动相配合，而不要以头动为主。

探戈的步法组合如图 9-13 所示。

图 9-13　探戈的步法组合

（三）伦巴

伦巴（Rumba）源于古巴，用 R 表示，是拉丁舞项目之一。舞曲节奏为 4/4 拍，每分钟 27~29 小节，每小节四拍。乐曲旋律的特点是强拍落在每小节的第四拍。舞步从第四拍起跳，由一个慢步和两个快步组成，四拍走三步，慢步占二拍（第四拍和下一小节的第一拍），快步各占一拍（第二拍和第三拍）。胯部摆动三次。胯部动作是由控制重心的一脚向另一脚移动而形成向两侧做“∞”形摆动，具有舒展优美、婀娜多姿、柔媚抒情的风格。其产生与西班牙和非洲的舞蹈有密切关系，后在古巴得到发展。

伦巴舞富于热恋情调，是表达男女爱慕之情的舞蹈。在表现时要充分地运用躯体，才能体现伦巴的风韵和魅力。其要点是胯部的转动带动腿和手臂的运动，在节奏中一张一弛。二、三拍移动步中的前半拍为张力，后半拍为松弛；四、一拍逗留步中的第四拍和第一拍的前半拍为张力，第一拍的后半拍为松弛。这样胯的摆动就形成了。

伦巴的步法组合如图 9-14 所示。

图 9-14　伦巴的步法组合

（四）恰恰恰

恰恰恰（Cha-Cha-Cha）源于墨西哥，用 C 表示，拉丁舞项目之一。舞曲节奏为 4/4 拍，音乐速度为每分钟 34 小节，基本节奏为二、三、四、一。二、三拍为单步，一拍走一步；四、一拍为恰恰卡，二拍走三步。胯部每小节向两侧摆动六次。恰恰恰节奏轻快，动作活泼。舞曲热情奔放，舞步花哨、利落，步频较快，诙谐风趣。它源于非洲，后传入拉丁美洲，在古巴得到发展。

恰恰恰富于情趣，节奏轻快，动作活泼。舞动中应强调重心向下踩，胯部动作与伦巴舞相同，但要有力度，节奏把握准确，风格才能表现出来。

恰恰恰步法组合如图 9-15 所示。

图 9-15　恰恰恰步法组合

续图 9-15

第四节 瑜　伽

瑜伽起源于5 000多年前的古印度，是东方最古老的强身术之一。瑜伽能平衡精神、心灵与机体，促进身体健康，这种内外的结合相辅相成、互相促进，达到微妙的平衡；瑜伽能实现自我与内心、机体与精神的完美统一，使人产生幸福、舒畅的感觉，得到解脱并最终开悟；瑜伽还能使身心放松，有助于缓解来自现代社会的紧张和压力，是改变紧张的学习和生活节奏的良好处方。

一、练习准备

（一）练习前的准备

（1）环境应安静幽雅，温度适宜。如果是在室内练习，应先通风换气，保证空气清新，以便静心和集中注意力。

（2）灯光应自然、柔和。练习前，换上宽松、柔软、舒适的服装，严禁穿紧身内衣练习。在允许的环境中，赤脚练习较好。不戴任何饰物，保持脸部洁净。

为让紧张的大脑和神经系统更快地放松，可以点上香熏，让空气中弥漫着沁人心脾的芬芳。配上宁静、舒缓、悠扬的瑜伽音乐，会让人联想到纯净、美好的大自然。对于初学者和柔韧性不好的人来说，可以准备一条毛巾做辅助。为防止做地面动作时受伤，一块薄地毯或健身垫是必不可少的。

（二）练习的心理提示

（1）将瑜伽当作令人快乐的事来做。放松心情，愉快地练习，不要一味地追求高难度的动作，不要强迫自己在短时间内达到演示者的水平。

（2）瑜伽练习需要练习者抱着对自己身心健康高度负责的态度来进行。对于较高难度的动作，在未完全明白前，不要擅自进行。务必在教师指导下逐步完成，以确保身体不受任何损伤。

瑜伽的奥妙要亲自体会才能有所领悟，但至少需要三个月持续的练习，方能有效果。持续时间越长，效果越显著。

（三）饮食提示

瑜伽练习要达到健身、美体、养颜的效果，饮食是不可忽视的要素。

（1）练习前三小时不进正餐，半小时前不大量饮水（除特殊要求外）；练习结束一刻钟至半小时后，饮富含维生素的果汁或纯净水一杯，帮助补充水分，排除毒素。

（2）平常饮食适时、适量，以绿色植物为主。饮食是血液质量、纯度的根源和保证，摄入蔬果类植物性食物与肉类动物性食物的比例应为 3∶1。

（3）少食或不食用刺激性强的食物，如过冷、过热、辛辣、油炸、腌制、含防腐剂或甜食类食品。

（4）饮食过程情绪平和，速度适中。

（四）准备姿势

任何一个准备姿势，都必须保证动作和内心稳定，气息调顺。

1. 站姿

60%的重心置于前脚掌，双腿夹紧并拢；向上提臀，使臀线上提；脊柱向上挺拔；收紧腹部和胃部；展开胸腔，肩胛骨微微后夹；向上伸展颈项，感觉头部被向上牵引；正视前方（图 9–16）。

2. 简易坐姿

坐于地上，双腿自然弯曲，盘起；双手轻放于膝盖上（图 9–17）。

3. 直角坐姿

双腿伸直、并拢；背部直立，头部端正；双臂自然支撑于体侧（图 9–18）。

4. 仰躺式

端正头部，仰躺于地面；并拢、伸直双腿；伸直双臂于体侧，手心向下（图 9–19）。

图 9–16 站姿

图 9–17 简易坐姿

图 9–18 直角坐姿

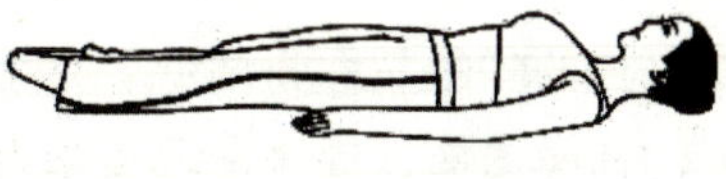

图 9–19 仰躺式

（五）放松姿势

在每个姿势练习完之后，都必须彻底放松全身，不要将疲劳带到下一个姿势。任何一个放松姿势都要求：全身脏器完全地放松，尤其是疲劳、酸痛的部位。

1. 折叠式放松

直立下蹲，含胸低头；两臂自然下垂，半握拳，用大拇指和其余四指撑地（图 9-20）。

2. 仰卧式完全放松

仰躺于地面，双臂分别于体侧打开 30°，手心向上，双腿自然分开 30°（图 9-21）。

图 9-20　折叠式放松

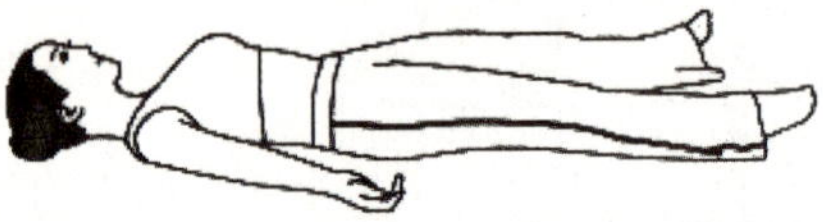

图 9-21　仰卧式完全放松

3. 俯卧式完全放松

俯卧于地面，头转向一侧；双臂分别于体侧打开 30°，手心向上，双腿自然分开 30°（图 9-22）。

4. 英雄式放松

两膝并拢，双脚分开，臀坐落于两脚之间的地面上；手肘支撑，慢慢地将上体和头部有控制地放落到地面上；双手自然打开于体侧，手心向上。初次练习时，可将双膝稍稍分开练习。深呼吸，长久地保持这个姿势，对腿部疼痛的人有益（图 9-23）。

图 9-22　俯卧式完全放松

图 9-23　英雄式放松

二、呼吸和悬息

（一）呼吸

瑜伽的呼吸又称为调息。完全的瑜伽式呼吸能使肺部更加强健，增加对身体的氧气供应量，洁净血液，规律性地按摩内脏器官。

最基本的呼吸方法有三种：胸式呼吸、腹式呼吸和胸腹式完全呼吸。

1. 胸式呼吸

气息的吸入局限于胸腔区域，气息较浅，这种呼吸适宜做针对性较强的动作，如上背部和胸部的动作。

动作要领：意识集中于肺部，缓缓吸气，感觉自己的肋骨向外扩张，气息充满胸腔，保持腹部的平坦；缓缓呼气放松胸腔，将气呼尽。

2. 腹式呼吸

气息的吸入局限于腹部区域，气息较深，横膈膜下降得较为充分。

动作要领：更多地关注腹部，缓缓吸气，感觉腹部被气息充分膨胀，向前推出，胸腔保持不动；缓缓呼气，横膈膜上升，腹部慢慢向内瘪进。

3．胸腹式完全呼吸

这种自然、完全的呼吸，提供给身体最充足的氧气，将体内的浊气、废气充分地排出体外，使血液得以净化，让心灵清澈而清醒。

动作要领：缓缓吸气，感觉到横膈膜下降，腹部完全鼓起；随后，肋骨处向外扩张到最开的状态，肺部继续吸入氧气，胸腔完全扩张，胸部上提；吸满气后，缓缓地呼出，放松胸腔，将胸部的气呼出，随后温和地收紧腹部，腹部向内瘪进去，感觉肚脐去贴后背，将气完全呼尽为止。

呼吸时的注意事项：

（1）意识集中到一呼一吸上。

（2）瑜伽呼吸一般只由鼻腔参与呼吸，只有在特殊情况和要求下，才由口腔参与。

（3）每一次吸气时，犹如在品尝空气一般，缓缓而深长地吸入。

（4）每一次呼气时，犹如蚕吐丝一般，细而悠长。意识中要将体内的浊气通通排出。

（二）悬息

悬息是指在调息过程中屏住呼吸的这段时间内的状态，是在调息练习已有一段时间，能够毫不费劲、从容自如地控制并调节吸气和呼气的完整过程后，开始进行练习的。

悬息分为内悬息和外悬息两种。内悬息是指吸气后蕴气而不呼；外悬息是指呼气后闭而不吸。

1. 内悬息的练习

状态：吸气—内悬息—呼气。

时值：吸气、内悬息、呼气三者的时间相等。

时间：吸气、内悬息、呼气的第一阶段为1~4秒，第二阶段为1~7秒，第三阶段为1~9秒。

2. 外悬息的练习

状态：呼气—外悬息—吸气。

时值：呼气、外悬息、吸气三者的时间相等。

时间：呼气、外悬息、吸气的第一个阶段为1~4秒，第二阶段为1~7秒，第三阶段为1~9秒。

3. 悬息的效果

正确而有规律的悬息练习，能给身体健康带来极大的益处，可清除肺部的浑浊气体，清除血液系统中的毒素，加大人体的氧气供给量，使人头脑清醒，精神焕发，内心平静稳定。

三、瑜伽冥想

瑜伽中的冥想可以帮助人们达到内心平静、祥和的状态，产生机体和内心全面健康的积极影响。冥想可以预防由长期紧张、压抑、忧虑引起的各种疾病，增强免疫系统的功能。

（一）常用的冥想坐姿

瑜伽所有冥想坐姿都具有减少下肢的血流量、减缓血液流速、消除下肢的僵硬和疲劳、给予脊柱下半部分滋养的作用，对腹脏器官有益。

1. 简易坐

坐于地面，双腿自然弯曲盘起；双手轻放于膝盖上（图 9–24）。

特点：可以减轻风湿疼痛，消除关节炎。

2. 雷电坐

跪立，双膝并拢，大脚趾交叠，足跟、脚踝像括号一样，向左右两边分开；背部垂直于地面，臀部坐于两脚内侧（图 9–25）。

特点：适于患有坐骨神经疼、尾骨感染及胃病的人练习。

3. 达仁坐

直角坐姿准备，背部自然伸直，将右脚跟顶住会阴部，右脚脚底紧贴大腿；将左脚置于右脚下，左脚脚跟靠近耻骨，前脚掌和脚趾插进大腿和小腿之间（图 9–26）。

特点：可镇静神经，保持并提高心灵的敏锐与清晰。但患有坐骨神经痛、尾骨感染的人应避免做这个姿势。

4. 莲花坐

直角坐姿准备，将右脚脚背置于左大腿根上；再将左脚脚背置于右大腿根上，两只脚的脚心朝上；两膝向下，贴近地面；伸直背部，端正头部（图 9–27）。

特点：有益于呼吸系统和消化系统的健康，使神经系统充满活力，消除紧张情绪；使下肢的肌肉富有弹性，各个关节柔韧性增强；久坐也不会充血。

图 9–24　简易坐

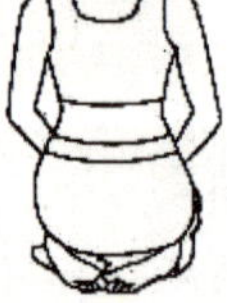

图 9–25　雷电坐

图 9–26　达仁坐

图 9–27　莲花坐

坐姿提示：

（1）双手帮助将脚盘放到准确的位置上。

（2）每一种坐姿都要左右换腿练习。

（3）一旦有不适感觉，一定要按摩放松腿部，或交换腿再练习。

（4）应时时注意保持腰部、背部、颈部、头部呈一条向上的直线。

（5）刚开始练习，尤其是练习难度较大的坐姿时，时间长了脚背、脚踝、膝盖、髋部甚至是腰部都容易出现不适的现象，对于初学者来说这是正常现象，只要及时地按摩放松，不会有任何负面影响，坚持一两个月这种不适的感觉就会消失。

（二）瑜伽语音冥想

冥想使人内心平净，是一种专心致志于特定对象上的深思方法，它不受愚昧无知和谋取私利的影响，使人明智地进入超然和入定的状态中。瑜伽的冥想有多种形式，经过瑜伽师修行证实，语音冥想是一组吸引人心、纯净心灵、简单易学、富有实效的练习。它们是：奥呒；马丹那—末汉那；哈立波尔—尼泰—戈尔；格帕拉—戈文达—瓦玛—马丹那—末汉那。

语言冥想提示：

（1）选择一种适合自己的冥想坐姿，调顺气息静坐。

（2）选择一种自己喜欢并能完整念诵的瑜伽语音冥想，如选择“奥呒”。

（3）每次缓缓吸气时，默念“奥呒”。每次缓缓呼气时，出声念“奥呒”。

（4）相同的呼气和吸气的时间，默念“奥呒”和出声念“奥呒”，瑜伽语音也会一样长。

（5）念诵时，试着将注意力集中到瑜伽语音上。如果念诵时注意力不经意地游离开去，只要慢慢、柔和地带回到瑜伽语音上就行了。

（6）至少连续重复 50 次，如果时间允许，多念诵一些会更好。

（7）每天至少练习其中一种瑜伽语音，连续练习一周，下一周选择另一种瑜伽语音练习。

四、瑜伽休息术

（一）休息术

瑜伽休息术是一帖简单而有效的放松身心的“良方”，任何人都可以做。它包括：瑜伽语音冥想、放松身体各部位、瑜伽场景冥想、精力充沛后起身。

我们在日间进行休息术时，最好保持清醒状态，注意力集中到放松的部位和场景冥想上，以达到最佳的放松效果。瑜伽休息术在夜间进行时，目的在于帮助身心尽快放松，消除失眠的痛苦。临睡前躺在床上，进行全套的瑜伽休息术，不必从头至尾保持清醒状态，自然而然地做着休息术直到睡着。如果能做到放松全身各部位后再睡着就更好了，这样次日早晨醒来会感觉轻松、舒畅、神采奕奕。

准备好瑜伽垫，开始瑜伽休息术。仰躺于垫子上，端正全身，使脊柱伸直、放平。伸直双臂，置于体侧15°的位置，双手手心向上，两脚分开约一尺的距离，全身以最舒适的状态保持不动，闭上眼睛。

1. 语音冥想休息术

静心关注自己的一呼一吸，开始瑜伽语音冥想。

选择任意一个自己喜爱的语音，如“马丹那—末汉那”。每次吸气时，心里默念“马丹那—末汉那”。

每次呼气时，嘴巴轻轻地出声念“马丹那—末汉那”。

让这柔和、宁静的声音发自肺腑，由气息带出，感觉这声音飘得很远很远。每一个音节之间可以加大间隔，根据自己气息的长短合理安排，吸气与呼气的时间一样长。将语音重复10次左右，不要着急。

放松意识，不要思考，开始单纯地放松身体各部位。

意识在每一个需要放松的部位注意一会儿，再转到下一个需要放松的位置。

放松右脚的五个脚趾，放松右脚心、脚跟、脚背、脚踝、右小腿胫骨、小腿肚、膝盖、膝盖窝、大腿前侧、大腿后侧。

继续放松右髋、右侧腰、右侧腋窝、右侧肩膀、右侧大臂的内侧和外侧、右边小臂的内侧和外侧、右手背、右手心、右手臂、右手的五个手指，包括手指尖都完全放松。

放松左脚的五个脚趾，放松左脚心、脚跟、脚背、脚踝、左小腿胫骨、小腿肚、膝盖、膝盖窝、大腿前侧、大腿后侧。

继续放松左髋、左侧腰、左侧腋窝、左侧肩膀、左侧大臂的内侧和外侧、左边小臂的内侧和外侧、左手腕、左手心、左手背、左手的五个手指，包括手指尖都完全放松。

放松整个臀部、骨盆、每一根肋骨，放松后腰及整个背部。放松尾骨、骶骨、腰椎、胸椎、颈椎，整条脊柱全部放松。

放松腹部、腹部的内脏器官，放松肾脏、胃部、肝脏、肺部、心脏，所有的内脏器官都放松。

放松肩胛骨，放松颈部的两侧、前侧和后侧。

放松后脑勺、头顶和头的两侧，整个头部完全放松，头皮和每一根头发全都放松。放松前额、面颊、下巴，放松眉目、眼球、眼眶、眼睑、睫毛。

放松耳朵、鼻子、上唇、下唇、牙齿、舌头、喉咙。

放松身体的每一个毛孔、每一寸皮肤，放松全身的肌肉。

感觉整个身体很重、很重，沉到海底，沉到地底。随后感觉身体很轻、很轻，轻得像一片羽毛，飘浮到空中，飘落到地上。

2. 场景冥想休息术

随后，开始瑜伽场景冥想：用自己的心灵观看每一个场景，这些场景都是自己最想看的简单而美好的场景。它们在眼前一一展现：

湛蓝的天空，白云飘过；白色的浪花，金色的海岸；

椰树在风中幸福地摆动着枝叶；

和风煦日，全身暖洋洋的，舒服极了；山上奇松被雪覆盖着，毅然挺立；

优雅的白天鹅和高贵的黑天鹅在绿色湖面上舞蹈；嫩绿、柔软的草地，晨雾皑皑的森林，透进缕缕晨光……

（二）休息术结束起身

（1）动一动脚趾、手指，捏一捏拳，感觉到身体慢慢地变暖了。

（2）用力搓热双手，掌心轻轻覆盖在面颊、前额，轻轻地按摩太阳穴，按摩鼻子的两侧。

（3）用手掌向上推送下颌，用手指尖轻轻敲击眼眶四周，搓揉耳郭、耳垂。

（4）将身体右侧卧，右手支撑头部，左手轻轻按摩并敲打百会穴，使头脑清醒。

（5）闭着眼睛，盘腿坐起，调息三次后，睁开眼睛，感觉到明亮的视线。

（6）缓缓起身，直立，完成整套瑜伽休息术。

第五节　飞 盘 运 动

一、飞盘运动概述

（一）飞盘的起源与发展

飞盘运动 1948 年发明于美国，20 世纪 70 年代风行欧美，日本是亚洲最早开展此项运动的国家，中国台湾地区首先传入。1994—2000 年，中国台湾地区曾四度击败日本，蝉联勇气赛世界冠军的头衔。

飞盘运动具有十余种国际比赛项目，最受欢迎的项目是：飞盘争夺赛（或称极限飞盘）、飞盘高尔夫、自由花式及勇气赛四大项。

世界飞盘联盟（WFDF）已于 2013 年被国际奥林匹克委员会（IOC）正式认可为飞盘运动在国际上的单项运动总会之一。

飞盘是一种投掷盘形器具的运动，现流行于世界各地。盘呈圆形，用手指和手腕发力，使之旋转，在空中飘飞。主要比赛方法有十余种，如掷远、掷准、自由花式（在乐曲声中进行扔、接，配以体操和舞蹈动作）、团队飞盘赛（类似美式足球，每队依不同规格的赛场采用 5~7 人）、双飞盘（类似网球，同时使用两枚飞盘的竞赛）等。

飞盘运动适用于比赛、健身及大众休闲等活动。由于飞盘运动新奇、活泼、变化、具有挑战性、男女差异小、没有场地限制等诸多特点，吸引了男女老少各年龄层的爱好者。它不仅具有广泛的群众性、娱乐性，还有很强的对抗性和趣味性。飞盘运动已被列为 2001

年世界运动会（非奥运项目的国际比赛）的正式项目。

同时，飞盘的价格便宜，人人玩得起。一般最常见的飞盘玩法，是两个人彼此丢来丢去，不过别小看简单的抛、接动作，如果技术够好，也可以玩得让人眼花撩乱。在玩飞盘之前，买飞盘也是个学问。乍看之下，飞盘构造简单，但是会牵扯到很多有关飞行、物理的科学知识，如空气动力学、牛顿定律、伯努利原理等，所以飞盘的品质要求可一点也不能马虎。首先，飞盘的边缘要十分干净，不要有刺手的毛边，免得在抛、接时割伤皮肤。其次，盘身的平整也同样重要，不要有高低不平或是厚度不均的情况，这样才不会影响飞行的稳定度，通常水平且不会变形的最好。

（二）中国飞盘运动的发展

随着中国经济的迅速发展和对外交流的日益频繁，飞盘运动亦如其他新兴运动一样，虽然起步较晚，但它却以“深圳”速度，创造着奇迹。目前，主要由留学生和外教带动起来的飞盘运动在国内已经有近万人在玩，而它以北京、上海、深圳、天津、大连、宁波、重庆、成都、昆明、西安和香港这些城市为代表，不断地扩大着自己的影响。香港每年10月份都会举办一次国际飞盘公开赛。近年来，内地也有队伍参加。2007年5月，来自北京、上海、天津和香港的7个队伍参加了在天津举行的首届中国飞盘公开赛，代表着中国飞盘运动发展的起点。2008年5月，第二届中国飞盘公开赛队伍已扩大为14支，并增加了大连、青岛、深圳、通州和武汉等几个地区的队伍。2009年5月，第三届中国飞盘公开赛队伍更是扩大到35支。而同年8月于我国台湾地区举办的世界运动会，更是吸引了国人的关注，中央电视台也首次对飞盘比赛进行了现场直播，这再次推动了飞盘运动在中国的发展。

（三）飞盘的精神

飞盘是一项极具娱乐性的团体比赛项目。比赛双方各7名队员，每个队的目标是在差不多有半个足球场大小的场地内将一张飞盘传递到对方的得分区内，攻击方在对方得分区内接住盘为得1分，先得到17分的一方为获胜者（现在的比赛一般为13分制）。飞盘的玩法近似于足球、篮球和美式橄榄球的综合，虽然同为集体项目，但飞盘不允许在比赛中进行任何身体接触，其恐怕也是所有竞技运动中唯一进行自我裁判的项目。飞盘是一项追求公平、公正的团体竞技运动，其更强调运动员精神的培养。“飞盘的精神”就是让所有参赛者知道如何在比赛中进行自我裁判和互相尊重。

二、飞盘的比赛规则

1. 比赛场地

（1）比赛场地是一个矩形区域，其尺寸和区域如图9-28所示，应基本平坦，没有障碍物，并合理保障队员的安全。

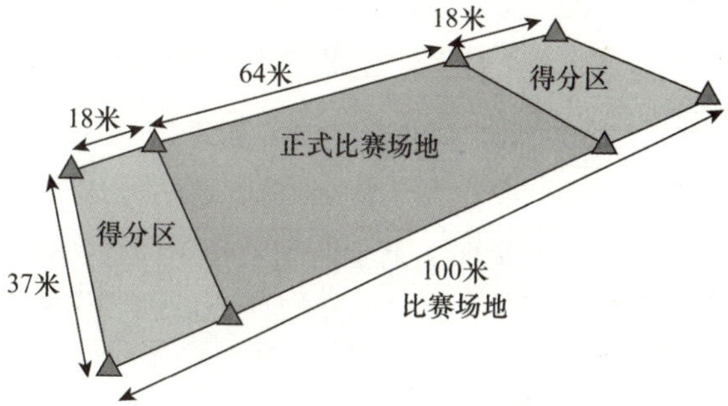

图 9–28　比赛场地

（2）比赛场地的四周环绕着边界线，由沿长边的两条边线和沿宽边的两条底线组成。

（3）边线不是比赛场地的一部分。

（4）得分线是分隔中心区域和得分区域的线，是中心区域的一部分。

（5）砖头点是中心区中两条交叉的 1 米线的交叉点，它与得分线间相隔 18 米，位于两条边线的中间，且距离每个得分线的距离等于得分区的长度。

（6）8 个色彩鲜艳的柔性物体（如塑料圆锥体）标记中心区域和得分区域的角落。

（7）可移动物体不应出现在比赛场地的周围，如果非场上选手或物体在距限制线 3 米内产生阻碍，任何被阻碍的队员或持盘人可以示意“违规”。

2. 比赛装备

（1）被双方队长都接受的任一飞盘皆可使用。

（2）世界飞盘联合会会提供推荐使用的飞盘列表。

（3）每个队员必须穿区别于其他队伍的队服。

（4）任何队员不得穿戴可能伤害自己或其他队员或妨碍对手比赛发挥的服装或装备。

3. 回合、得分和比赛

（1）一场比赛由许多回合组成，每个回合以得分告终。

（2）有一支队伍获得 15 分时比赛结束，该队伍获得该场比赛胜利。

（3）一场比赛被分为两个周期，成为半场，即上半场和下半场。当一个队伍首先获得 8 分时，为前半场结束。

（4）每个半场开始的同时也是当前半场的第一个回合开始。

（5）每次得分后，如果比赛尚未结束或半场时限未达到时：下个回合立刻开始；双方队伍交换他们防守的得分区；得分队伍成为防守方并进行开盘。

（6）基本结构的变化可用于适应特殊的比赛、队员人数、队员年龄或可用空间。

三、飞盘运动的技术

飞盘运动的基本技术主要由掷盘和接盘两大技术组成。飞盘技术并不复杂，但如果想成为一名高超的飞盘运动员，就需要了解飞盘飞行的基本原理，并能够在不同的天气情况下，合理而又熟练地运用飞盘的基本技术。本书介绍飞盘运动的入门技术，为下一步提高技术水平打下坚实的基础。

1. 反手掷盘

（1）握法。大拇指扣紧飞盘的正面，其余四指则扣紧飞盘的边缘，并要求食指顺着盘缘，第二关节刚好与飞盘的边缘卡在一起，尾三指置于盘沟（图 9–29）。

图 9–29　反手掷盘的握法

（2）掷法。反手掷盘是飞盘比赛中比较常用的一种传盘方式。传递的飞盘要尽量平，如果倾斜得太厉害就会造成接的困难。反手掷盘时，右手持盘的选手，右脚在前（左手持盘则相反），飞盘尽量保持在低位出手。扔出的飞盘要尽量使它旋转，以降低风对飞盘线路的影响（图 9–30）。

图 9–30　反手掷盘的掷法

2. 正手掷盘

（1）握法。大拇指扣紧飞盘的正面，其余四指则扣紧飞盘的边缘。握住边缘的四指中的食指、中指应紧扣住飞盘内边缘，而无名指、小指要卷曲并扣住外边缘，以便能够紧紧地握住飞盘（图 9–31）。

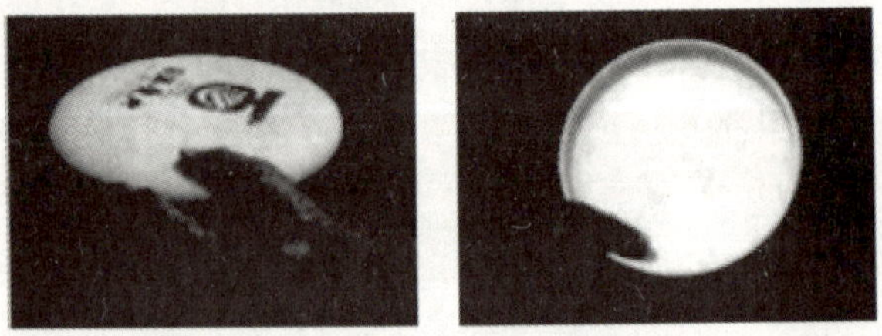

图 9–31　正手掷盘的握法

(2) 掷法。当正手掷飞盘时，可以通过半蹲或将右腿后撤一步（如果是用右手掷的话）来降低重心，虽然这样不能快速地将飞盘传出，但却可以使传的盘更加有力量，还可以通过后撤一步来避开防守队员的封堵（图 9-32）。当然，也可以不用降低重心而直接将飞盘传出，这种情况往往可以有效地提高进攻速度，更好地把握战机，但是由于这种方法力量小，因此一般用于短传。

图 9-32 正手掷盘的掷法

3. 双手腰上接盘

双手抬起，五指自然张开，四指在上，大拇指在下。接盘时，眼睛盯紧飞盘，主动伸手向前迎接，顺势接盘。接盘瞬间，五指扣紧（图 9-33）。

图 9-33 双手腰上接盘

4. 双手腰下接盘

双手抬起，五指自然张开；四指在下，大拇指在上。接盘时，眼睛盯紧盘，主动伸手向前迎接，顺势接盘。四指拖住盘，拇指扣紧（图 9-34）。

图 9-34 双手腰下接盘

四、飞盘的相关战术

飞盘运动员如何在任何情况下进行完美跑位?

因为人类有通过学习系统原则去理解复杂结构的能力，所以才可以用自己有限的大脑去理解无限的可能。

飞盘运动的核心在于能够实时对赛场上的节奏进行准确的把握，即在比赛中能够观察清楚形势并做出正确的反应。通常机会存在的时间只有 0.5 秒，队员必须能够凭直觉抓住机会，从而尽量多地制造优势。

这种机会出现的情形如下。

(1) 断盘的瞬间：优势跑位发生时（具有长传能力的跑锋跑位接到盘时可以进一步制造优势）。

(2) 攻防队员实力悬殊：防守队员失去平衡或者位置不利时。因为赛场上队员的位置多变，比赛也受到多方面因素（队员水平、队员擅长的位置及天气因素）的影响，队员想要掌握所有的信息并正确应对是不可能的，因此建议队员自行生成对于核心原则的一套理解，能适用于大多数情况即可。

一旦队员掌握了一项核心原则，它在大多数场合都是适用的。赛场上的实时反应需要的不仅仅是队员对于比赛的理解，还要求其具有良好的协作能力。通过多年的练习和试错，我们讨论得出了最重要的几点原则——集中、空间、重心、沟通、效率及控盘。我们提出这些原则就是希望读者学习本书后，不必重复我们漫长的试错之路。

1. 集中原则

每一个体育界传奇人物都具有不可思议的高度集中的注意力，有人将这种注意力称为“在区域中比赛”。没有运动员可以一直做到心无旁骛，然而伟大的运动员似乎会更经常的做到这一点。飞盘运动胜率最高的运动员比尔·罗德里格斯说过：“伟大的运动员比好的运动员，不强在技术，而强在注意力。”注意力是比赛中最重要的原则。注意力会贯穿运动员的训练、传盘、接盘、决策、倾听及冲刺等每一个方面。

如果想成为飞盘运动的强者，就必须锻炼集中注意力。

例如，在扑盘时，任何注意力的分散（如脑中想到观众的注视、预测落地时的疼痛、害怕其他队员的接触、思考接盘后如何掷盘等）都会影响接盘的成功率。而防守队员的一刻分神就可能看不到进攻队员，进而慢一步跟防，导致失去断盘的时机。

比赛中队员需要把注意力放在自己、对手以及自己和其他队员的互动上。

在训练中也是一样，短跑及举重时注意力必须集中，如果思绪不稳定，身体也会跟着懈怠。

当队员在边线休息时，可以为队伍加油、分析敌队战术、提示队友的失误（同时接受队友的提示和批评）、同队长讨论战术，这些都可以帮助队伍赢得比赛。

一个队员全身投入比赛时，会把自己全部的注意力集中在队伍的集体目标上，这就是最大的贡献。

下面有几句帮助我们集中注意力的口头禅，它们的理念是一样的：只玩飞盘（玩飞盘时不想别的事情）；打好现在（忘掉过去，不去想接下来）；让本能飞（你的身体知道如何跑、跳、抓盘，不必过度思考）；打好比赛（就算不在状态，也要尽快调整好心理和生理状态）。

2. 空间原则

空间原则的主要元素是场地感和时机感。在动态的运动类型中，运动员需要明白自己的移动方向，哪些计划会引发哪些对策，赛场上的机会出现在哪里，机会出现时如何去利用。

利用空间原则的时候，我们需要知道：

（1）需要多大的进攻空间。

（2）防守队员有多大可能占领这个空间从而阻碍进攻。

（3）这次进攻需要多长时间。

这些方面对于飞盘之类的场地运动非常重要，因为这类运动中同时有很多人在一大片场地上移动。

飞盘比赛中最简单的进攻方式是把盘传向一个空的场地，由无人防守的进攻队员在那里接盘。那么如何实现这一场景呢？

在队伍方面，全体进攻队员需要配合来制造最大的无人防守场地，同时进攻队员要快速利用这个突然空出来的区域进行进攻。

在个人方面，跑锋需要清楚防守队员漏防的情况，找到轻松的跑位机会；传盘人需要清晰的视野来传出好盘，同时需要发现传盘机会并果断利用。

反过来，防守要做的是全力压缩进攻空间。

空间原则要求防守队通过配合，对场地进行最大范围的占领。

对于个人而言，必须不断地调整自己的位置来压缩进攻空间。

场地空间感对于飞盘运动的各方面来说都很重要。

3. 重心原则

运动需要良好的平衡能力，失去平衡的队员会难以控制自己的身体。除了平衡之外，良好的重心控制可以帮助队员在传盘、跑动及起跳时控制好发力方向，所以我们把所有类型的移动都归类在重心原则下。

对任何种类的运动而言，最重要的事情之一是对于重心与平衡的理解。

在飞盘运动中，传盘人转移重心的技巧决定了盘的飞行速度和稳定性。

防守队员也必须保持好平衡，将重心放在臀部，随时应对假动作及进攻跑位。

跑锋如果能利用防守队员不合适的站位，就可以用身体制造优势。

如果防盘人重心移到一条腿上（倾向一侧），不能灵活地移动双腿，传盘人就可以传出破防的盘。

同样，传盘人过于投入一个方向的选择时（倾向或倒向一侧），防盘人是可以占到一些便宜的。

在这项运动的各个方面，重心和平衡的控制力都是至关重要的。

4. 沟通原则

沟通能使队伍更加和谐。没有良好的沟通，就没有队伍，没有整体效应。

七个队员在进攻和防守时，要达到和谐不能没有沟通。沟通可以产生一种全局协调效应，从而为队伍带来胜利。没有沟通就无法实施团队战术，而且每次沟通失败都有可能导致比赛失利。

沟通可以让防盘人听到不在视野中的威胁（破防、绕后等），可以让传盘人传递信号给队友，可以让边线队员提醒场上的队员不要漏防，可以让跑锋提醒其他队员的站位防止阻挡，可以让防盘人提醒队友计数已经很高，可以让防守队员迅速地换防。

5. 效率原则

效率原则是飞盘运动中的“奥卡姆剃刀”。“奥卡姆剃刀”原则指的是不要增加没有必要的部分或分类，也就是尽量不要分割东西，也不要将事情弄得复杂。

在运动中，效率代表我们只需要做有必要的事情来实现我们的目标。

与目标无关的动作、语言、指示及其他耗费能量的事情都是应当避免的。通过这种方法可以将有限的体能发挥到最大程度，语言上的效率也有助于沟通。

人的体能储备是有限的，因此在比赛中应当尽量高效地使用体力。高效的打法非常清晰干净，而混乱的打法经常拖队伍后腿。

例如，一个跑锋如果不能快速清场，就会妨碍队伍去制造进攻机会；传盘时多余的动作可能会使盘出现晃动及路线不准确的现象，也会延误出手时机；接盘人如果绕弯去接盘的话就可能出现接盘延迟，减少下一步进攻的可能性。

明确自己的目标并用最快的方法实现目标，就是所谓的效率。传盘人只需要用假动作将防盘人晃开，让传盘不受影响就可以。没有目的的假动作和轴转是在浪费时间，可能会影响传盘质量甚至导致攻守互换或丢分。

6. 控盘原则

最后一个需要强调的原则是对盘的控制权，也就是尽量避免攻守互换。

在几乎所有的飞盘比赛中，就算减去断盘和抄截的次数，输掉比赛的队伍也可以拿到足够获胜的进攻机会。也就是说在大多数比赛中，如果输掉的队伍能够尽量避免攻守互换，就能赢得比赛，这个发现相当令人兴奋。

无论是个人还是队伍，要想成功就一定要明白飞盘控制权的意义。

进攻者一定要在脑中铭记，减少攻守互换，保持盘的控制权。遵循这个原则就是要极力扩大得分的可能性，极力减小攻守互换的可能性。

控盘原则和前述的原则是有重合的，如进攻队员明白空间和攻守转换之间的关系。但是比赛中我们常常忽略这个原则，因此在此需要格外强调，珍惜自己手上的盘！

以上的这些原则（集中、空间、重心、沟通、效率及控盘）适用于所有的团队体育项目。

思考题

1. 飞盘的接法有几种？
2. 飞盘的精神是什么？
3. 简述飞盘的起源与发展。
4. 简述健美操、啦啦操、体育舞蹈和瑜伽的起源与发展。
5. 健美操、啦啦操、体育舞蹈、瑜伽和飞盘，你喜欢哪项运动？为什么？

第十章

搏击武术项目

学习提要

1. 了解武术、剑术、太极拳、散打和跆拳道的起源与发展。
2. 学会武术、剑术、太极拳、散打和跆拳道的基本技术。
3. 掌握武术、剑术、太极拳、散打和跆拳道的运动技能，积极练习武术、剑术。
4. 积极参与太极拳、散打和跆拳道运动，体验搏击武术类运动的乐趣。

思政目标

提高学生的自我锻炼意识，养成良好的锻炼习惯。

第一节　武　　术

一、武术概述

武术起源于中国，在中国有着悠久的历史，是以中国传统文化为基础，以内外兼修、武德为重为特点的运动，与中华文明的产生是同步的。原始社会的人类为了生存与大自然的猛兽展开搏斗，这就是武术的雏形。

随着战争的开始，军事武术从此登上历史的舞台，每一次的生与死较量都使军事武术得到发展。一些军官、士兵流落在民间，在民间传授武术，使武术得到繁荣和发展。武术具有强身健体、防身的双重作用，在漫长的封建社会，备受欺凌的老百姓为中华之崛起学习武术，促进了武术的传播与发展。

当今，中华武术已经逐渐转变成一项体育运动，由于它具有健身、防身、自卫的作用，因此受到越来越多人的喜爱。随着中国功夫影响力的扩大，武术走出国门，开始在海外传播，受到越来越多外国人的喜爱。

二、武术的定义与分类

现代武术定义具体表述为：武术是以中华文化为理论基础，以技击方法为基本内容，以套路、格斗、功法为主要运动形式的传统体育。

中国武术分为传统武术和竞技武术，竞技武术是由传统武术演化而来的，传统武术则是由古代战争和民间练武发展起来的徒手和器械格斗术，具有极其广泛的群众基础，是中华民族在长期的社会实践中不断积累和丰富起来的一项宝贵的文化遗产。其内容有踢、打、绊、拿、柔术等。传统的中国武术又称为国术，其本质是一种格斗，是一种生存游戏。竞技武术分为散打和套路。散打又叫散手，是武术的擂台形式；套路则为武术的表演形式。

三、拳术

拳术是中国武术中徒手技法的总称，也简称拳。古时，有技击、手搏、使拳、拳法、白打等称谓。

（一）拳术的历史源流

原始人类为了免受野兽侵袭和获取生活资料，而采用拳打、脚踢、指抓、跳跃、翻滚等动作，这是原始拳术的萌芽。

（二）拳术的特点和作用

拳术在长期社会实践中，形成了许多拳种流派，各拳种流派的运动风格和特点各异。长拳姿势舒展，动作快速；太极拳舒展柔和，轻灵圆活；八卦掌势势连绵，身灵步活；形意拳动作简练，发力较刚；南拳步稳势烈，刚劲有力；通背拳放长击远，发力顺达；劈挂拳大开密合，长击冷抽；象形拳模拟各种动物的特长和形态，以及表现某些古代人物的搏斗形象和生活形象，分象形、取意两种，取意是指以动物的搏击特长来充实技击动作的内容。虽然不同拳种特点不同，但套路都由手形、步形、手法、步法、腿法及数量不等的跳跃、平衡、跌扑、滚翻等动作与技术组成。练习拳术，要求动作规范，手、眼、身、步配合协调，要与意识、呼吸紧密结合，达到内外合一、形神兼备。

通过拳术的锻炼，不仅能使人掌握攻防格斗技术，还能提高人体系统功能和身体素质，培养良好的道德情操，为进一步学习武术器械项目打下良好的基础。

（三）拳术的主要内容与分类

拳术分为内家拳和外家拳。外家拳主要讲究搏人（攻击），内家拳主要讲究御敌（防守）。太极拳、形意拳、八卦掌也称为内家拳。拳术按地域分为南派和北派。南派是指流行于长江流域以南地区的拳术，其特点是架势小，动作较紧凑，练习时活动范围不大。北派是指流行于黄河流域及以北地区的拳术，其特点是架势大，动作舒展，练习时活动范围大。此外，拳术还有按姓氏分类的，依拳术技术特点分类的。

现代较为流行的拳术分类方法是把拳术分为以下五类：①内家拳类，包括内家拳、太极拳、形意拳、八卦掌等。②长拳类，包括少林拳、查拳、华拳、三皇炮捶、通背拳、翻子拳、拦手拳、戳脚、六合拳等，以及中华人民共和国成立后根据查、华、洪等拳术特点综合整理的适应普及的初、中级套路，适应竞赛的规定套路和自选套路。③南拳，中国南方各省流行的拳术。④短拳，又称短打，一种较为古老的拳种。⑤象形拳，包括猴拳、蛇拳、鹰爪拳、螳螂拳、醉拳等。

（四）初级长拳第三路动作名称

（1）预备势：①虚步亮掌；②并步对拳。

（2）第一段：①弓步冲拳；②弹腿冲拳；③马步冲拳；④弓步冲拳；⑤弹腿冲拳；⑥大跃步前穿；⑦弓步击掌；⑧马步架掌。

（3）第二段：①虚步栽拳；②提膝穿掌；③仆步穿掌；④虚步挑掌；⑤马步击掌；⑥叉步双摆掌；⑦弓步击掌；⑧转身踢腿，马步盘肘。

（4）第三段：①歇步抡砸拳；②仆步亮掌；③弓步劈拳；④换跳步弓步冲拳；⑤马步冲拳；⑥弓步下冲拳；⑦叉步亮掌侧踹腿；⑧虚步挑拳。

（5）第四段：①弓步顶肘；②转身左拍脚；③右拍脚；④腾空飞脚；⑤歇步下冲拳；⑥仆步抡劈拳；⑦提膝挑掌；⑧提膝劈掌，弓步冲拳。

（6）结束势：①虚步亮掌；②并步对拳。

第二节 剑　　术

（一）剑的起源及社会象征

最早的剑产生于商代，较短，呈柳叶或锐三角形，初为铜制。制剑技术在春秋战国时期得以快速发展，这时候出现了钢剑，并逐步取代了青铜剑的地位。

剑素有“百兵之王”之称。同时，剑又是我国古代的四大兵器之一。其用法有刺、劈、挂、点、崩、云、抹、穿、压等，在剑法的基础上配以剑指，加以各种步法、步形、跳跃、平衡、旋转等动作构成了剑术的套路。

剑是中华武术的重要组成部分，在中国传统武术中有着很高的地位，为“兵器之神”，有君子之风。自古行侠者佩剑而行，文雅高尚者佩剑，将军统帅佩剑，由此可见剑是武术文化的精髓，能够衡量功夫境界的高深。

（二）剑术基本技法

（1）轻快敏捷。拳谚说：“剑走轻，刀走黑。”区别了刀和剑的用法特点。剑术中的点、崩、截、绞等剑法讲究敏捷、轻巧和准确，力点多在剑尖和剑前端。

（2）刚柔兼备。刚、柔是武术的劲力的两大要素，剑术的劲力讲究刚中带柔，柔中有刚，或者以柔带刚，刚中见柔，互为依托。

（3）把活腕灵。剑术讲究“剑法”的正确性，而“剑法”的正确与否取决于“把法”是否正确和灵活。在剑术演练中，“剑法”变化多端，这只有通过“把法”的正确变化才能得以实现，需要手指、掌和腕灵巧、协调和活络，否则剑法很难正确表达。

（4）气韵生动。剑术演练注重洒脱自如，气势宏大，讲究动静、急缓富有鲜明生动的多种节奏变化，起承转折强调韵律和节奏，转换灵活协调。其身法和节奏的变化千姿百态。

（三）初级剑术动作名称

（1）预备势。

（2）第一段：①弓步直刺；②回身后劈；③弓步平抹；④弓步左撩；⑤提膝平斩；⑥回身下刺；⑦挂剑直刺；⑧虚步架剑。

（3）第二段：①虚步平劈；②弓步下劈；③带剑前点；④提膝下截；⑤提膝直刺；⑥回身平崩；⑦歇步下劈；⑧提膝下点。

（4）第三段：①并步直刺；②弓步上挑；③歇步下劈；④右截腕；⑤左截腕；⑥跃步上挑；⑦仆步下压；⑧提膝直刺。

（5）第四段：①弓步平劈；②回身后撩；③歇步上崩；④弓步斜削；⑤进步左撩；⑥进步右撩；⑦坐盘反撩；⑧转身云剑。

第三节　太　极　拳

（一）太极拳概述

太极拳是中华民族宝贵的文化遗产，是民族的瑰宝，是一种比较柔和、缓慢的拳术。它可以调和阴阳、疏通经络、强身健体，还可以防病治病、扶正祛邪、健全人格、陶冶情操，集防身、养身、修身于一体，是人们喜爱的一项运动。

太极拳因运用中国古代的“阴阳”和“太极”这一哲学理论来解释拳理而被命名。

“太极”一词源自《周易》：“易有太极，是生两仪。”“太”就是大的意思，“极”就是开始或顶点的意思。宋朝周敦颐在《太极图说》中第一句话就是“元极而太极”，其意思为“太极本无极”。

太极拳大约于明末清初逐渐形成，起源于武当，创始人是张三丰。太极拳形成原因有三：一是综合吸收了明代各家拳法；二是结合了古代引导、吐纳之术，把拳术中的手、眼、身、步的协调配合与引导、吐纳有机结合起来，使太极拳成为内外统一的拳术运动；三是运用了中国古代的中医经络学说和阴阳学说，“以意引气，以气运身”，内气发源于丹田，以腰为主宰发力于全身。

太极拳在长期演变中形成许多流派，主要的有以下五式。

陈式太极：由陈王庭所创。套路动作的特点是动作外形缠丝旋转，顿足跳跃；动作劲力刚柔外现，松活抖弹；动作气势静如山岳，动似雷霆；动作速度快慢相间，势断意连。陈式太极拳鲜明的特点被广大人民群众所喜爱，尤其适合青壮年练习。其他各式太极拳都源自陈式太极。

杨式太极：太极拳的一个主要流派，创始人是河北永年人杨露禅，是目前流传最广的太极拳。1949 年后改变的 24 式、48 式、88 式太极拳及杨式太极竞赛套路都是以传统杨式太极为蓝本的。其动作特点是外形舒展大方，中正圆满；动作简洁连贯、劲力刚柔内含；动作速度柔和缓慢。

吴式太极：由杨式太极发展而来，创始人是清末河北满族人吴全佑。动作特点是动作外形开展适中，紧凑有度；动作气势端庄典雅，小巧灵活；动作衔接细腻流畅；动作速度均匀和缓，绵绵不断；动作劲力以柔为主。

武式太极：太极拳的一个重要流派，创始人是清末河北永年人武禹襄。动作特点是动作外形拳势紧凑；动作过程起承开合；动作速度舒缓适中；动作劲力势势贯劲。

孙式太极：创始人是清末河北定县人孙禄堂，将形意、八卦、太极拳（武式太极拳）三家的精华，融会贯通而创。动作特点是外形架高步活，中正舒展；动作敏捷轻灵；动作劲力内劲饱满；动作衔接进退相随；动作速度柔和平稳，行云流水。

（二）24 式太极拳动作名称、动作说明

第一组：起势，左右野马分鬃，白鹤亮翅。

第 1 式：起势。两脚并拢，身体自然直立；左脚左边一步，与肩同宽。两臂前平举；手心向下，高与肩平；屈膝按掌至腹前，眼平视。

第 2 式：左右野马分鬃。左野马分鬃：体微右转，收脚抱“球”，目视右手。左转体迈步，弓步分手，左手高与眼平，右手落于右胯旁，手指向前，眼看左手。右野马分鬃：后坐跷脚，左转体收右脚抱“球”，眼看左手。右转体迈步，弓步分手，右手高与眼平，左手落于左胯旁，手指向前，眼看右手。

第 3 式：白鹤亮翅。体微左转，右脚进半步，胸前抱“球”，左虚步分手，眼看前方。

第二组：左右搂膝拗步，手挥琵琶，左右倒卷肱。

第 4 式：左右搂膝拗步。左：①体微左转，右手落于体前，再右转，右手经下摆至右前上方与耳高，左手经面前划弧至右胸前，眼看右手；②体左转，左脚左前迈出成左弓步，右手屈肘由耳侧向前推出，高与鼻平，左手前搂后按于左胯旁，眼看右手指。右：①后坐跷脚外撇，体左转，收右脚，脚尖点地，左手由左后向上平举，右手划弧至左肩前，眼看左手；②动作同“左②”，唯左右相反。左：①后坐跷脚外撇，体右转，右手经下摆至右前上方与耳高，左手经面前划弧右胸前，眼看右手；②动作同“左②”。

第 5 式：手挥琵琶。右脚进半步，成左虚步，脚跟着地，左手上挑，高与鼻平，右手收至左肘里侧，两臂微屈，眼看左手。

第 6 式：左右倒卷肱。右手向后上方划弧平举，左手翻掌向上，左脚尖点地，眼随着右转体先向右看再转看左手。左：退左脚略向左后斜，成右虚步。同时，左手向后上方划弧平举，右手由耳侧向前推出，两掌心均向上，眼随转体左看再转看右手。右：动作与左相同，唯方向相反。左：动作与左相同。右：动作与右相同。

第三组：左揽雀尾，右揽雀尾。

第 7 式：左揽雀尾。体微右转，收左脚，右抱“球”。棚：左脚向左前方迈步成左弓步，左臂屈成弓形向左棚出，高与肩平，右手落于右胯旁，眼看左前臂。捋：体微左转，左手前伸翻掌，掌心向下，右手掌心向上，前伸至左腕下方，两手随体微右转，经腹前向右后上方划弧，右手高与肩平，左手屈于胸前，重心移右，眼看右手。挤：体微左转，右手搭于左腕里侧，重心前移成左弓步，同时双手向前挤出，眼看左腕。按：右手经左腕上方向右划弧与左手齐，两手心向下，分开与肩宽，后坐收掌至胸前，左脚尖跷起，眼看前方，重心前移成左弓步，两手向前上按出，腕高与肩平。

第 8 式：右揽雀尾。体右转，左脚尖里扣，右手向右、向下、向左划弧至左肋前，左手与右手在胸前抱“球”，重心左移，右脚向左脚靠拢点地，其余与左揽雀尾相同，唯方向相反。

第四组：单鞭，云手，单鞭。

第 9 式：单鞭。体左转扣右脚，两手左高右低向左运转后接着左手向下向右运转，右手经胸前向右运转后钩右手，左手停于右肩前，同时重心由左移至右腿，眼看左手，体微左转，右脚迈步成左弓步，推左掌，指与眼平，眼看左手。

第 10 式：云手。第 1 组：体右转扣左脚，左手经右上划弧至右肩前，眼看左手，重心左移，左手向左运转下落，右手向左上划弧至两眼前，同时，收右脚成小开立步，眼看右手。第 2、3 组同第 1 组。

第 11 式：单鞭。体微左转，迈左脚成弓步，右钩手，左掌前推，眼看左手。

第五组：高探马，右蹬脚，双峰贯耳，转身左蹬脚。

第 12 式：高探马。右脚进半步，成左虚步，两手心向上，右掌经耳旁前推，手心向前与眼高，左手收至左腰前，手心向上，眼看右手。

第 13 式：右蹬脚。①左手穿掌至右手背，提左脚，迈步成左弓步，同时两手分开自两侧向下划弧合抱于胸前，右手在外，右脚收拢，脚尖点地，眼看右方；②两臂分开平撑，手心向外，同时抬右腿蹬右脚，眼看右手。

第 14 式：双峰贯耳。屈右腿，两手落于右膝两侧，手心向上。右脚前落成弓步，同时两手握拳从两侧前上划弧至脸前，拳眼斜向内（两拳相距 10~20 厘米），眼看右拳。

第 15 式：转身左蹬脚。①体左转，扣右脚，两拳变掌由上左右划弧合抱于胸前，左手在外，左脚收至右脚内侧点地，眼看左方；②两臂分开平撑，手心均向外，同时抬左腿蹬左脚，眼看左手。

第六组：左下势独立，右下势独立。

第 16 式：左下势独立。①屈左膝，右掌变钩手，左掌向右划弧于右肩前，眼看右手；②右腿屈膝下蹲，左腿向左侧偏后伸成仆步，左手向左下经左腿内侧穿出，眼看左手；

③弓腿起身，提右膝，挑右掌指向上，左掌按于左胯旁指向前，眼看右手。

第 17 式：右下势独立。①体左转，右脚落于左脚前点地，同时左手后举成钩手，右掌向左划弧于肩前，眼看左手；②③同左下势独立的②③。

第七组：左右穿梭，海底针，闪通臂。

第 18 式：左右穿梭。①落左脚坐盘，上右脚点地，同时，两手在左胸前抱“球”，眼看左前臂；②右脚前迈成弓步，同时右手架于额前，手心斜向上，左手向前推，高与鼻平，指向上，眼看左手；③后坐，右脚尖外撇，左脚上步于右脚内侧，脚尖点地，同时两手在右胸前抱“球”，眼看右前臂；④同②，唯左右相反。

第 19 式：海底针。右脚上半步成左虚步，同时右手随体右转向下、后、上提，由耳旁斜前下方插掌，指向下，左手向前、下划弧，落于胯旁，手指向前，眼看前下方。

第 20 式：闪通臂。体稍右转，左脚前迈成左弓步，同时右手经体前上提至头上，掌心斜向上，左掌向前平推，高与鼻平，眼看左手。

第八组：转身搬拦捶，如封似闭，十字手，收势。

第 21 式：转身搬拦捶。①右后转体，扣左脚，同时右手随转体握拳向右下划弧至左肘旁，拳心向下，眼看前方；②右转体，右拳经胸前翻转撇出，左手落于右膀旁，同时右脚收回再向前迈出，脚尖外撇，眼看右拳；③重心移至右腿，左脚向前迈步，左手向前拦掌，右拳收回腰旁，眼看左手；④左腿前落成左弓步，同时右手向前打出，高与胸平，左手附于右前臂内侧，眼看右拳。

第 22 式：如封似闭。①左手经右腕下穿出，右拳变掌，两手心向上回收，同时体后坐，左脚尖跷起，眼看前方；②两手在胸前翻掌，向前推出与肩高，同时重心前移成左弓步，眼平视。

第 23 式：十字手。①重心右移，扣右脚，体右转，右手随转体向右划弧，与左手成两臂侧平举，同时右脚外撇，成右弓步，眼看右手；②重心左移扣右脚，然后右脚向左回收半步，两脚与肩宽，同时两手向下、上划弧交叉于胸前，右手在外，两掌心向里，眼平视。

第 24 式：收势。两手小臂外旋翻掌，手心向下，分手下落，收左脚还原，眼平视。

第四节　散　　打

（一）散打运动简介

武术是以技击为内容，通过套路、搏斗等运动形式来增强体质、培养意志的民族传统体育项目。散打是武术的重要组成部分，是一项以最简单、最直接的招法，以快速击倒或摔倒对手为目的的对抗性竞赛项目。现代散打运动是一项较劲、斗智斗勇的激烈运动项目。良性散打能培养机智、顽强、勇敢、灵活等意志品质，还能强健体魄。

（二）散打基本技术

1. 手形、实战姿势和拳法技术

（1）手形。

拳：五指内屈握紧，拇指第一指骨压在食指和中指的第二指骨上，拳心朝下为平拳，拳眼朝上为立拳。

（2）实战姿势。

准备姿势以尽量缩小被打击面积，有利于灵活快速地出击为基本原则，如图 10-1 所示。

两脚前后开立，略比肩宽，脚尖内扣，两膝微屈，重心在两腿之间，前、后脚开立角度约 45°；两手握拳，左前右后（右架），拳眼朝上，左手臂弯曲，肘关节夹角为 90°~120°，左拳与鼻同高，右手臂弯曲放于下颌外侧，肘关节夹角小；含胸，收下颌，收腹，双肘保护两肋部，面向对手，两脚前掌着地，便于移动。

图 10-1　准备姿势

（3）拳法（以正架为例）。

①冲拳（图 10-2）。

左冲拳的用法：击打对方头部；重心下降击打对手腹部。

左冲拳要领：姿势灵活放松，有弹性；重心不要太低，膝关节不得小于 90°角，两手紧护躯体，暴露给对手打击的有效部位尽量小；冲拳时，上体不可前倾，腰略向右侧平转，出拳路线要直，快出快收，迅速回到实战姿势。

右冲拳的用法：对峙时，左冲拳刺开对方破绽，右冲拳利用蹬腿、转腰的力量加大冲拳力度，直击对方要害部位；当对手左掼拳向头部攻击时，俯身下躲，同时右冲拳击对手中路腹部；当对手右冲拳进攻中路时，先以左手拍压其拳，然后右冲拳反击其头部。

右冲拳要领：实战姿势，右脚蹬地并向内转动，脚带动胯、腰将力传送至肩，肩推动臂，最后力达拳面呈一条直线。左拳回收到右肩内侧，保护头部。出拳动作要协调。

图 10-2　冲拳

②掼拳（图 10-3）。

左掼拳的用法：双方对峙时，对方出左冲拳，突然向右闪，左掼拳反击其头部；对方右掼拳时，俯身不躲闪，向左侧倾，反击对手右侧下腮部；对手左抄拳向胸部进攻时，防守后，左掼拳反击其头部。

左掼拳要领：上体微向右转，幅度不能太大，带动肩部、臂部直至拳面。左掼拳是一种横向的进攻动作。出拳时，肘部翻至水平面，横向用力，肘的角度约 120°；左拳向前、向里横掼，力达拳面，右拳护于右腮。

右掼拳的用法：双方对峙时，俯身以左拳虚晃，佯攻其腹部，继而起身右掼拳攻其头部；对手右掼拳进攻腹部，左手向里掩肘防守，右掼拳反击其头部；双方相峙时，突然左向上步，攻对方左肋处。

右掼拳要领：右脚蹬地向内扣转，向左转腰，顺肩，肘部微屈；由下至水平抬起，右拳再由外至里横掼，弧度不能太大，力达拳面；左拳屈臂回收至左腮前做保护；当收拳时，肘部要随身体迅速回收，保护软肋部。

右掼拳的特点是能充分借助右脚蹬地转腰的力量，力度较大，但因进攻路线长，动作幅度大，一般在连击或防守反击时较多用。

图 10-3　掼拳

③抄拳（图 10-4）。

抄拳的用法：对手左抄拳进攻胸部、腹部时，沉身做右转掩护后，以左抄拳反击对手躯干部位；对手右掼拳进攻上路右侧时，左手挂挡，右抄拳反击其躯干以上正面部位。抄拳属于上下进攻型动作，适用于近距离实战。双方接触时，正面攻击对手的胸、腹或下颌。

图 10-4　抄拳

抄拳要领：实战姿势开始，重心下沉。脚蹬地拧转，左、右转动腰，再由腰带动手臂，两臂肘部屈 90°~110°角。由下向前上方勾起，力达拳面。动作连贯、顺达，用力由下至上。抄拳时，臂应微内旋，拳呈螺旋形运行。抄拳要借助脚蹬地、扣膝、合胯、转腰的力量。

2. 散打中的基本步法与腿法技术

（1）步法。步法是散打技术的基础。实战时，双方保持一定的距离，通过步法的移动才能抢占有利的位置、发动进攻或转换防守。步法的总体要求是“快、准、活”。“快”是指步法移动要快速；“准”是指移动的步幅要准确、到位；“活”是指步法移动要灵活多变，富有弹性，变化自如。散打步法在实战中要综合使用，其中基本步法包括进步、退步、撤步、插步、跨步、闪步、换步、盖步、纵步、垫步、跃步等。下面介绍进步、退步、插步、跨步、闪步和换步。

①进步：实战姿势开始，前脚向前进半步，后脚再跟进半步，进步步幅不宜过大，跟进后的身体姿势保持不变，进步与跟步越快越好。

②退步：后脚先后退半步，前脚再后退半步。

③插步：后脚向左移一步，脚跟离地，两脚呈交叉。身体不要转动，左侧面仍与对手相对。插步后要及时还原成实战姿势。

④跨步：左脚（右脚）向左（向右）侧跨半步，右脚（左脚）略向左脚（右脚）靠近，膝弯曲。同时右拳向斜下方伸出，左拳收至左胯旁。主要用于侧闪防守，重心下降，利于反击。两腿一虚一实，两臂分别防守上、下，形成较大防守面。

⑤闪步：左（右）脚向左（右）侧移半步，右（左）脚随之向左（右）滑步，身体转动 90°角，步法轻盈，转体闪躲灵活、快速。

⑥换步：左脚与右脚同时蹬地前后交换，两拳也前后交换成反架姿势。转换时要以髋关节带动两腿，身体不能明显腾空。

（2）腿法。腿法是散打技术中非常重要的一项技术。古谚道：“手是两扇门，全靠腿打人。”腿法在散打中占很大的比重，主要用于远距离对抗。

①蹬腿。蹬腿分为左蹬腿［图 10-5（a）］和右蹬腿［图 10-5（b）］。

左蹬腿：实战姿势，面向对手，右腿直立或稍屈，左腿提膝抬起。勾脚，向前蹬出，力达脚跟；也可送髋，脚掌下压，力达脚前掌。

右蹬腿：实战姿势，重心前移，左腿直立或稍屈支撑身体，右腿提膝前抬。勾脚，出脚时应稍送髋，身体轻微前压，以脚跟领先向前蹬出，脚掌下压，力达脚前掌。

(a)

(b)

图 10-5　蹬腿

注意：支撑腿直立或稍屈，另一脚由屈到伸，脚尖勾起用脚跟猛力蹬出，快速连贯，高不过胸，低不过腰，出腿时注意蹬腿的路线是直线，不能做成弹腿。

用法：当击中对方时，脚跟发力，前脚掌下压，容易将对方蹬开或使其倒地。例如，当双方移动，与对手正面相对时，蹬腿击其躯干，为主动蹬腿；当与对手距离较远时，垫步接近对方，同时蹬腿击其躯干，为垫步蹬腿；当对方上步，用拳法进攻时，迎面抢先用蹬腿击其躯干，为迎面蹬腿。

②踹腿。踹腿分为左踹腿［图 10-6（a）］和右踹腿［图 10-6（b）］。

左踹腿：实战姿势，右腿直立或稍屈支撑；左腿屈膝抬起，小腿外摆，脚尖勾起，脚掌正对攻击目标，展胯、挺膝向前踹出，力达脚掌，上体可稍倾斜。

右踹腿：左腿直立或稍屈支撑，身体左转 180°，同时右腿屈膝前抬，小腿外摆，脚尖勾起，脚掌正对攻击目标，用力向前踹出，力达脚掌。

用法：比赛中使用率较高，配合步法运用，变化多，可以在不同距离使用。例如，当对方向前进步时，退步，左踹腿反击对方下肢，为退步踹腿；当对方进步时，先用踹腿击其下肢，若对方提膝躲闪，可当其落地时，二次踹腿击其胸部，为连续踹腿；先用踹腿攻击对方，迫使对方后撤躲闪，前腿落地，继续以后腿踹击对方头部，为转换踹腿。

(a)　(b)

图 10-6　踹腿

③摆踢腿。左摆踢腿：上体稍左转并侧倾，带动左腿收髋、扣膝，直腿向右上方横摆打腿，踝关节屈紧，力达脚背至小腿下端。

右摆踢腿：实战姿势，左膝外展，上体左转，收腹，带动右腿收髋、扣膝，直腿向左上方横摆打腿，踝关节屈紧，力达脚背至小腿下端。

用法：以身带腿，速度快，力量大，能起到重创对手的作用。但因其弧形横摆，路线长，幅度大，较易被对手察觉和防守，实战中注意动作快速、把握好时机。

④转身扫腿。左转身扫腿（前扫腿）：右脚向左脚前上步，微屈，独立支撑，左后转身 360°；随转体上体稍侧倾，左腿经左后向前横扫，脚面绷平，力达脚掌，目视左脚。

右转身扫腿（后扫腿）：身体向右后转 360°，随转体右腿直腿由后向前横扫，脚背绷紧，力达脚掌，目视右脚。

用法：横扫腿是横向型的进攻动作，虽动作路线长，但在直线动作难于进攻时，突然改变路线，会让对手防不胜防。运用时往往以假动作做掩护，动作果断、敏捷、快速。

⑤后扫腿。拧腰下潜，左腿屈膝全蹲，以脚前掌为轴；两手扶地向右后方直腿后扫，脚掌内扣前勾紧，力达脚后跟至小腿下端背面。

用法：交战中，突然下蹲，没有经验的对手会产生瞬间的迟疑，容易被扫倒。

3. 摔法技术

（1）夹颈过背摔。实战姿势开始，甲以左直拳击乙头部，乙用前臂挡甲臂，左臂由甲左肩上穿过后，屈肩夹甲颈部，同时两腿屈膝，身体右转，以左侧髋部紧贴甲前身，继而两脚蹬伸，向下弓腰、低头，将甲背起摔倒（图 10-7）。

图 10-7 夹颈过背摔

（2）抱腿过胸摔。甲用右冲拳击乙头部，乙立即上右步，屈膝，弓腰，两手抱甲双腿，随即向前上右步，蹬腿，挺身将甲抱起后，向后弓腰，仰头，后倒。

要点：上步下潜快，抱腿紧，仰头后倒，空中翻身及时。

（3）抱腿前顶摔。甲出拳击乙头部时，乙上左步，下潜躲闪，两手抱甲双腿，屈肘用力回拉，同时用左肩前顶甲大腿或腹部，将甲摔倒。

（4）接腿勾踢摔。当对方用右侧弹腿踢击时，左手抄抱其小腿，右手由对方右肩上穿过，下压其颈部，同时左手上抬，右脚向前上方踢其支撑腿将对方摔倒。

（5）接腿涮摔。当对方用右侧弹腿踢击时，双手抓握对方右脚，并向左拉，随即向下、向右上方成弧形摆荡将其摔出。

（6）接腿上托摔。当对方用右正蹬腿踢击时，两手抓握其小腿下端，随即屈臂上抬，两手挟托其脚后，同时上右步，向前上方将其摔倒。

4. 防守技术

防守技术分为接触式和不接触式防守。接触式防守有拍挡、拍压、阻挡等技术。不接触式防守有闪躲防守、下潜防守、摇避防守等。防守是积极主动的，其目的是更好地进攻。

（1）接触式防守。

①拍挡：正架预备姿势开始，左手（右手）以拳心或掌心为力点向里横向拍挡。

要点：前臂尽量垂直，拍挡幅度小，用力短促。切勿向前迎拨，否则幅度过大。

②拍压：左手（右手）变掌，掌心或掌根的力点由上向前拍压。

要点：臂要弯曲，手腕和掌指要紧张用力，臂内旋，虎口、指尖均朝右（左）。

③阻挡：两脚蹬地，身体前移，以肩部或手心阻挡对方直线拳法的进攻，以臂部阻挡对方直线的进攻。

要点：身体紧张，含胸，闭气，尽量缩小被击面，两手保护严密。

④挂挡：左手屈臂向同侧头部或肩部挂挡。

要点：手臂叠紧并贴于头侧，含胸侧身，暴露面小。

⑤外抄：左手臂外旋弯曲，上臂紧贴肋部，前臂水平，手心朝上，同时右手屈臂紧贴腹部，立掌，手心朝外，手指朝上。

要点：上臂紧护躯干，两手成钳子状，抱脚时两手相合锁扣。

⑥里抄：左臂外旋，微屈，紧贴腹前，手心朝上，右手臂紧贴胸前，虎口朝上，掌心朝外。

要点：与外抄相同。

⑦提膝：后膝微屈独立支撑，前腿屈膝提起。

要点：重心后移，提腿迅速，根据对方腿法进攻的路线、方位，膝盖分别有里合、外摆或垂直向外的变化。

（2）不接触式防守。

①闪躲防守：分为步法闪躲和身法闪躲。身法闪躲包括侧闪和后闪。侧闪：上体以腰为轴，向左（右）微转并向左（右）微俯身，膝微屈，手臂收于下颏两侧。后闪：以腰为轴，前脚蹬地，重心后移，上体稍后仰。

②下潜防守：双膝弯曲，重心下降前移，双拳护于下颌两侧。

③摇避防守：上体以腰为轴前后左右摇摆，双手置于两肋部，下颌微收，重心时有升降。

④撤步：前脚由前向后收步，接近后脚时脚前掌着地，重心落于后腿。

（三）基本战术

散打的战术是指为了完成战术意图由各种动作组成的具体方法。散打以它丰富的技术内容和相生相克、相互制约、相互转换的技术规律，丰富了散打的战术形式。

1. 直攻战术

直攻战术是指在没有假动作的掩护下使用的攻击对方的方法。

运用直攻战术须具备以下条件：对方的反应速度、动作速度、位移速度没有自己快；对方的攻防动作不够熟练；对方的体力不足；对方的防守动作出现破绽；与对方的距离能有效地使用进攻动作。

2. 强攻战术

强攻战术是指硬性突破对方的防守后发出的攻击。

运用强攻战术须具备以下条件：力量、速度、耐力素质比较好，但技术不如对方；身体素质好，技术比较全面，但比赛经验不如对方；对方的近战能力比较差；对方的耐力比较差；对方的心理素质比较差。

采用强攻战术可以扰乱和破坏对手的心理平衡、战术准备和距离感，从而乱中取胜。猛冲猛打并不是盲目蛮干，而是通过强攻这一战术手段，扬己所长，实现打击对方的目的。

3. 佯攻战术

佯攻战术是指有目的地造成对方的错觉，随后实施真实进攻。随着战术水平的普遍提高，特别是当对手反应快、防范能力强时，直接进攻容易被防守、截击或反击。采用虚晃动作和假动作，可以转移对方的注意力，促使对方对自己的虚假动作产生某种反应，从而改变正确的防守姿势，然后为己利用，使自己的进攻机会得以出现，进而提高进攻效率。

第五节 跆 拳 道

一、跆拳道运动概述

（一）跆拳道历史和发展

跆拳道是一项利用拳脚进行搏击的对抗性运动，属朝鲜民族传统的体育运动项目，古称跆跟、花郎道。主要内容包括品势、搏击（竞技与格斗）、功力检测三部分。现代的跆拳道被韩国看作国技。“跆”的意思为脚的蹬、踢；“拳”意指用拳击打和防御；“道”即为练习的方法，同时也是一种精神的体现。

1910年日本侵占朝鲜后，一度下令禁止跆拳道发展和传播，一些朝鲜人远离国土，到中国或日本谋生，这些人将跆拳道与中国武术和日本武道相结合，孕育出新的技术体系。第二次世界大战后，从异国他乡回归故土的朝鲜人也将各国的武技带回本国，逐渐与跆拳道融为一体，形成了现在的跆拳道体系。

1961年9月，韩国成立了唐手道协会，后更名为跆拳道协会，跆拳道成为韩国全国运动会正式竞赛项目。1966年，国际跆拳道联盟成立。1973年5月，在汉城（现首尔）成立了世界跆拳道联合会，并在同年被国际体育联合会接纳为正式会员。1980年，国际奥委会正式承认世界跆拳道联合会。1988年，跆拳道在韩国汉城奥运会首次亮相后，为了适应国际重大比赛，跆拳道技术不断地变革和发展。跆拳道现已成为奥运会的正式比赛项目，按体重（千克）分级共设8枚金牌。

1995年8月，中国跆拳道协会正式成立，同年11月，中国跆拳道协会被世界跆拳道联盟接纳为正式会员。1999年6月7日，在加拿大埃特蒙多举行的世界跆拳道锦标赛上，中国女运动员王朔战胜多名跆拳道高手，获得了女子55千克级的冠军，这是中国运动员获得的第一个跆拳道世界冠军。2000年悉尼奥运会上，中国运动员陈中获得了女子65千克级冠军，这是中国选手获得的第一个跆拳道奥运会冠军。在2004年雅典奥运会上，罗微获女子67千克级冠军，陈中获女子67千克以上级冠军。2007年世界跆拳道锦标赛上，吴静钰获女子47千克级冠军。2008年北京奥运会上，吴静钰获女子47千克级跆拳道冠军。2016年里约热内卢奥运会上，赵帅获得跆拳道男子58千克级比赛冠军，郑姝音获得跆拳道女子67千克以上级比赛冠军。

目前，跆拳道运动在世界各地得到了广泛开展，跆拳道的竞赛有奥运会跆拳道比赛、世界锦标赛、洲际锦标赛和亚运会等。跆拳道每两年举办一次世界锦标赛和世界杯赛，水平较高的国家有韩国、中国、南非、缅甸等。

（二）跆拳道的特点

1. 以腿法为主，拳脚并用，主要关节武器化

由于竞赛的需要、规则的限制和跆拳道进攻方法的特点，跆拳道以腿法攻击为主，据统计，在跆拳道技术中，腿法约占总技法的 70%。腿击无论是在攻击范围还是在攻击力量等方面都远远超过拳法的攻击，而拳法的招式，一般偏重于防守和格挡（图 10–8）。

图 10–8　腿击

2. 以击破为测试功力的手段，动作追求速度、力量和效果

跆拳道不讲究花架子，所有动作都以技击格斗为核心，要求速度快、力量大、击打效果好。在功力的检测方面，则以击破力为测试的手段，就是分别以拳、脚击碎木板等，以击碎的厚度来判定功力。

3. 强调气势，发声扬威

在跆拳道的练习中，要求在气势上给人以威严的感觉，练习者常以洪亮并带有威慑力的声音来显示自己的威力。据日本有关研究资料证明，人在无负荷工作时，10% 的肌肉会由于发声使他们的收缩速度提高 9%，在有负荷工作时则可以提高 14%。这就是在比赛中运动员会发出响亮的喊叫声的原因。在发声的同时停止呼吸，可以使人体内部的阻力减小，提高动作速度，集中精力，使动作发挥出更大的威力。

4. 以刚制刚，方法简练

受跆拳道运动竞赛的影响，运动员在比赛中多是直击直打，接触、防守、躲闪技术运用得比较少。进攻都采用直线连续进攻，以连贯快速的脚法组合击打对手。防守多采用格挡技术，或采取以攻对攻、以攻代防的技术。

5. 礼始礼终，内外兼修

在任何场合下，跆拳道练习者都始终以礼相待。练习活动都要以礼开始，以礼结束，以养成谦虚、友好、忍让的作风。在道德修养方面的践行是跆拳道项目的显著特点。

（三）跆拳道的功能

1. 修身养性，培养人优秀的意志和品质

跆拳道练习推崇“以礼始，以礼终”的尚武精神，练习中要以“礼义廉耻，百折不屈”为宗旨，培养人顽强果断、耐劳的精神，磨炼人坚韧不拔、积极向上的品质，养成礼让谦逊、宽厚待人的美德。

2. 强体防身，练就人健全的体魄

跆拳道是自卫术的一种，运动紧张激烈，对抗性极强，可使人强壮筋骨，提高各关节的灵性及肌肉的伸展性和收缩能力，提高人的速度、反应、灵敏、力量和耐力素质，增强人体的击打和抗击打能力。经过长期的训练后形成一项技能，具备防身和自卫的能力。

3. 观赏竞技，享受击打艺术的美感

跆拳道比赛或实战时，双方腿法技术在对抗中高来低往，表现得淋漓尽致，不仅给人以美的享受，还能激发人的斗志，鼓舞人奋发向上，陶冶人的道德情操，使人在欣赏武艺的同时潜移默化地受到良好的意志和品质教育。

（四）跆拳道的礼仪及考级方式

1. 行“礼”

课程“礼仪”是跆拳道运动必不可少且十分重要的组成部分，跆拳道的礼仪不只是形式上的表现，而且要发自内心地实施它，并在长期练习和比赛的过程中逐渐将礼仪的形式转化为心理动力。

（1）上课开始时的礼仪程序。

课程开始时，练习者应排列好队形，立正姿势站好，由队长或教练喊“立正、敬礼!”的口令，全体向国旗敬礼，口号是“跆拳”。教练先向后转，队长喊“敬礼”口号，相互敬礼。

在训练课中，队员间互相服务，拿脚靶进行练习。在互换脚时，首先要面向对方并步直体站立，上体前屈 30°，头部前屈 45°，鞠躬致礼，此时两手紧贴两腿，两脚跟并拢（图 10-9），礼毕上体还原成立正姿势。

图 10-9 跆拳道礼仪

结束时，站好队列。由队长或教练喊“向后转，整理服装!”的口令，全体立即向后转，不对着国旗整理服装，整理好后，迅速向后转。队长喊“敬礼”的口令，全体面向国旗立正、敬礼。随后全体面向教练，互相敬礼，口号是“跆拳”。

（2）关于跆拳道的“礼”。

礼节是跆拳道练习过程中必须具备的行为规范，练习跆拳道要持正确的练习和认识态度，对跆拳道的历史、内容、特点、作用及教育意义有全面的了解和认识。练习者衣着端正、头发整洁，对教练和同伴时刻都要表现出恭敬、谦虚、互助互学的心态。谦逊和正确的言语、谦让和友好的态度、虚心和好学的作风是跆拳道练习者应遵循的重要礼仪。

所以，无论是在跆拳道练习还是实战中，不管格斗如何激烈，由于双方都以提高技艺和磨炼意志品质为目的，因此双方都必须持有尊敬和学习的心态。

2. 考级

（1）跆拳道的级别。

跆拳道分为十级九段，初学者必须接受一段时间的培训，考试及格后方可晋级。跆拳道十级——白带，九级——白黄带，八级——黄带，七级——黄绿带，六级——绿带，五级——绿蓝带，四级——蓝带，三级——蓝红带，二级——红带，一级——红黑带。学员至少需要一年半时间完成第一阶段后再接受更严格的训练，考试合格后，方可晋升到第二阶段——黑带（一段），黑带共分九段，段数刺在黑带两端，以供识别。

（2）腰带颜色的象征意义。

白带：白带代表空白，练习者没有任何跆拳道知识和基础，一切从零开始。

黄带：黄带是大地的颜色，就像植物在泥土中生根发芽一样，在此阶段要打好基础，并学习大地厚德载物的精神。

黄绿带：介于黄带与绿带之间的水平，练习者的技术在不断上升。

绿带：绿带是植物的颜色，代表练习者的跆拳道技术开始枝繁叶茂，跆拳道技术在不断完善。

绿蓝带：由绿带向蓝带的过渡带，练习者的水平处于绿带与蓝带之间。

蓝带：蓝带是天空的颜色，随着不断的训练，练习者的跆拳道技术逐渐成熟，就像大树一样向着天空生长，练习跆拳道已经完全入门。

蓝红带：练习者的水平比蓝带略高，比红带略低，介于蓝带与红带之间。

红带：红色是危险、警戒的颜色，练习者已经具备相当的攻击能力，对对手已构成威胁，要注意自我修养和控制。

红黑带：经过长时间系统的训练，练习者已修完从十级至一级的全部课程，开始由红带向黑带过渡。

黑带：黑带代表练习者经过长期艰苦的磨炼，其技术动作与思想修为均已相当成熟。也象征跆拳道黑带不受黑暗与恐惧的影响。

二、跆拳道基本技术

现在的跆拳道动作似乎不像以前那样圆滑流畅，也不似以前那样重视运动中身体的平衡。具体地说，在实战对抗中或在大街上遭受袭击被追自卫的情形下，新型跆拳道技术无疑要比拘泥于形式的老技术更胜一筹。初学者必须掌握的基础技术如下。

（一）跆拳道基本步形和步法

1. 基本步形

（1）准备姿势。

两脚开立与肩同宽，身体自然直立，两脚尖略外展，两手握拳置于腹前，两手掌朝上，上提到胸口部位，两手在胸口前握拳的同时向内转动缓慢放下至腹部，两手及其与身体均为一拳相隔。

（2）马步。

两脚开立，宽度为“两脚”距离，两脚尖内侧平行略内扣，较肩宽，挺胸直背，两腿屈膝半蹲，重心在两腿之间，收拳放于腰际，拳口朝上。

（3）弓步。

弓步又称前屈立，前后脚分立，两脚相距一步半，前腿屈膝，后腿伸直，前腿膝关节与脚尖垂直，重心大部分在前脚上。左脚在前称左弓步，右脚在前称右弓步。

（4）三七步（以右腿后屈为例）。

以后脚跟为轴往右转动90°，在此基础上左脚迈出一步，上身挺直，两腿膝关节弯曲，降低重心，右膝关节向右脚尖方向弯曲60°~70°，左膝关节内角度为100°~110°，两腿膝关节不能像马步一样向内扣，身体重心的2/3在右腿，膝关节略屈，重心在后脚上。

（5）前行步。

前行步又称高前屈立，如走路姿势。两脚之间距离小于弓步，上体略前倾，前腿膝关节略屈，重心大部分落在前脚上。左脚在前称左前探步，右脚在前称右前探步。

（6）虚步。

与后弓步相似，前脚掌点地，脚跟提起，重心落在后脚。

2. 准备姿势与步法

（1）准备姿势（实战姿势）。

准备姿势也称实战姿势或预备姿势，是跆拳道比赛中双方开始时的基本站立姿势。在立正站好的前提下，右腿向体后拉出宽于肩的距离，身体斜侧位，双手握拳放于体前。准备姿势应便于进攻和防守反击及步法的移动（图10-10）。

图10-10　准备姿势

（2）上步。

动作过程（以左势为例）：以左势起，以左脚掌为轴，右脚沿直线离地 2~3 厘米，向左脚前方迈一步，左脚掌自然转动 90°左右，成右势。反之右势亦然。

注意要领：上步时通过转髋带动身体移动，两臂在两侧自然上下移动，上下起伏要大，上步时走直线，不拖地，贴着支撑腿移动。

（3）后撤步。

动作过程（以左势为例）：以左势起，以右脚掌为轴，右脚跟向外拧转 90°，左脚沿直线后撤一步，与肩同宽，成右势。

注意要领：膝关节夹紧，向前提膝，尽量走直线；支撑脚外旋 180°；髋关节往前顺，身体与大小腿成直线，严格注意击打的力点在正脚背，踝关节放松。横踢攻击的主要部位有头部、胸部、腹部和肋部。后撤步时重心保持平稳移动，通过向左拧腰转髋完成，两臂在体侧自然上下移动。

（4）侧移步。

动作过程：第一种步法是以前脚为轴，后脚向左（右）侧方向移动，用以改变与对手的站位方向；第二种步法是右架站立，右脚先向右（或向左）侧移动一步，随之左脚（或右脚）也迅速向右（或向左）侧移动一步。

（5）跳换步。

动作过程（以左势为例）：以左势起，双脚同时轻轻蹬地，身体微腾空，双脚沿直线前后交换，落地成右势。

注意要领：换脚时跳得不要太高，换脚动作迅速，重心起伏小；直线交换双脚。

（6）前跃步。

动作过程：右架站立，两脚同时向前跃进一步，保持右架准备姿势；反之左架亦然。向前跃步时，重心不宜起伏过大，尽量使重心平稳移动，两脚稍离地即可。

（7）后跃步。

动作过程：右架站立，两脚同时向后回撤一步，保持右架准备姿势；反之左架亦然。向后回撤时，重心不宜起伏过大，尽量使重心平稳移动，两脚稍离地即可。

（8）垫步。

动作过程：右架站立，右脚向左脚内侧上步，同时左腿迅速抬起以便进攻和防守。身体随步法同时移动，重心平稳。

（二）跆拳道的基本进攻技术和防御技术

跆拳道攻击人体的要害部位有 280 处之多，主要分为上段的人中、中段的胸口、下段的丹田处。

1. 跆拳道的基本进攻技术

（1）前踢。

前踢是跆拳道中最基本的踢法，对膝关节快速屈伸能力和膝关节四周的肌肉都有很好的锻炼作用。

动作过程：以左势实战姿势开始，右脚向后蹬地，身体重心前移至左脚，右脚蹬地屈膝提起，送髋、顶髋，小腿快速向前踢出，高于腰平，迅速放松弹回，成折叠状，右脚落回，恢复成左势（图 10–11）。

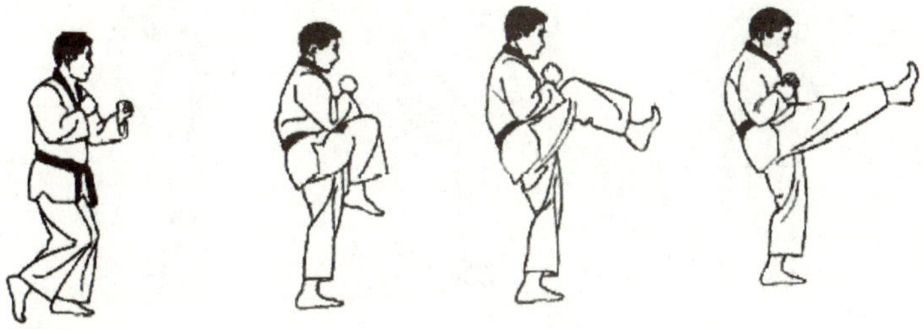

图 10–11　前踢

注意要点：膝关节上提时大小腿折叠，膝关节夹紧，小腿和踝关节放松，有弹性。踢击时顺势往前送髋，高踢时往上送髋。

（2）横踢。

横踢是跆拳道比赛中使用率、得分率最高的踢法，其外形酷似散打中的边腿，但是两者动作区别很大。跆拳道的横踢幅度小、隐蔽性好、速度更快。

动作过程：实战姿势开始，右脚蹬地，重心前移至左脚，右脚屈膝上提，两拳置于胸前；左脚前脚掌碾地，左脚脚后跟逆时针转动，髋关节左转，左膝外翻；随即左脚掌继续逆时针旋转 180°，右腿膝关节向前抬至水平状态，小腿快速向左前横向踢出；击打目标后迅速放松收回小腿，右腿落回原地成实战姿势（图 10–12）。

图 10–12　横踢

注意要点：膝关节夹紧，向前提膝，尽量走直线；支撑脚逆时针外旋 180°，髋关节往前顺，身体与大小腿成直线；严格注意击打的力点在正脚背；踝关节放松，击打的感觉是“鞭梢”。横踢攻击的主要部位有头、部、胸部、腹部和肋部。

（3）后踢。

后踢是跆拳道比赛中常用的踢法，其渗透力量极大，一般攻击对方的上腹部，常用于反击对手的横踢。

动作过程：实战姿势开始，以左脚掌为轴外旋，向身体右后转体；同时右腿屈膝上提，大小腿加紧折叠，勾脚尖，眼睛透过肩峰看目标；送胯，右腿顺势向后平伸后踢出；击打后，右腿收小腿，自然落下成左势，然后后撤右腿，还原成准备姿势（图 10–13）。

注意要点：起腿时要贴紧支撑腿，转体动作与提膝动作同时进行，要注意重心放在支撑腿上；踢腿时用脚击打，力量由腰胯送出。

图 10-13　后踢

（4）下劈。

下劈动作类似于武术中的下砸腿，也有人称之为下压，以脚掌、脚跟攻击对方的脸部。在跆拳道比赛中，女运动员下劈的得分率往往高于男运动员。

动作过程：实战姿势开始，右脚蹬地，重心前移至左脚；同时，右腿以髋关节为轴屈膝上提，两手握拳置于胸前；随即充分送髋，上提膝关节至胸部，右小腿以膝关节为轴向上伸直，将右腿直举于体前，右脚过头；然后向下以右脚后跟（或脚掌）为力点劈击，放松收腿成实战姿势（图 10-14）。

注意要点：腿尽量往高、往头后举，要向上送髋，重心往高起；脚放松往前落，落地要有控制；起腿要快速、果断；踝关节要放松。劈腿的主要攻击部位有头、颈、脸部和锁骨。

图 10-14　下劈

（5）后旋踢（简称后旋）。

动作过程：实战姿势开始，两脚以两脚掌为轴均内旋约 180°，身体右转约 90°，两拳置于胸前。上体右转，与双腿拧成一定角度；右脚蹬地，将蹬地的力量与上体拧转的力量结合，将右腿向后上以髋关节为轴直腿摆起，右腿继续向右后旋摆鞭打，同时上体向右转，带动右腿弧形摆至身体右侧，右腿屈膝回收；右脚落至右后成实战姿势（图 10-15）。

注意要点：转身、旋转、踢腿连贯进行，一气呵成，中间没有停顿；击打点应在正前方，呈水平弧线；屈膝起腿的旋转速度要快；重心在原地旋转 360°。后旋腿攻击的主要部位是头部。

图 10-15　后旋踢

（6）双飞踢。

动作规格：实战姿势开始，攻方先用右横踢攻击对方左肋部，同时，左脚蹬地起跳，身体腾空右转，腾空高度在膝关节以上，但不宜过高；左脚起跳后在空中用左横踢迅速踢击对方胸部或腹部；左右脚交换，右脚落地支撑，左脚横踢目标后迅速前落，成左势实战姿势（图 10-16）。

动作要领：右腿横踢目标的同时，左脚蹬地跳起；左脚起腿击打目标后，迅速右转换腿再次横踢目标；两腿在空中交换，右脚先落地。

图 10-16　双飞踢

（7）侧踢。

侧踢类似于散打中的侧踹，跆拳道比赛中很少使用侧踢，因为侧踢的速度较慢。但是在跆拳道品势中，侧踢则是一种不可缺少的踢法。

动作过程：以左势起，右脚蹬地起腿，屈膝上提，左脚以脚掌为轴外旋 180°，脚跟正对前方，右腿快速向右前方直线踢出，力点在脚跟，收腿、放松，重心向前落下，恢复成基本准备姿势（图 10-17）。

图 10-17　侧踢

注意要点：起腿后大小腿折叠，膝关节夹紧；转动左脚与右腿由屈到伸，发力协调、顺畅；头、肩部、髋关节、膝、踝、脚成一条直线；大小腿直线踢出，直线收回。

2. 跆拳道的基本防御技术

跆拳道的防御是指受到对方攻击时保护身体要害的技术，虽有躲闪式的防御，但在无法躲闪、不得已对抗时，为保护身体要害必须使用防御技术。初学者基本的防御动作主要在跆拳道组合技术中学习。

（三）跆拳道的组合技术

跆拳道的组合技术，就是根据比赛中攻防情况的变化，将两个以上的动作组合在一起的连接技术。由于跆拳道比赛日趋激烈，运动员的技术水平越来越接近，可能运动员在进攻的同时就要防守，或是在防守的同时就要反击。使用单独技术，往往会被有经验的选手化解或反击，因此为了战胜对手，必须在熟练掌握单独基本技术的基础上，掌握一些组合技术，使对手在短时间内很难适应。当然这些组合技术也不是一成不变的，运动员在比赛中要根据场上的具体情况，灵活多变地运用组合技术，使对手摸不清自己技术动作的规律，借以达到出奇制胜的目的。

按攻防性质划分，组合技术包括进攻 + 防守、进攻 + 进攻、进攻 + 防守 + 进攻、进攻 + 进 攻 + 防守、防守 + 进攻五种类型。下面就每个组合类型介绍几种方法。

1. 进攻 + 防守

此种组合在跆拳道比赛中被运动员广泛使用。其特点是先主动进攻，一旦没有得点，则立即使用防守技术来保证自己不会失点。其要求使用者在进攻时速度要快，尽量使自己第一次进攻（也称第一回合或打第一点）能够有效击中目标而得点。一般来说，如第一个进攻动作直接得分，则一般应贴住对方或立即回撤；若是没有得点，在对方反攻的一刹那，使用防守技术阻击对方。

（1）右横踢 + 左后踢（图 10–18）。

图 10–18　右横踢 + 左后踢

（2）左横踢 + 右后踢（图 10–19）

图 10–19　左横踢 + 右后踢

2. 进攻 + 进攻

此种组合在跆拳道比赛中被运动员广泛使用。其特点是连续主动进攻，如果第一点没有得点，则立即使用第二个进攻动作来击打对方。

（1）左（右）腿横踢 + 右（左）腿横踢（图 10-20）。

图 10-20　左（右）腿横踢 + 右（左）腿横踢

（2）左前横踢 + 右高横踢（图 10-21）。

图 10-21　左前横踢 + 右高横踢

3. 进攻 + 防守 + 进攻

（1）右横踢 + 右劈腿 + 左横踢（图 10-22）。

图 10-22　右横踢 + 右劈腿 + 左横踢

（2）左右双飞 + 左后旋踢 + 左横踢（图 10-23）。

图 10-23　左右双飞 + 左后旋踢 + 左横踢

4. 进攻 + 进攻 + 防守

右横踢 + 左高横踢 + 右后踢（图 10-24）。

图 10-24　右横踢 + 左高横踢 + 右后踢

5. 防守 + 进攻

（1）左后旋踢 + 右横踢（图 10-25）。

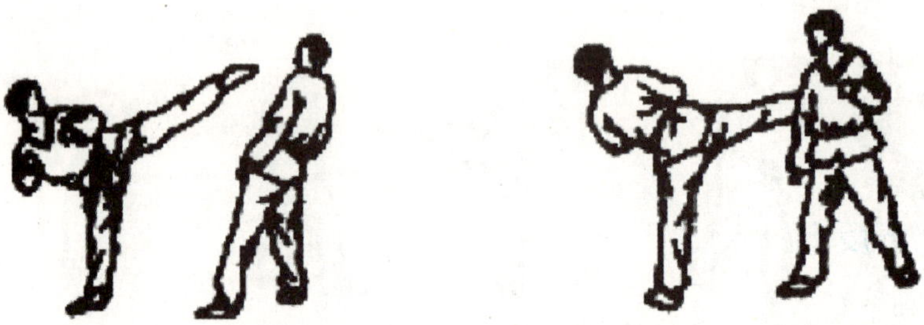

图 10-25　左后旋踢 + 右横踢

（3）左劈腿 + 右劈腿（图 10-26）。

图 10-26　左劈腿 + 右劈腿

三、跆拳道基本战术

跆拳道比赛中的战术，就是依据比赛中所发生的各种情况，运用自己平时的技术水平，最有效地发挥优势去战胜对手。在比赛中，根据不同对手能够灵活运用战术，是战术运用的最高水平。跆拳道比赛中的战术十分纷繁，每次比赛，对手的身体和技术水平情况都有所不同，所运用的战术就不一样。因此，跆拳道战术不是一成不变的，要根据实际赛事，依据自己的技术水平，恰当地运用战术，才能取得良好的成绩。

（一）主动强攻战术

这是一种先发制人的强动进攻，是一种有计划、有准备，具有压迫性的战术行动。在比赛开始后就猛烈进攻，连续使用技术，借以扰乱和破坏对方的心理平衡、战术准备和距离感，使对手忙于防守、疲于招架，消耗对手大量体力，这样可在短时间取得胜利或掌握场上主动权。这种战术的优点是直接掌握主动权，迫使对方只能招架，没有反攻的机会；缺点是使自己的体力也消耗得较快，容易露出破绽或是对手用以逸待劳的战术克制自己。因此，在运用此战术时一定要把握好时机。

（二）引诱进攻战术

这种战术是跆拳道比赛中最常用的基本战术之一，它是指发挥假动作与真动作联合使用的方法，迷惑对手，借机找出对方漏洞依次得分。例如，推踢的假动作加后横踢的进攻或反击腿法，在使用踢腿时，可亦真亦假，如对方后撤，可以接后横踢进攻；如对方不后撤，可直接变为高腿的前横踢。在跆拳道训练和比赛中，一般采用的引诱式进攻是上下动作结合、左右动作结合、前后动作结合，多采用声东击西、指上打下的战术，引诱对手“上当”。此战术在双方选手实力相当，试探对方长处时应用，以克其长。

（三）防守反击战术

防守反击战术是指当对方正面进攻时，采取快速地向前、后、左、右方向移动步法，避其锋芒，寻找机会制敌的战术方法。主动进攻时身体一些部位必定会产生防守空隙和薄弱环节，防守反击战术，即在防守的同时或之后即进行反击，取得得分。这就是所谓的“以静制动”。这种战术对于性情急躁、缺乏比赛经验、喜欢猛打猛攻的对手很有效。

（四）克制其长战术

每个运动员都有自己擅长的技术，如有的运动员擅长使用横踢进攻，有的运动员擅长用劈腿阻击。在比赛中运动员要能及时发现对方使用的方法，然后及时调整自己的战术，采用相应的方法，使其不能正确发挥特长技术，并克制对方短处。

（五）逼进边角战术

这是在比赛中利用场地优势得分的一种战术。例如，在比赛中，对手处于防守状态时，利用警戒线给对方制造陷阱，迫使对方犯规而失分。比如引诱对手到场地边缘，然后利用猛攻迫使其出界，使对方犯规或被扣分。

（六）望风披靡战术

望风披靡战术是心理战术。比赛开始前，利用情绪、动作和表情等威慑对手；比赛中用气势压倒对手或利用规则允许的各种手段干扰对方情绪，给对方造成心理负担，使其技能战术发挥失常，挫伤对方的锐气，发挥自己的优势，在气势上战胜对方。

四、跆拳道比赛规则简介

（一）比赛场地

跆拳道的比赛场地是12米×12米的正方形，水平，无任何障碍物，下铺具有一定弹性的垫子。根据实际情况，比赛场地可高出地面40~60厘米。为了安全起见，可以装置平衡比赛台的支撑装置，要求支撑装置与地面所成的夹角在30°以内。

比赛区域的划分：12米×12米的比赛场地，中央8米×8米的区域为比赛区，其余部分为警戒区。比赛区与警戒区的表面用不同颜色划分。如同色，应用5厘米宽的白线区分。划分比赛区与警戒区的线叫警戒线，比赛场地最外面的线叫边界线。

（二）比赛时间

跆拳道比赛的时间无论男女均采用每场比赛3回合、每回合3分钟的回合制，中间休息1分钟。根据年龄等实际情况，比赛的时间和回合也可以进行调整。

（三）比赛选手

比赛时，选手应戴好护身、头盔、护裆、护臂、护腿后方可进入比赛区域，护裆、护臂、护腿应戴在道服里面。

（四）体重级别

（1）跆拳道比赛与散打、拳击等项目一样是通过体重来分竞赛级别的。

（2）比赛体重称重。

男子：58千克以下、68千克、80千克、80千克以上。

女子：49千克以下、57千克、67千克、67千克以上。

（五）比赛方式

（1）单败淘汰赛。

（2）循环赛。

（六）主要规则

1. 允许使用的技术

拳的技术：必须握紧拳，用拳的正面击打。

脚的技术：必须用踝关节以下、脚的前部击打。

2. 允许攻击的部位

躯干：髋骨以上，锁骨以下及两肋部，背部没有被护具保护的部位禁止攻击。

面部：从两耳向前的头颈的前部，只允许用脚的技术攻击。

3. 得分判定

（1）有效得分。

运用正确的技术、击打正确的得分部位、打击力量强是得分有效判定的依据。打击的力量强且技术运用正确，但击中的是非得分部位，如使对手陷入被动，也可计得分；击倒对方，可计分。电子感应器计分时，打击的力量要达到感应标准以上，才能够计分。得分一次计“+1”分，最后得分为3回合的总计。

（2）犯规行为。

在比赛中，犯规行为的判罚分为警告和扣分两种。警告两次扣一分（-1）；警告次数为奇数的最后一次不计；扣分一次扣一分（-1）；警告和扣分按3局累计；运动员违背竞赛规则和故意不服从裁判员时，主裁判有权直接判其“犯规败”；犯规累计扣3分（-3）时，判其“犯规败”。

①判罚警告的犯规行为：抓、搂、抱、推对手，用躯干贴靠对手；故意越出警戒线；转身背对对手逃避进攻；故意倒地；伪装受伤；教练员或运动员有不文明语言或不得体行为。

②判罚扣分的犯规行为：发出暂停口令后攻击对手或攻击倒地对手；抓对手进攻的脚故意将其绊倒；故意用拳重击对手面部；教练员或运动员有严重的过激表示或行为。

4. 优势判定

（1）因扣分造成同分时，3回合中得分多者为胜。

（2）其他情况出现同分时，主裁判根据比赛的情况判定胜负。比赛中积极主动的行为是判定的依据。

5. 获胜方式

（1）击倒胜。

（2）主裁判终止比赛胜。

（3）比分或优势胜。

（4）对手弃权胜。

（5）对手失去资格胜。

（6）犯规胜。

思考题

1. 简述武术的定义与分类。
2. 简述初级长拳第三路的动作名称。
3. 简述太极拳的主要流派。
4. 简述散打的拳法。
5. 简述散打的基本步法与腿法。
6. 跆拳道的基本进攻技术有哪些？

参 考 文 献

[1] 体育院，系教材编审委员会《乒乓球》编写组．乒乓球［M］. 北京：人民体育出版社，2001.

[2] 潘宏波，李广，赵玲华，等. 大学体育教育［M］. 北京：北京理工大学出版社，2015.

[3] 李云萍，梅丽华. 大学体育与健康实践性教程［M］. 北京：中国人民大学出版社，2015.

[4] 王卫星. 体能训练理论与实践［M］. 北京：高等教育出版社，2012.

[5] 唐焊章. 现代篮球训练方法新探［M］. 北京：人民体育出版社，2005.

[6] 张秀华，刘玉林. 篮球系统战术［M］. 北京：人民体育出版社，2005.

[7] 黄益苏，汪强，姚小敏. 大学现代体育［M］. 北京：高等教育出版社，2005.

[8] 中国乒乓球协会. 乒乓球竞赛规则［M］. 北京：人民体育出版社，2006.

[9] 刘玉林. 现代篮球运动研究［M］. 北京：人民体育出版社，2006.

[10] 胡剑宏，徐海兴，屈建华. 球类运动［M］. 北京：高等教育出版社，2007.

[11] 国际武术联合会. 国际武术套路竞赛规则［M］. 北京：人民体育出版社，2007.

[12] 苏益苏. 大学体育人文素质教程［M］. 北京：高等教育出版社，2007.

[13] 黄宽柔. 健美操［M］. 北京：高等教育出版社，2008.

[14] 蔡仲林，周之华. 武术［M］. 北京：高等教育出版社，2009.

[15] 李艳翎，汤长发. 大学体育［M］. 北京：高等教育出版社，2009.

[16] 张瑞林. 体育舞蹈［M］. 2 版. 北京：高等教育出版社，2011.

[17] 王然科，张吾龙. 中外跳绳运动发展研究［J］. 体育文化导刊，2011（9）：41-45.

[18] 彭远志. 炫酷运动花样跳绳［M］. 重庆：西南师范大学出版社，2012.

[19] 喻跃龙. 大学体育教程. 上［M］. 长沙：中南大学出版社，2011.

[20] 周建社，李先雄. 健美操修炼［M］. 长沙：湖南师范大学出版社，2012.

[21] 刘树军. 花样跳绳［M］. 北京：高等教育出版社，2013.

[22] 李萍. 时尚健身操［M］. 北京；北京体育大学出版社，2014.

[23] 荆光辉. 大学生体育与健康教程［M］. 长沙：中南大学出版社，2012.